GÉOGRAPHIE GÉNÉRALE

COURS DE GÉOGRAPHIE
PAR M. L'ABBÉ DUPONT

Premiers éléments de géographie. Texte, cartes et devoirs, à l'usage des commençants. In-4° cartonné. . . . . **1** »

Géographie élémentaire des cinq parties du monde et de la France, avec un **Précis de géographie sacrée**. Texte et cartes (*classes de huitième, septième et écoles primaires*). In-4° cartonné. **1 80**

Les cinq parties du monde et la France. Texte et cartes (*enseignement primaire supérieur et enseignement des jeunes filles*). In-4° cartonné. **4 25**
Relié toile. **4 75**

Géographie générale et Amérique. (*Programme de 1890*). 14 cartes dans le texte, 5 cartes en couleurs hors texte. In-12 relié toile. . . . . **3** »

Géographie de l'Afrique, de l'Asie et de l'Océanie. (*Programme de 1890*), 18 cartes, in-12 relié toile. . . . . **2** »

Programme de 1902

Géographie générale, Amérique, Australie (*classe de sixième A et B*). Texte-Atlas. In-4° cartonné **1 40**

Asie et Insulinde, Afrique (*classe de cinquième A et B*). Texte-Atlas. In-4° cartonné. **1 40**

Europe (*classe de quatrième A et B*). Texte-Atlas. In-4° cartonné... **1 75**

La France et ses colonies (*classe de troisième A et B*). Texte-Atlas. In-4° cartonné **2 20**

Géographie générale (*classe de seconde A, B, C, D*). 5 cartes en couleurs hors texte. In-12 relié toile. . . . . » »

La France (*classe de première A, B, C, D*). In-12 relié toile . . . . **3** »

Précis de géographie ancienne. 4 cartes dans le texte, 1 carte en couleur hors texte. In-12 cartonné. . . . . » **75**

COURS DE GÉOGRAPHIE

RÉDIGÉ CONFORMÉMENT AU PROGRAMME DU 31 MAI 1902

GÉOGRAPHIE GÉNÉRALE

PAR

L'ABBÉ J. DUPONT

LICENCIÉ ÈS LETTRES

ANCIEN SUPÉRIEUR DE L'ÉCOLE SAINT-FRANÇOIS DE SALES, ALENÇON

CLASSE DE SECONDE

SECTIONS A, B, C et D

NOUVELLE ÉDITION

PARIS

LIBRAIRIE Vᵛᵉ CH. POUSSIELGUE

RUE CASSETTE, 15

1904

GÉOGRAPHIE GÉNÉRALE

1. Objet et division de la géographie. — La géographie est, comme son nom l'indique, la *description de la terre*. Mais, pour que cette définition usuelle soit exacte, elle demande à être tout à la fois restreinte et complétée.

Elle doit d'abord être restreinte dans son objet : autrement, la géographie comprendrait toutes les sciences naturelles, qui ont aussi pour but de décrire la terre, chacune à sa façon, en étudiant les êtres qui s'y rencontrent ou les phénomènes qui s'y produisent. Toutefois, tandis que les autres sciences naturelles envisagent exclusivement certains groupes d'êtres ou certains phénomènes spéciaux, la géographie et la géologie seules étudient *la terre comme un tout organisé*, en se plaçant d'ailleurs à des points de vue différents. La géologie se propose de décrire l'ordre suivant lequel les matériaux du globe terrestre ont été disposés dans l'espace ; elle pousse ses investigations dans les profondeurs de l'écorce terrestre pour en découvrir la structure et en déterminer les divers modes de formation dans le passé. Le domaine propre de la géographie est *la surface du globe dans ses conditions actuelles*.

Une simple description, quelque exacte et complète qu'on la suppose, ne suffit pas au but que poursuit la géographie, telle qu'elle est comprise actuellement ; il y faut joindre l'étude des *rapports de la terre avec l'homme,* qui en est le souverain et quelque peu l'esclave, puisqu'il subit fatalement l'influence du milieu où il est appelé à vivre; enfin, pour être vraiment scientifique, la géographie doit donner l'*explication rationnelle* des phénomènes qu'elle décrit, en les rattachant à leurs causes; car, ce n'est qu'à ce prix qu'elle est une science, au sens rigoureux du mot. Nous pouvons donc définir la géographie la *description raisonnée de la surface terrestre dans ses rapports avec l'homme.*

La géographie, science très complexe, doit d'abord déterminer la forme et les dimensions de la terre, ses rapports avec les corps célestes, les positions relatives des lieux à sa surface : c'est l'objet de la *géographie mathématique.* — La *géographie physique* décrit les principaux traits naturels de la surface terrestre, l'atmosphère et les divers climats, l'Océan avec les courants qui le parcourent et les îles qu'il renferme, les continents, les montagnes, les plateaux et les plaines, les fleuves et les lacs, la distribution des minéraux, des végétaux et des animaux dans les diverses parties du monde. — La *géographie politique et ethnographique,* considérant la terre comme la demeure de l'homme, étudie les conditions actuelles des principaux groupes humains, l'étendue et la population des États, les institutions politiques, les races, les mœurs, la langue, la religion des différents peuples. — La *géographie économique* a pour but de faire connaître la répartition de la richesse entre les divers pays. Elle indique, pour chacun d'eux, les produits des mines, des manufactures, de l'agriculture, l'activité plus ou moins grande du commerce, l'état des voies de communication, routes, chemins de fer, rivières navigables, canaux, etc.

2. Objet et division de la géographie générale. — La géographie est d'abord nécessairement analytique et descriptive. Après un rapide coup d'œil jeté sur l'ensemble du globe terrestre pour déterminer sa place dans l'univers, sa forme, ses dimensions et ses mouvements, le premier soin du géographe est de le décomposer en ses diverses parties pour étudier chacune d'elles séparément et cette étude donne lieu à de nouvelles divisions et subdivisions, dont chacune demande une description spéciale, complétée par l'explication rationnelle des principaux phénomènes constatés. Or, ces phénomènes ne peuvent être expliqués rationnellement qu'à la condition d'être rattachés à leurs causes, c'est-à-dire, en dernière analyse, aux lois naturelles qui président à leur production. La géographie générale a précisément pour but, non pas de rechercher et d'expliquer ces lois — c'est le rôle des autres sciences de la nature, astronomie, géologie, physique, chimie, météorologie, etc., — mais d'en montrer l'application à son objet spécial, d'en saisir et d'en expliquer le jeu dans la production des phénomènes terrestres. C'est une vaste *synthèse, dans laquelle les phénomènes de même nature sont groupés ensemble, comparés entre eux, décrits dans leurs caractères communs, enfin, étudiés dans leurs causes et dans leur mode de production.* La géographie générale, ainsi comprise, pourrait, à bon droit, s'appeler la *philosophie de la géographie,* parce que son objet propre est de découvrir et d'exposer le *pourquoi* et le *comment* des phénomènes terrestres.

Pour remplir, sans le dépasser, le cadre tracé par les programmes, nous diviserons ce manuel en cinq parties : la 1re comprend l'*histoire de la géographie,* qui en est comme la préface; la 2e la *géographie mathématique;* la 3e, la *géographie physique;* la 4e, la *géographie humaine* ou *anthropologique;* et la 5e, la *géographie économique.*

PREMIERE PARTIE

HISTOIRE DE LA GÉOGRAPHIE.

L'histoire de la géographie a un double objet : elle doit indiquer d'abord l'ordre suivant lequel ont été découvertes les diverses parties de la terre, puis les transformations et les progrès de la science géographique elle-même à travers les âges : de là, les deux chapitres dans lesquels nous diviserons cette première partie.

CHAPITRE PREMIER

LA DÉCOUVERTE DE LA TERRE.

3. La connaissance exacte de la surface du globe, qui est l'objet propre de la géographie, est de date toute récente; et même elle est encore incomplète, puisque, malgré les efforts réitérés de tant d'explorateurs durant le cours du XIXe siècle, les deux pôles continuent de garder leurs secrets. Toutefois, la terre est maintenant assez connue dans son ensemble et dans ses diverses parties pour qu'on n'ait plus à espérer d'y faire des découvertes importantes. Chacune des trois grandes époques, qui se partagent l'histoire, *antiquité, moyen âge, temps modernes,* a contribué à ce résultat, dans une mesure d'ailleurs très inégale.

§ I. — ANTIQUITÉ.

Durant la longue période qui s'étend depuis la fondation du premier royaume égyptien environ 5000 ans avant J.-C.) jusqu'aux grandes invasions des barbares en Occident (v⁰ siècle après J.-C.), quatre peuples surtout, les *Égyptiens*, les *Phéniciens*, les *Grecs* et les *Romains,* ont concouru successivement à la découverte de l'ancien monde, qui gravitait autour de la Méditerranée.

4. **Égyptiens.** — Les Égyptiens, les premiers en date, restèrent longtemps cantonnés dans la vallée inférieure du Nil et dans le delta. Ce fut seulement sous les dernières dynasties (xviii⁰, 1500 av. J.-C., et suivantes) qu'ils en sortirent pour conquérir la *Syrie* jusqu'au Taurus et à l'Euphrate, coloniser les *oasis* libyques et s'établir à *Méroé,* en amont de la cinquième cataracte. Leurs connaissances, par rapport aux pays voisins, ne paraissent pas avoir dépassé l'*Éthiopie,* au sud, le *Tanaïs* (Don) au nord, l'*Arabie* et l'*Indus* à l'est. Du reste, ils n'ont point laissé d'ouvrages de géographie et paraissent s'être bornés à administrer et à exploiter, au mieux de leurs intérêts, les pays qu'ils avaient subjugués, sans se soucier de les décrire.

5. **Phéniciens.** — La même pensée de lucre, mais sous une forme différente, fut le mobile qui poussa les Phéniciens dans le champ des découvertes géographiques. Ce petit peuple, d'origine sémitique, avait fondé, plus de 2000 ans avant Jésus-Christ, sur la côte de la Syrie, les deux villes maritimes de **Tyr** et de **Sidon**. Commerçants aventureux, marins intrépides, pirates à l'occasion, les Tyriens et les Sidoniens accaparèrent longtemps le commerce du monde. Ils reconnurent d'abord les *rivages et les îles de la Méditerranée* et les jalonnèrent de leurs comptoirs, dont deux étaient appelés à un brillant avenir, *Carthage* l'africaine, qui remplaça Tyr déchue, et *Tharsis* l'ibérique, située au delà des

colonnes d'Hercule (détroit de Gibraltar). Des flottes phéniciennes parties d'*Elath* et d'*Asiongaber* sur la mer Rouge, visitaient les côtes de l'*Arabie*, de l'*Afrique intertropicale*, de l'*Inde* et de *Ceylan*, et le mystérieux pays d'*Ophir*, d'où les marins d'Hiram, roi de Tyr (environ 1000 ans av. J.-C.), rapportaient à Salomon de l'or et de l'ivoire, des bois précieux, des singes et des paons.

Hérodote cite même un grand voyage entrepris par des marins phéniciens autour de la Libye (Afrique), sur l'ordre de Néchao, roi d'Égypte, et achevé en trois ans : la flotte, naviguant d'abord vers le sud de la mer Rouge, aurait contourné la presqu'île et serait revenue par les colonnes d'Hercule ; preuve, dit le grand historien, que « la Libye est partout environnée d'eau, excepté du côté par où elle tient à l'Asie ». Il ne révoque donc pas le fait en doute, comme certains l'ont prétendu, mais il refuse d'ajouter foi à une circonstance rapportée par les navigateurs, qui serait pour nous une preuve de leur véracité : ils disaient avoir eu, au cours de leur voyage, le soleil à droite, c'est-à-dire dans une position contraire à celle qu'il occupe dans l'hémisphère du Nord. Il n'en pouvait être autrement, mais Hérodote n'était pas tenu de le savoir.

6. Plus tard, alors que Tyr était sur son déclin, les **Carthaginois** explorèrent les côtes occidentales de l'ancien continent : d'un côté, ils s'avancèrent jusqu'aux *îles Cassitérides* (Sorlingues ?), d'où ils tiraient de l'étain, et pénétrèrent avec Himilcon dans la *mer du Nord;* de l'autre, ils découvrirent les *îles Fortunées* (Canaries) et fondèrent des colonies le long des *côtes d'Afrique,* jusqu'au delà du Sénégal, comme en témoigne le *périple d'Hannon.*

Il ne sera pas hors de propos de remarquer, en terminant, que les explorateurs phéniciens n'ont rendu service à la science géographique que malgré eux et dans une mesure restreinte. Non seulement ils dissimulaient leurs découvertes et cachaient avec soin les renseignements acquis pendant leurs voyages, mais encore, afin de se mieux assurer le monopole du commerce en décourageant ceux qui auraient été tentés de marcher sur leurs traces, ils ne se faisaient pas faute de répandre et d'accréditer les fables les plus absurdes sur les dangers de la navigation dans la Méditerranée occidentale et l'Océan Atlantique : Circé et ses enchantements, Charybde. Scylla, les Cyclopes, et tant d'autres légendes. poétisées par le génie grec, sont d'invention phénicienne.

7. Grecs. — Les Grecs, successeurs des Phéniciens dans la colonisation et dans l'exploitation commerciale du monde ancien, y déployèrent une audace égale, et une avidité aussi dénuée de scrupules, mais. en même temps, une curiosité intelligente et un amour désintéressé du savoir, que n'avaient guère connu leurs devanciers.

Tout contribuait à développer dans cette race intelligente et souple le goût des expéditions lointaines : et la pauvreté d'un sol aride et rocailleux ; et le spectacle attirant de la mer, présente partout, jusqu'au cœur du pays, où elle enfonce tant de golfes profonds ; et cette jonchée d'îles « jetées comme les pierres d'un gué » entre l'Hellade et l'Asie Mineure. Aussi voyons-nous les Grecs occuper de bonne heure les *îles Ioniennes*, la *Crète*, les *Cyclades*, les *Sporades*, les côtes de l'*Asie Mineure* ; puis ils fondent des colonies sur le pourtour du **bassin oriental de la Méditerranée**, dans le *sud de l'Italie* (*Grande Grèce*), en *Sicile*, en *Libye* (*Cyrène*), en *Égypte*, et sur les *rivages du Pont-Euxin*. Plus tard, ils explorent le **bassin occidental** de la mer Intérieure, établissent des colonies sur les côtes de la *Gaule* (*Massilia*, fondée par des Grecs de Phocée, 600 ans avant J.-C.), et de l'*Ibérie* (*Tartessos*, qui remplace Tharsis la phénicienne). En même temps, des caravanes s'aventuraient jusqu'à l'embouchure de la *Vistule*, d'où elles rapportaient l'ambre jaune. Un grec d'Ionie, SCYLAX DE CARIANDA, chargé par le roi de Perse d'inspecter les provinces de l'empire qui confinaient à l'*Indus*, reconnaît la côte du *golfe Persique*, comprise en ce fleuve et le Tigre.

8. Des touristes avides de spectacles nouveaux et des savants désireux de s'instruire complètent et coordon-

nent les notions acquises par les marchands. Le plus illustre est Hérodote; il parcourut les principales colonies grecques et consigna, dans ses Histoires, le résumé des connaissances géographiques, vers le milieu du ve siècle avant J.-C. Le monde connu à cette époque, avait

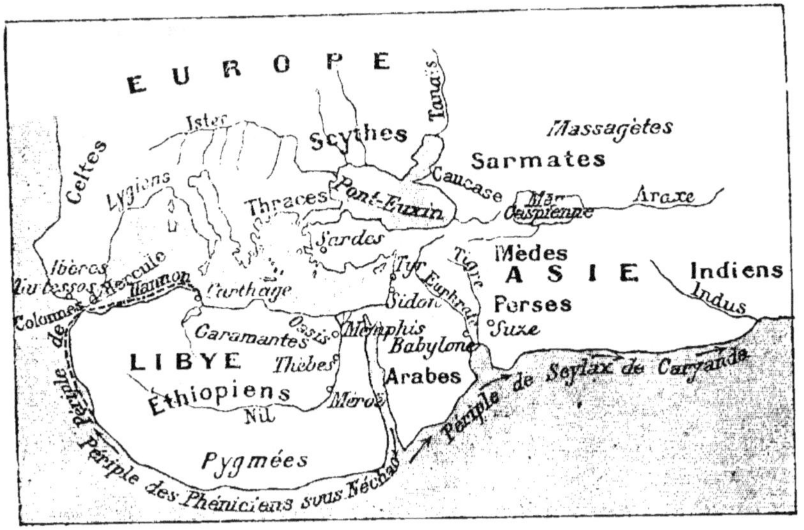

Fig. 1. — Le monde, d'après les histoires d'Hérodote.

pour limites, au nord-ouest la *Celtique,* au nord l'*Ister* (Danube) et le *pays des Scythes et des Sarmates* (Russie méridionale), à l'est la *Perse* avec ses Satrapies indiennes, au sud *Méroë* sur le Nil, les côtes de la *Libye,* avec quelques notions sur les *oasis.* — *Xénophon* donne, dans l'Anabase, d'intéressants détails sur l'*Arménie.* — Au ive siècle avant J.-C. un grec de Marseille, Pythéas, explora, dans l'*Atlantique du Nord* et dans la *Baltique,* les pays producteurs d'étain et d'ambre, longea la *Bretagne* et s'avança jusqu'à l'île de *Thulé* (Islande?), la dernière des terres que les anciens aient connue de ce côté. Il rapporte que dans ces parages le soleil ne quitte pas l'horizon au solstice d'été.

9. A peu près à la même époque, les conquêtes d'A-lexandre complétaient, en les précisant, les vagues no-

tions qu'on avait sur les pays baignés par l'*Oxus*, l'*Yaxarte* et l'*Indus*. Ses successeurs agrandirent considérablement le cercle des connaissances géographiques du côté de l'Orient. — Sous les Séleucides, la *Bactriane* entretient des relations commerciales avec les *Sères* (Chinois du Nord), producteurs de soie. En Égypte, les Ptolémées envoient des chasseurs à la recherche de l'ivoire dans l'*Afrique intertropicale*; ceux-ci pénétrèrent dans la région des *Grands lacs*, et paraissent même s'être avancés dans le *Soudan* jusqu'au *Niger* moyen. D'un autre côté, les marchands d'Alexandrie étaient en rapports suivis avec l'*Inde*. Le *périple de la mer Erythrée*, dû à l'un d'eux, fournit des renseignements sur la côte d'*Afrique*, au sud du *cap des Aromates* (Guardafui jusqu'à l'île *Menuthias* (Zanzibar? Madagascar?), et sur celles de l'*Arabie* méridionale, de la *Gédrosie* (Béloutchistan) et de l'*Inde* jusqu'à Mangalore. — Au premier siècle, le pilote grec *Hippalos* découvrit le phénomène des moussons et montra le parti que la navigation pouvait en tirer, en utilisant la mousson d'été pour aller dans l'Inde et celle d'hiver pour le retour. Les voyages, devenus ainsi plus faciles et moins dangereux, se multiplièrent. Les marchands ne se contentèrent plus de drainer le commerce de l'Inde et de la *Taprobane* (Ceylan): ils poussèrent des pointes hardies jusqu'à la *Chersonèse d'or* (presqu'île de Malacca) et à *Cattigara*, le grand port du pays des *Sines* (Chinois du Sud).

10. Romains. — Les Romains, qui devinrent peu à peu les maîtres de presque tout le monde connu des Anciens, ajoutèrent peu de choses aux découvertes de leurs devanciers en Afrique et en Asie. En Europe, au contraire, ils réduisirent sous leur domination des pays jusque-là presque inconnus : la *Gaule*, conquise par Jules César (58-51 av. J.-C.); la *Germanie occidentale*, où il avait guerroyé, soumise par Drusus, Germanicus, etc.; la *Bretagne,* dont la conquête, commencée par Claude, fut achevée par Agricola ; enfin, la *Dacie* (Roumanie et Transylvanie), occupée par Trajan, au début du second siècle de l'ère chrétienne.

A cette époque, l'**Extrême-Orient** n'était déjà plus, comme nous l'avons vu, tout à fait inconnu. Deux **voies** terrestres, fréquentées par le commerce, le mettaient en rapport avec l'Occident : l'une allait de Bactres au pays des Sères ; l'autre, de Palibothra (Patna), sur le Gange, au pays des Sines. Une voie maritime, plus longue, reliait à l'Égypte le port de Cattigara, au pays des Sines.

§ II. — MOYEN AGE.

11. Première période. — Les invasions des Barbares et la chute de l'empire romain d'Occident, au ve siècle, transformèrent l'Europe en une sorte de chaos politique et social, qui dura plusieurs siècles, et amena fatalement un arrêt prolongé et même un mouvement de recul très accentué dans tous les ordres des connaissances humaines. Cependant, cette première période elle-même ne fut pas tout à fait stérile pour la science géographique : car les MOINES MISSIONNAIRES, qui évangélisèrent les *Germains*, les *Scandinaves*, les *Magyars* et les *Slaves*, l'enrichirent de notions nouvelles sur des peuples et des pays jusque-là peu connus. D'autre part, les **Normands** Northmen, hommes du Nord) du Danemark et de la Norwège, poussèrent leurs expéditions aventureuses dans l'Atlantique du Nord bien au delà de l'*ultima Thule* des anciens. Ils découvrirent et colonisèrent les *Shetland*, les *Orcades*, les *Féroer*, l'*Islande*, le *Groenland*, longèrent la côte du *Labrador* et abordèrent (fin du xe siècle) sur le continent américain, dans un pays où poussait la vigne, et qu'ils nommèrent *Vinland*. Mais ces découvertes, amenées par le hasard, firent peu d'impression et tombèrent dans l'oubli. Un géographe allemand du xie siècle, *Adam de Brême*, les rapporte sans paraître y attacher grande importance.

Parmi ceux à qui la science géographique est le plus redevable durant la période du moyen âge, il faut citer, en première ligne, les *Arabes*, puis les *missionnaires franciscains* et les *marchands italiens*.

12. Arabes. — Les Arabes occupent sans conteste la première place dans l'histoire de la géographie médiévale. On sait que Mahomet (viie siècle) réussit à convertir à sa doctrine et à grouper autour de son drapeau les peuples de l'Arabie. A peine était-il mort (632), que ses lieutenants les conduisirent à la conquête du monde. La *Syrie*, la *Perse* et l'*Égypte* tombèrent d'abord en leur pouvoir, puis l'*Asie centrale*, l'*Arménie*, l'*Asie mineure*, le *Nord de l'Afrique* et l'*Espagne* (714). Ce n'est pas ici le lieu de décrire la civilisation brillante et raffinée, qui se développa peu à peu dans ces contrées, au souffle de leur génie, mais il nous reste à dire quelle large place ils occupent dans l'histoire des découvertes géographiques au moyen âge.

La passion des voyages est un des traits distinctifs du caractère arabe; à cette sorte d'instinct, inné chez les nomades, se joint, chez la plupart, la soif du gain et le fanatisme religieux, chez certains, l'amour désintéressé du savoir. Ces divers mobiles en poussèrent un grand nombre, marchands, pèlerins, savants, à visiter les pays étrangers, où ils s'appliquaient à implanter leur foi. Ils conquirent ainsi à l'Islamisme l'*Inde* et la *Chine* occidentales, les *îles de la Sonde*, les côtes de l'*Afrique orientale* jusqu'au Mozambique, le *Soudan*. Dès le commencement du xiie siècle, des caravanes arabes faisaient le **trafic** entre le Maroc et les pays du Sénégal et du Niger; *Tombouctou* était un grand centre commercial. Des négociants arabes fréquentaient les ports de l'*océan Indien* et de la *mer de Chine;* ils avaient, dans les principaux, des établissements permanents, et y entretenaient des cadis, chargés de veiller à leurs intérêts. L'ivoire de l'Afrique, les soieries de la Chine, les épices de l'Insulinde, les cotonnades, les mousselines, les bijoux, les armes ciselées de l'Inde arrivaient ainsi par leur intermédiaire jusqu'aux Échelles du Levant, d'où les Génois et les Vénitiens les transportaient en Europe. Les Arabes avaient appris des Chinois l'usage de la boussole, qui devait révolutionner l'art nautique en occident. Les principaux ports d'attache de leurs navires étaient *Siraf* et *Ormuz*, à l'entrée du golfe Persique ; leurs boutres y étaient en grand nombre, souvent mêlés aux jonques chinoises et aux barques malaises.

Le plus célèbre des voyageurs arabes, celui qui recueillit la plus riche moisson de documents géographiques, est le berbère Ibn-Batutah de Tanger ; il ne consacra pas moins de 24 ans à parcourir le monde musulman ; il visita successivement (1325-1349) tous les pays de l'*Afrique du Nord*, l'*Arabie*, la *Palestine*, la *Syrie*, l'*Asie Mineure*, la *Crimée*, la *Russie Méridionale*, l'*Asie centrale*, l'*Inde*, l'*Indo-Chine*, les *îles de la Sonde*, les *Moluques* et la *Chine*.

13. Missionnaires franciscains. — Au commencement du XIIIᵉ siècle, Gengis, khan des Tartares Mongols, et ses successeurs réunirent sous leur sceptre toutes les contrées de l'Asie situées à l'est du Volga, de la mer Noire et du golfe Persique. Les hordes de Batou, son petit-fils, envahirent la Russie méridionale, dévastèrent la Hongrie et la Pologne et jetèrent la consternation dans l'Europe occidentale. Cependant des Nestoriens, qui étaient parmi les Tartares, avaient répandu le bruit qu'un prince puissant, le *Prêtre Jean*, gouvernait un grand empire en Orient ; de sorte qu'on se demandait si ce souverain n'était pas le Grand-Khan des Tartares. Pour s'en assurer et surtout dans le but d'arrêter les invasions mongoles, le Pape Innocent IV envoya (1243) le moine franciscain Jean de Plan Carpin à la cour du Grand-Khan en qualité de légat. Arrivé à *Karakoroum*, qui était alors la capitale de l'empire mongol, il reçut audience du prince, mais fut renvoyé avec une réponse insolente et pleine de menaces.

Quelques années plus tard, saint Louis ayant entendu dire que le chef des Mongols se montrait bien disposé pour la religion chrétienne et désirait faire alliance avec lui contre les Sarrazins, lui députa un autre franciscain, le flamand Guillaume de Ruybrœck, plus connu sous le nom de Rubruquis. Cette ambassade ne réussit pas mieux que la première. Mais les relations des ambassadeurs eurent du moins l'avantage de révéler à l'occident des régions et des peuples jusque-là inconnus.

Vers la fin du XIII° siècle, la mission de JEAN DE MONT-CORVIN eut un succès aussi complet qu'on pouvait l'espérer. L'empereur Koubilaï Khan désirait depuis longtemps avoir auprès de lui des chrétiens instruits ; il accueillit donc avec joie l'envoyé du Pape, le traita honorablement à sa cour, qui était alors fixée à *Kambalick* aujourd'hui Pékin) et lui donna toute liberté de prêcher l'évangile. D'autres Frères mineurs furent envoyés au *Cathay* (Chine septentrionale) jusque vers la fin du XVI° siècle : l'un d'eux, Odorico de Poderone baptisa plus de vingt mille infidèles. La foi chrétienne fit de tels progrès que, à la mort de Jean de Montcorvin, le nombre des nouveaux convertis s'élevait à une centaine de mille.

14. Marchands italiens. — Marco-Polo. — Dans le cours du XIII° siècle, les **Vénitiens** et les **Génois**, reprenant le rôle que les Phéniciens et les Grecs avaient joué dans l'antiquité, accaparèrent presque tout le commerce extérieur de l'Europe. Les premiers, alliés des Sarrazins, recevaient, des négociants arabes, dans les ports du Levant, les marchandises de l'Inde et de la Chine. Les seconds, alliés des Mongols, utilisaient la voie terrestre de la Bactriane en Extrême-Orient, l'ancienne « route de la soie. »

En 1255, deux marchands vénitiens, Nicolas Polo et son frère, après un séjour de trois ans à *Bokhara*, voulurent pousser plus loin et finirent par atteindre *Kambalick*, où Koubilaï leur fit un excellent accueil. Lorsqu'ils partirent, il leur confia un message, dans lequel il demandait au Pape de « lui envoyer jusqu'à cent hommes sages de notre foi chrétienne, instruits dans les sept arts, sachant bien discuter et démontrer aux idolâtres que la foi du Christ est la meilleure, que toutes les autres lois sont mauvaises et fausses ». Nous avons vu comment il y fut répondu par l'envoi de Jean de Montcorvin et des Frères mineurs.

Dans un second voyage, les frères Poli emmenèrent avec eux le fils de Nicolas, MARCO POLO, qui avait alors une quinzaine d'années. Le voyage dura trois ans et fut des plus pénibles. Ils arrivèrent pourtant à *Kambalick*. Le jeune Marco fut présenté à l'empereur et gagna tout de suite la confiance de ce prince, qui le prit à son service. Il y resta dix-sept ans, durant lesquels il parcourut la Chine dans tous les sens : il résida assez longtemps dans les riches provinces du midi, dont l'administration lui avait été confiée. Son voyage de retour s'effectua par mer, en compagnie d'une princesse mongole, qu'il avait mission de conduire à un prince persan, auquel elle était fiancée. Débarqué à *Ormuz*, il traversa la *Perse* et l'*Arménie* pour aller se rembarquer à *Trébizonde*, et rentra dans sa patrie après vingt-quatre ans d'absence. Il y vécut en paix durant quelque temps, puis la guerre ayant éclaté entre Venise et Gênes, il prit les armes pour défendre son pays et fut fait prisonnier par les Génois. C'est pendant sa captivité qu'il dicta le récit de ses aventures à un de ses compagnons, Rusticien de Pise.

15. Le « Livre de Marc Pol, » intitulé aussi le « Livre des Merveilles du monde », décrit les pays parcourus par l'illustre voyageur, les ressources qu'ils présentent, les mœurs de leurs habitants. On y voit d'abord se dérouler la longue et « moult ennuyeuse route » qu'il fit par le sud de la *Perse*, avant d'atteindre *Kambalick*, la merveilleuse capitale des Tartares : l'affreux *désert de Kirman*, le *Pamir* ce « toit du monde, si froid qu'on n'y voit « nul oiseau volant et que le feu même n'y est pas si clair, ne donne pas autant de chaleur qu'ailleurs et ne fait pas aussi facilement cuire les aliments; puis, c'est le *Turkestan* avec les villes de *Samarcande*, *Kashgar*, *Yarkand*, le *désert de Gobi* avec ses tourbillons de sable, les steppes giboyeuses de la *Mongolie*. Il passe ensuite en revue les diverses provinces de la *Chine*, qu'il a parcourues, notant soigneusement ce qu'elles ont de plus remarquable : les mines de houille du *Cathay* (Chine du Nord), d'où on extrait « une manière de pierres noires qui ardent comme du bois »: les riches cultures du *Sé-Tchouen;* les hautes montagnes et les âpres plateaux du *Thibet*, etc. Il se plaît surtout à dépeindre l'intensité

de la vie commerciale. qui règne partout : l'activité prodigieuse de la batellerie dans les ports maritimes. sur le grand canal et principalement sur le Yang-tsé, où il a compté jusqu'à quinze mille bateaux rassemblés. Il rapporte des choses merveilleuses du *Zipangu* (Japon), mais seulement par ouï-dire : car il n'y est pas allé. En racontant son voyage de retour par les mers australes. il décrit les pays qu'il a rencontrés sur sa route. *Java, Sumatra, Ceylan,* l'*Inde*, etc. — Le livre de Marco Polo, écrit d'abord en français. fut bientôt traduit en italien et en latin ; il l'a été depuis dans toutes les langues de l'Europe. Il fournit longtemps un aliment à la curiosité publique, mais n'obtint créance que plusieurs siècles après, quand d'autres voyages en Chine permirent d'en contrôler la véracité.

16. Routes commerciales au moyen âge. — La **Méditerranée** fut la principale route de commerce durant tout le moyen âge, comme elle l'avait été dans l'antiquité. Gènes et surtout Venise entretenaient des rapports très suivis avec Constantinople. Alexandrie et les Échelles du Levant, où les négociants arabes leur vendaient les marchandises de l'Inde. de la Chine et de l'Afrique. — La *Baltique* et la *mer du Nord* furent aussi très fréquentées, surtout après que la Hanse ligue des cités commerçantes de l'Allemagne du Nord eut réussi (xiiie siècle) à donner un peu de sécurité au négoce. Les flottes marchandes de Lubeck, Brème, Hambourg, qui étaient les principales villes hanséatiques, arrivèrent à monopoliser le commerce du nord et du nord-ouest de l'Europe. — Des **routes terrestres**, toujours difficiles et souvent peu sûres, reliaient entre elles les deux voies maritimes ; la plus fréquentée traversait les Alpes par le col du Brenner, et suivait, vers le nord, la vallée du Rhin le long de la Forêt noire.

Le trafic avec l'Inde et la Chine prenait, de préférence. la voie maritime, qui était, comme nous l'avons vu (n° 12) aux mains des Arabes. — L'ancienne « route de la soie » n'était cependant pas abandonnée. Elle partait de la Crimée pour aboutir à Kambalick (Pékin) en passant par Astrakan, Khiva, Bokhara, Samarcande, Kachgar, le désert de Gobi et la rive gauche du Hoang-Ho.

§ III. — TEMPS MODERNES.

17. Le moyen âge n'avait, en somme, ajouté que fort peu de chose aux connaissances géographiques des anciens; et plus des trois quarts de la surface du globe terrestre étaient encore totalement inconnus au moment où s'ouvrait la période moderne, au milieu du xve siècle. Mais, à partir de cette date, les expéditions se multiplient et des découvertes d'importance capitale se succèdent avec une prodigieuse rapidité ; le siècle n'était pas encore achevé que les Portugais avaient trouvé la route maritime de l'*Inde* et les Espagnols découvert l'*Amérique*.

Les expéditions entreprises par ces deux peuples visaient à un but unique : *trouver une voie maritime pour gagner les Indes et l'Extrême-Orient.* Durant le moyen âge, les produits de ces régions arrivaient en Europe par l'intermédiaire des Arabes; ceux-ci profitaient naturellement de leur monopole pour en majorer les prix ; néanmoins ces produits parvenaient jusqu'aux marchés de l'Occident. Mais, la prise de Constantinople par les Turcs (1453), ayant entraîné la ruine du commerce dans le Levant, fit encore mieux sentir la nécessité d'une nouvelle voie maritime pour relier l'Europe à l'Asie méridionale et orientale. Les Portugais entreprirent donc de la trouver en naviguant vers le sud, et ils y réussirent en contournant l'Afrique. Les Espagnols, au contraire, la cherchèrent vers l'ouest et rencontrèrent le continent américain, qui barrait le passage à leurs navires.

Ces expéditions mirent d'ailleurs à profit les progrès récents de l'art nautique ; jusque-là les navires étaient réduits à côtoyer les rivages, et couraient risque de s'égarer s'ils perdaient la terre de vue. L'emploi de la boussole à bord des bâtiments les affranchit de ce souci et leur permit de s'aventurer en pleine mer. Ajoutons encore qu'on avait appris à mieux tirer parti de l'observation des astres.

Autre fait intéressant à noter : la géographie de Ptolémée, publiée en Europe au commencement du xvᵉ siècle, dut exercer une influence décisive sur l'esprit de Christophe Colomb. S'il avait connu ou même soupçonné l'immense espace, qui s'étend entre l'Espagne et l'Extrême-Orient, aurait-il jamais osé entreprendre son voyage? Heureusement il fut induit en erreur par les cartes de Ptolémée, sur lesquelles cet espace se trouve très réduit. En effet, ce géographe avait démesurément allongé la Méditerranée et les terres de l'ancien monde. rapprochant ainsi d'autant l'Asie orientale de l'Europe occidentale. Sur cette première erreur, les cartographes du xvᵉ siècle en greffèrent une autre; ne sachant pas au juste où il fallait situer les pays décrits par Marco-Polo. ils les avaient simplement inscrits au bout de la carte de Ptolémée; c'est ainsi que, sur le globe de *Martin Béhaim* (1492), le Zipangu (Japon) se trouve à la place que devrait y occuper le Mexique!

L'histoire de la géographie dans les temps modernes comprend : 1° les grandes découvertes des xvᵉ et xvⁱ siècles, 2° l'exploration des mers australes, 3° l'exploration de l'Afrique, et 4° l'exploration des régions polaires.

1. Les grandes découvertes des XVᵉ et XVIᵉ siècles.

18. Découverte de la route maritime de l'Inde. — Dès le commencement du xvᵉ siècle, les **Portugais** entreprirent une série d'expéditions le long des côtes de l'Afrique occidentale, sous l'intelligente direction du prince Henri le Navigateur. Ils se proposaient de pénétrer en Abyssinie, en remontant une branche occidentale du Nil, qui devait, croyait-on, se jeter dans l'Atlantique. S'imaginant, sur la foi de certains racontars, que l'Abyssinie était gouvernée par le fameux « prêtre Jean », qu'on n'avait pas réussi à trouver en Asie deux siècles auparavant, ils avaient le dessein d'arriver jusqu'à lui, afin de s'en faire un allié contre les Arabes. Tout en cherchant l'embouchure du fleuve supposé, les marins portugais découvrirent des terres, visitées autrefois par les Phéniciens, mais dont le souvenir s'était perdu : *Madère*, les *Canaries*, les *Açores*, et les côtes occidentales du *Maroc*, du *Sahara*, et de la *Guinée*. En même temps deux officiers, déguisés en marchands arabes, étaient envoyés dans l'Inde, porteurs d'un message pour le prêtre Jean. L'un d'eux, *Covilham*, revint après un séjour en Abyssinie, où il n'avait pu, et pour cause, remettre son message. En revanche, il rapportait des informations importantes, puisées auprès des Arabes. Ceux-ci lui avaient appris qu'en contournant l'Afrique par le sud on arriverait à leurs établissements de Sofala et de Mozambique. Ce fut dès lors de ce côté que se portèrent les efforts.

En 1484, *Diégo Cam* découvrit l'embouchure du *Congo* et poussa jusqu'au delà du 20° de latitude sud. Deux ans après, *Barthélemy Diaz*, assailli par une violente tempête, doubla, sans s'en douter, la pointe extrême de l'Afrique, qu'il appela le *cap des Tempêtes;* on sait comment le roi Jean II changea immédiatement ce nom en celui de Cap de Bonne-Espérance. Ce fut seulement douze ans plus tard que l'espérance fit place à la réalité. En 1498, Vasco de Gama doubla le cap, puis débarqua à *Natal*, toucha terre au port arabe de *Mélinde*, d'où il gagna *Calicut* sur la côte de Malabar. La route de l'Inde était enfin trouvée. — Pour s'assurer le bénéfice de cette découverte, les Portugais multiplièrent les expéditions. Celle d'Alvarez Cabral fut entraînée par les courants sur les côtes du *Brésil* (1500), qui devint ainsi terre portugaise. Cependant, la gloire d'asseoir solidement la puissance des Portugais dans les Indes était réservée à Alphonse d'Albuquerque (1507). Il établit d'abord à *Goa* le centre de l'administration, puis se mit en quête de nouveaux pays à exploiter. Il prit *Malacca*, reconnut les *îles de la Sonde* et fit explorer les *Moluques*. Un peu plus tard, les Portugais découvraient la *Nouvelle-Guinée*, la côte Nord de l'*Australie* et fondaient un établissement à *Macao*, sur les côtes de Chine. Des missionnaires furent envoyés à la suite des navigateurs :

saint François de Xavier leur chef, opéra d'innombrables conversions dans l'*Inde*, à *Malacca*, et au *Japon*.

19. Découverte de l'Amérique. — Dans le temps que les Portugais en étaient encore à chercher la route des Indes, Christophe Colomb découvrait l'Amérique (1492), pour le compte des Espagnols. Son projet était d'arriver dans l'Asie orientale en naviguant directement vers l'ouest. Il équipa trois petits navires et s'embarqua au port de *Palos;* après un temps d'arrêt aux *Canaries*, il reprit sa route dans des mers inconnues et un mois après il abordait dans une petite île du groupe des *Bahama,* qu'il nomma *San Salvador;* il découvrit ensuite *Cuba,* qu'il prit pour le Japon, et *Haïti,* à laquelle il donna le nom d'Hispaniola; après quoi il revint en Europe. Dans trois voyages subséquents, il découvrit les deux autres grandes *Antilles* et la plupart des petites, longea les côtes du *Vénézuéla* et de la *Colombie;* puis celles de l'*Amérique centrale,* depuis le Honduras jusqu'au golfe de Darien 1502-1504 . Il mourut deux ans après sans se douter qu'il avait découvert un Nouveau Monde, mais persuadé au contraire qu'il était arrivé aux Indes; de là le nom d'Indiens appliqué aux habitants et celui d'Indes occidentales, qui sert encore à désigner ces pays. — Le Florentin *Amérigo Vespucci* ayant exploré (1497) les côtes de l'Amérique du Sud depuis le *Brésil* jusqu'au *Vénézuéla,* publia une relation de ses découvertes qui fit quelque bruit; un géographe lorrain, professeur au collège de Saint-Dié, proposa de donner son nom au Nouveau Continent, et le nom est resté. A quoi tient la gloire !

Pour éviter dans la suite toute contestation entre eux relativement à leurs découvertes respectives, les Espagnols et les Portugais eurent recours à l'arbitrage du pape. Alexandre VI donna donc comme *ligne de démarcation* (1493) le méridien qui passe à 370 lieues marines à l'ouest des Açores.

Cependant les expéditions espagnoles ne tardèrent pas à se multiplier en Amérique; en 1513, Balboa traversa l'isthme de Panama et fut le premier Européen qui ait contemplé les flots du Pacifique. La soif de l'or poussa une multitude d'aventuriers à la suite des grands Conquistadores : FERNAND CORTEZ conquit le *Mexique* et découvrit la *Californie; Almagro* et PIZARRE se ruèrent sur le *Pérou* et y détruisirent le puissant empire des Incas. Pendant qu'Almagro s'avançait jusqu'au Chili, *Orellana* descendait le fleuve des *Amazones*.

20. *Diaz de Solis,* chargé de trouver une route maritime vers le Grand Océan en contournant l'Amérique, fut tué par les Indiens à l'embouchure du *rio de la Plata* (1516). Le Portugais MAGELLAN fut plus heureux. Ayant offert ses services à Charles-Quint, il en reçut la mission de gagner les Moluques par le sud de l'Amérique. Il traversa (1520) le détroit qui porte son nom, découvrit la *Terre de Feu,* et s'aventura dans le Grand Océan. Quinze mois après, il arrivait aux îles *Mariannes,* puis il découvrit les *Philippines*. Il fut tué par les indigènes d'une petite île où il avait débarqué, et l'expédition fut ramenée en Espagne par *Sébastien del Cano.* Ce fut le premier voyage autour du monde (1519-1522).

L'Angleterre et la France eurent aussi leur part dans les découvertes. Dès 1497, *Sébastien Cabot,* marin vénitien au service d'Henri VII, fut chargé de se rendre aux Indes en passant au nord des terres que Colomb venait de trouver; il longea presque toute la côte de l'Amérique du Nord, depuis le *Labrador* jusqu'à la *Floride*. — *Jacques Cartier*, de Saint-Malo, découvrit le *Saint-Laurent* et reconnut (1535) le pays, où *Samuel Champlain* devait fonder, au siècle suivant, la belle colonie du *Canada*.

Disons tout de suite, pour n'avoir pas à y revenir, que l'intérieur de l'immense région qui comprend les États-Unis et la puissance du Canada resta à peu près inconnu jusque vers la fin du xviie siècle, et que ses principaux explorateurs furent des Français. Les *missionnaires* du Canada reconnurent la *région des grands lacs,* en allant évangéliser les Algonquins. L'un d'eux, le P. MARQUETTE, dont le buste figure au capitole de Washington parmi ceux des grands hommes des États-Unis, découvrit le *Mississipi* (1672). Dix ans plus tard, CAVELIER DE LA

Salle descendait le fleuve depuis le confluent de l'Illinois jusqu'à son embouchure, et prenait possession de la Louisiane au nom de Louis XIV. Au siècle suivant, un explorateur, dont le nom mériterait d'être plus connu. Varennes de la Vérandrye, entreprit dans l'ouest un voyage qui ne dura pas moins de quatorze ans (1731-1745). Il est le premier blanc qui ait escaladé les monts Rocheux.

2. Exploration des mers australes.

21. Seizième et dix-septième siècles. — L'exploration des mers australes fut inaugurée dès le début du XVIIe siècle par le voyage de Magellan (n° 20) et par les reconnaissances que firent les Portugais dans l'Insulinde et dans les mers voisines (n° 18). Mais, elle se fit au hasard, sans plan préconçu; et, comme les premières terres découvertes (*Nouvelle-Guinée, nord de l'Australie, îles Salomon, Nouvelles-Hébrides*) ne renfermaient point d'or, on n'y attacha pas d'importance. — En 1578, un pirate anglais, *Francis Drake,* pénétra dans le Pacifique par le détroit de Magellan et longea les côtes occidentales de l'Amérique jusqu'au nord de la Californie, pillant sur son passage les colonies espagnoles du Chili et du Pérou; il se dirigea ensuite vers les Moluques et rentra en Angleterre par le sud de l'Afrique. Il avait ainsi effectué la deuxième circumnavigation du globe.

L'expédition entreprise (1605) par Queyros, navigateur portugais au service de l'Espagne, se distingue nettement des précédentes par son objet, qui n'est plus la recherche de l'or ou des épices, mais la découverte du **Grand Continent austral.** Les savants de l'antiquité et du moyen âge avaient cru à son existence; après le voyage de Magellan, des cartographes donnaient à la Terre de Feu des dimensions telles, qu'elle s'étendait du milieu du Pacifique jusqu'à l'est de l'océan Indien. Queyros traversa tout le Pacifique, rencontra l'île *Santa-Cruz,* les *Nouvelles-Hébrides,* etc.; *Torrès,* qui commandait un navire de l'expédition, explora le détroit qui porte son nom; mais, on ne trouva point de continent. Les esprits n'en continuèrent pas moins d'être obsédés par ce continent fantôme, qui ne s'évanouit complètement qu'à la suite des voyages de Cook.

Au xviie siècle, les grands explorateurs sont des **Hollandais**. Vers 1615, Le Maire et *Schouten* découvrent le *cap Horn*, le *détroit de Le Maire* et la *Terre des États*. — Les Hollandais, ayant réussi à supplanter les Portugais et à établir solidement leur domination dans les *îles de la Sonde,* entreprirent d'explorer les mers voisines. De 1616 à 1620, ils reconnurent les côtes nord et nord-est de l'*Australie,* qu'ils avaient découverte dix ans auparavant et nommée Nouvelle-Hollande. Le gouverneur *Van Diémen* organisa 1642-1644) deux expéditions, dont le commandement fut confié à *Abel Tasman;* celui-ci avait mission de faire le tour de l'Australie. Au cours de son voyage, il découvrit une île, qu'il nomma *Terre de Van-Diémen* Tasmanie), et la *Nouvelle-Zélande.*

22. Dix-huitième siècle. — Jusqu'ici, les voyages de découvertes, que nous avons passés en revue, avaient tous pour mobile (sauf celui de Queyros) l'appât du gain, la convoitise de richesses faciles à acquérir : on n'allait à la recherche de nouvelles terres que dans le but d'en tirer immédiatement de gros profits, et, une fois découvertes, on ne les étudiait que dans la mesure strictement nécessaire à cette fin. Les brillantes explorations, qui furent faites vers la fin du xviiie siècle dans les mers du Sud, offrent un caractère tout différent : sans faire fi absolument des intérêts économiques, qui ne pouvaient manquer d'y trouver leur compte dans la suite, les gouvernements, qui firent les frais de ces expéditions, se proposèrent comme but immédiat et principal de promouvoir les intérêts de la science, de contribuer au progrès des connaissances humaines. A cet effet, on choisit des savants pour les diriger et on leur adjoignit des spécialistes, astronomes, naturalistes, physiciens, chargés d'étudier les pays qu'on visitait.

Les **Anglais**, *Byron, Wallis, Carteret,* commandèrent

les premières explorations scientifiques 1764-1769 . Ils
furent bientôt dépassés par un marin français, BOUGAIN-
VILLE; celui-ci aborda à *Taïti* 1768 , que Wallis avait
découverte l'année précédente, découvrit et parcourut
l'archipel *Touamotou,* les *îles des Navigateurs* Samoa ,
les *Grandes Cyclades* Nouvelles-Hébrides . l'archipel
de la *Louisiade* et les *îles Salomon.* Son voyage autour du monde est le premier qui ait été effectué par un
Français.

23. Le plus illustre explorateur des mers australes est
sans contredit le capitaine COOK; les trois expéditions,
qu'il y dirigea 1768-1779 eurent pour résultat d'en fixer
définitivement la géographie dans ses grandes lignes, et
de démolir l'hypothèse du Grand Continental austral, qui
avait encore des adhérents. Au cours de ses croisières,
il levait des cartes, faisait des sondages, déterminait les
longitudes et s'occupait d'histoire naturelle, de physique
et d'astronomie. — Dans son premier voyage, Cook avait
pour mission d'observer, à Taïti, le passage de Vénus
sur le disque du soleil, puis de compléter les explorations de ses devanciers. Il découvrit l'archipel des *îles de
la Société,* releva les côtes de la *Nouvelle-Zélande,* de
la *Tasmanie,* débarqua en *Australie* dans le golfe de
Botany Bay, là où s'élève maintenant la ville de Sydney,
et explora les côtes orientales jusqu'au *détroit de Torrès;*
il revint en Europe par *Batavia* et le *cap de Bonne-
Espérance.* Il était dès lors certain qu'il n'existait pas de
continent austral au nord du 40° de latitude Sud ; mais n'y
en avait-il pas sous des latitudes plus hautes? Certains
savants s'obstinaient à le croire, et c'est pour résoudre
définitivement la question que Cook entreprit son second
voyage. Il pénétra dans les mers du Sud par le cap de
Bonne-Espérance, se dirigea vers le sud-est, s'avança au
delà du cercle polaire aussi loin que le permirent les
banquises et revint par le cap Horn sans avoir découvert
aucune terre considérable, sauf la *Nouvelle-Calédonie.*
— La troisième croisière de Cook avait pour but de chercher le fameux passage du nord-ouest en pénétrant dans
l'océan Glacial Arctique par le *détroit de Béring.* Il

découvrit, en passant, les *îles Sandwich*, explora le détroit de Béring et la côte septentrionale de l'*Alaska;* mais, arrêté bientôt par une formidable banquise, il fut obligé de rebrousser chemin et revint aux îles Sandwich, où il fut tué et mangé par les indigènes [1].

24. Dix-neuvième siècle. — L'exploration des mers australes étant ainsi achevée, il ne restait plus qu'à reconnaître les terres qu'on y avait découvertes. Ce fut l'œuvre du xixe siècle. Parmi ceux qui se sont distingués dans cette tâche, il convient de citer les navigateurs russes, *Krusenstern* et *Kotzebue,* qui explorèrent les pays du Nord, *îles Aléoutiennes, Kouriles, Sakhaline, Kamtchatka;* les Français, *Baudin, Freycinet, Duperrey, Dumont d'Urville, Dupetit-Thouars,* etc, qui consacrèrent surtout leurs efforts à la reconnaissance des îles intertropicales.

Les colonies anglaises, établies sur les côtes de l'**Australie,** ont envoyé de nombreuses expéditions dans l'intérieur du continent; mais les déserts qui le couvrent ont dévoré bien des vies d'explorateurs et n'ont été traversés qu'au prix de fatigues extrêmes. Les principaux explorateurs furent : *Eyre, Sturt, Leichhardt,* dans la première moitié du siècle, *Giles* et *Carnegie* dans la seconde.

Naguère encore, l'intérieur de la **Nouvelle-Guinée,** la plus grande île du monde, était complètement inconnu. Depuis 1846, d'importantes découvertes y ont été faites par des expéditions anglaises et allemandes et par les missions des Pères du Sacré-Cœur d'Issoudun : on y a reconnu de hautes montagnes et de grands fleuves; mais, la majeure partie reste encore à explorer.

3. Exploration de l'Afrique.

25. Première période (1795-1850). — Les côtes

---

1. L'expédition de *Lapérouse* (1785-1788) se termina d'une manière non moins tragique; le navire vint se briser sur les rochers de l'île *Vanikoro:* Dumont d'Urville en recueillit les débris quarante ans après.

de l'Afrique avaient été relevées dès le commencement du xvi⁰ siècle ; diverses nations y possédaient des comptoirs et des colonies ; mais, jusque dans les dernières années du xviii⁰ siècle, l'intérieur était presque complètement inconnu. L'Amérique nouvellement découverte, l'Inde, l'Extrême-Orient, les mers du Sud, accaparèrent durant trois siècles l'attention du monde européen et les recherches des explorateurs. L'Afrique, malgré sa proximité de l'Europe, fut si bien négligée que bon nombre de notions, acquises par les anciens sur le mystérieux continent, étaient oubliées ou perdues.

Durant la première moitié du xix⁰ siècle, les explorations se bornèrent à la partie septentrionale et eurent surtout pour objet la reconnaissance du *Niger* et du *Nil*.

Mungo-Park, le premier explorateur du **Niger**, fit deux voyages au *Soudan* 1795-1805 : il périt dans les rapides de Boussa. — *Denham* et *Clapperton*, partis de *Tripoli*, visitèrent le *Fezzan* et parvinrent à *Kouka* (1823 , capitale du Bornou, sur le *Tchad*. Denham explora le lac et remonta son principal tributaire, le *Chari*, jusque vers le 10°. Clapperton visita la ville de *Kano* et celle de *Sokoto*, où il mourut au cours du deuxième voyage. Il fut dès lors constaté que le Niger n'est pas une branche du Nil, comme on l'avait cru pendant longtemps (n° 18 . — En 1830, *John* et *Richard Lander* explorèrent à leur tour la région du Niger. — La mystérieuse *Tombouctou* avait été visitée par le major *Laing,* qui y fut massacré, et par *René Caillié* (1828 : ce dernier, qui était parti de la côte de Sierra-Leone, rentra en France par le Maroc.

L'exploration scientifique de la région du **Nil** date de l'expédition d'Egypte (1798-1901) : les savants, qui accompagnaient l'armée de *Bonaparte*, recueillirent une foule d'observations intéressantes sur le bassin inférieur du fleuve. Plus tard, sous le règne de Méhémet-Ali, *Caillaud* explora la *Nubie,* d'*Arnaud* remonta le Nil jusqu'à *Gondokoro*. — Les frères d'Abbadie consacrèrent onze ans (1837-1848) à explorer l'*Abyssinie* et le pays des *Gallas*. — Deux Allemands, *Krapf* et *Rebmann* découvrirent (1845) les monts *Kénia* et *Kilima-Ndjaro*.

La conquête de l'Algérie par la France (1830) ouvrit à l'exploration un nouveau champ, que la barbarie musulmane avait jusque là à peu près fermé, comme le Maroc l'est encore de nos jours. — Au sud, les Anglais préludaient à des voyages de découvertes par la fondation de la Société du Cap pour l'exploration de l'Afrique (1824).

26. Deuxième période (1850-1885). — La période la plus féconde en découvertes africaines fut celle qui s'étend de 1850 à 1885, date du Congrès de Berlin, qui constitua l'État libre du Congo. Une foule d'explorateurs se précipitent alors à l'assaut du continent mystérieux et l'attaquent de tous les côtés à la fois, affrontant les dangers qu'accumulent sur chacun de leurs pas, les ardeurs d'un climat dévorant et l'hostilité des populations, sans autre ambition que celle d'attacher leur nom à quelque belle découverte, de faire honneur à leur patrie et d'accroître le trésor des connaissances humaines.

En 1850, l'Allemand Barth partait de *Tripoli* avec une expédition anglaise, dont la mort de ses compagnons devait bientôt le laisser seul chef; après avoir visité le *Fezzan* et l'*Aïr*, il explora les pays voisins du Tchad, *Bornou*, *Adamaoua*, le *Chari*, la *Bénoué*, passa près de huit mois à *Tombouctou*, puis revint au Bornou, où il trouva son compatriote, Vogel, envoyé à sa recherche. Son voyage avait duré cinq ans. — *Vogel* se proposait d'étudier les pays situés entre le Tchad et le Nil; mais il fut assassiné dans le *Ouadaï*. Ce fut un autre Allemand, *Nachtigal*, qui réalisa ce projet. Après avoir exploré le *Tibesti*, et les pays riverains du *Tchad* et du *Chari*, il revint en Égypte par le *Ouadaï* et le *Darfour* (1869-1874). — *Gerhard Rolhfs* se consacra surtout à l'exploration du *Sahara*. Il le parcourut une première fois, du Maroc à Tripoli, en passant par le *Touât;* une seconde fois, de Tripoli à l'embouchure du Niger (1865-1867); et une troisième, de Tripoli au Nil, par les oasis libyques. — En 1880, *Lenz* allait du Maroc à *Tombouctou* et de là au Sénégal. Dans le même temps *Flegel* explorait la *Bé-*

noué et l'*Adamaoua* (1879-1885). — A partir de 1859, *Henri Duveyrier* fit de nombreux voyages dans le *Sahara algérien*.

27. De tous les explorateurs africains le plus grand sans doute et certainement le plus désintéressé et le plus humain fut le missionnaire anglais DAVID LIVINGSTONE. Il parcourut d'abord (1840-1848 les pays situés entre l'Orange et le *Zambèze*, explora le *désert de Kalahari* et découvrit le *lac Ngami;* puis, ayant gagné *Saint-Paul de Loanda*, il traverse tout le Continent pour aboutir à *Quilimané* dans le Mozambique (1853-1856. Dans un second voyage (1858-1864, il explora le *bas Zambèze*, son affluent, le *Chiré*, et l'extrémité méridionale du *lac Nyassa*. Un troisième voyage 1866-1873) le conduisit de Zanzibar au *lac Tanganyka;* il découvrit, au sud, les lacs *Bangouéolo* et *Moéro*, atteignit à *Nyangoué* un grand fleuve inconnu et revint mourir au sud du lac Bangouéolo, sans se douter qu'il avait découvert le *Congo*. — Dans l'exploration du Tanganyka, Livingstone cherchait à reconnaître si ce lac n'appartenait pas au bassin du Nil. *Cameron* contribua à la solution du problème, en constatant (1874) que la *Loukouga*, affluent du fleuve qui passe à Nyangoué. est un émissaire intermittent du lac. STANLEY acheva la démonstration; il descendit le grand fleuve (1876-1877) depuis Nyangoué jusqu'à son embouchure : c'était le *Congo*.

Dès le xvie siècle, les Portugais avaient appris des Arabes l'existence de grands lacs dans l'Afrique équatoriale, mais elle ne fut vérifiée qu'en 1858. Cette année là, *Burton* et *Speke*, partis de Zanzibar, atteignirent le *Tanganyka*, et Speke découvrit l'extrémité méridionale du *lac Victoria*. Dans un second voyage, qu'il fit avec *Grant*, il en releva la côte orientale, suivit le fleuve qui s'en échappe au Nord et rejoignit ainsi S. Baker à *Gondokoro;* ce fleuve était donc bien une des branches supérieures du *Nil*. Le *lac Albert* fut découvert (1864), par *S. Baker*. La première circumnavigation du lac Victoria fut faite (1875) par Stanley, auquel on doit encore la découverte du *lac Albert Édouard* (1876) et du puissant massif du *Roouenzori* (1889). — La région du *Bahr-el-Ghazal* fut explorée par *Schweinfurth* (1869-1871), par le Dr *Schnitzler* (Émin-Pacha) et par le Russe *Junker*.

28. Troisième période (de 1885 à nos jours). — La constitution de l'État du Congo au Congrès de Berlin (1885) fut suivie à bref délai du partage de l'Afrique indépendante entre l'Angleterre, la France, l'Allemagne et l'Italie ; et diverses conventions furent signées entre ces puissances pour définir les droits de chacune. A partir de ce moment, les voyages d'exploration se multiplient, mais présentent un caractère nouveau. Ce n'est plus seulement l'amour de la science qui pousse en avant les explorateurs, mais les intérêts politiques, commerciaux et religieux. Chaque nation travaille à faire l'inventaire de son domaine pour être en mesure de l'exploiter. Seuls les MISSIONNAIRES CATHOLIQUES, dont la plupart sont français, se répandent de tous les côtés, les *Pères du Saint-Esprit* au Sénégal, au Soudan, au Congo, dans l'Angola ; les *Pères Blancs* au Soudan et dans la région des grands lacs ; les *Capucins* en Égypte et en Abyssinie ; les *Jésuites* en Égypte, au Zambèze, à Madagascar ; les *Maristes* et les *Trappistes* dans l'Afrique australe anglaise ; les *Pères des Missions africaines* de Lyon, dans la Guinée, etc., etc. Leurs relations et leurs lettres ont puissamment contribué à faire connaître les pays qu'ils évangélisaient. Plusieurs ont publié des ouvrages importants : Mgr *Massaya* et le *P. Léon des Avanchers* sur les Gallas, Mgr *Leroy* sur les Négrilles, le *P. Roblet* sur la géographie de Madagascar, etc. — La liste des explorateurs africains durant cette troisième période est si longue, que nous devons nous borner à citer seulement ceux dont les découvertes ont été les plus importantes.

29. Nos compatriotes figurent en tête ; la plupart sont des officiers, qui eurent souvent à mener de front la conquête, l'organisation et l'exploration de l'immense domaine, que les conventions nous reconnaissent dans le nord-ouest de l'Afrique et au Congo. — Le premier et le principal explorateur du Congo français est SAVOR-

GNAN DE BRAZZA, le véritable fondateur de la colonie. Ses premiers voyages dans la région côtière (Gabon) datent de 1872. Il dirige une seconde expédition vers l'*Ogôoué* et l'*Alima* (1875-1878). En 1880, il atteint le *Congo* en amont des chutes, explore l'*Alima* et le *Niari Kouilou*, dans lequel il espère trouver une bonne voie d'accès vers le Congo moyen. Dans une troisième expédition (1883-1885), il continua l'exploration des pays compris entre la côte gabonaise et l'*Oubanghi*. Nommé gouverneur de la colonie du Congo, il présida aux travaux de nombreux explorateurs, parmi lesquels nous citerons *Crampel, Dybowski, Maistre, Mizon.*

En 1900, trois missions françaises se trouvèrent réunies sur les bords du *lac Tchad :* la mission *Gentil*, qui avait remonté le Congo et l'Oubanghi; la mission FOURREAU-LAMY, qui était partie de l'Algérie et avait traversé le Sahara; enfin, la mission *Joalland-Meynier* (ancienne mission Voulet-Chanoine), venue du Sénégal. Le redoutable Rabah, qui avait conquis et ruiné les pays voisins du lac, fut battu et tué par leurs forces réunies. — La mission MARCHAND, qui traversa l'Afrique, de l'embouchure du Congo à l'Abyssinie, fut plus glorieuse encore par les qualités qu'y déploya le personnel, officiers blancs et soldats nègres, et par les résultats qu'elle obtint. Après avoir reconnu et organisé, pour le compte de la France, le territoire du *Bahr-el-Ghazal*, Marchand avait planté le drapeau français à *Fachoda*, sur le Nil. Ce n'est pas sa faute s'il dut le retirer pour obéir au gouvernement et céder aux Anglais les pays qu'il avait conquis au prix de tant de fatigues.

30. Les efforts de la France au Soudan et en Guinée ont été mieux récompensés. FAIDHERBE, gouverneur du Sénégal (1850-1870) avait jeté les bases de notre empire au Soudan, en jalonnant la *route du Sénégal au Niger* de postes militaires, chargés d'en assurer la sécurité. *Galliéni, Borgnis-Desbordes, Archinard*, etc., durent, plus tard, guerroyer longtemps contre les tyrans nègres, qui désolaient le pays. *Caron* descendit (1887) le Niger moyen jusqu'à *Tombouctou*, et *Hourst* de Tombouctou à

l'embouchure. LENFANT remonta le fleuve (1901) et franchit les terribles chutes de Boussa. Il a réussi (1903) à pénétrer *au Tchad par la Bénoué*. — Les voies d'accès au Soudan par la Guinée ont été étudiées par *Binger* (1887-1889) et *Monteil* (1892), qui explorèrent la boucle du Niger ; par *Marchand* et par *Hostain d'Ollone*.

Dans l'Afrique orientale, *Hans Meyer* fit le premier l'ascension du *Kilima-Ndjaro* (1889) et *Mackinder* (1899) celle du *Kénia*. — *Borelli*, *Teleki*, *Bottego*, dirigèrent des expéditions au sud de l'*Abyssinie* et dans la *Somàlie*.

Dans le Congo belge, les affluents de gauche du grand fleuve furent explorés par *Wismann* (1881-1887). *Van Gèle* démontra (1887) l'identité de l'Ouellé et de l'Oubanghi. Le cours de l'*Arouhimi* et la grande forêt, que traverse cette rivière, furent reconnus par *Stanley,* dans son troisième voyage, qui avait pour but la délivrance d'*Emin-Pacha*. Le lieutenant *Lemaire* a achevé, en 1900, la reconnaissance des sources du *Kassaï,* du *Zambèze* et du *Congo,* régions sur lesquelles on n'avait que des données incertaines.

ALFRED GRANDIDIER a attaché son nom à la première exploration scientifique de Madagascar, qui a été continuée par les remarquables travaux du P. ROBLET, jésuite, par les études des missions *Cattat* et *Maistre,* par celles de *Gautier* et du colonel *Lyautey*.

4. Exploration des régions polaires.

31. Pôle nord. — Les premières expéditions dans les régions arctiques datent du xvie siècle. Elles eurent longtemps pour but de découvrir un passage de l'Atlantique nord dans le Pacifique, en contournant, soit l'Amérique *(passage du nord-ouest)*, soit les parties septentrionales de l'ancien monde *(passage du nord-est)*; puis, lorsque ces passages eurent été découverts et en même temps reconnus impraticables, l'objectif des explorations arctiques fut d'atteindre le *pôle* et de contribuer à la solution de certains problèmes scientifiques.

Le passage du nord-ouest a été cherché par les Anglais avec une ténacité toute britannique, depuis la fin du xve siècle jusqu'à la fin du xixe. Parmi les principaux explorateurs, il convient de citer : *Jean Cabot*, le premier en date (1497), *Martin Frobisher* (1576-1578), *John*

Fig. 2. — Région polaire du Nord.

Davis (1585-1787), qui s'avança au delà du 72e de latitude, *Hudson* (1607-1610), *Baffin* (1616), qui pénétra jusqu'au 78e. — Durant les deux siècles qui suivirent les mers arctiques ne furent plus fréquentées que par des pêcheurs de baleines anglais et hollandais. — Une nouvelle série d'expéditions s'ouvrit, en 1818, par les voyages de John Ross et de Parry. PARRY découvrit (1819-20) les détroits de *Lancastre*, de *Barrow*, du *Prince-Régent* et l'*île Mel-ville*. John Ross, au cours de son second voyage (1828-1833), découvrit le *pôle magnétique* boréal, dans la *presqu'île de Boothia*. En 1845, Franklin, déjà connu par plusieurs voyages dans les mers polaires, entreprit de se rendre du détroit de Barrow au détroit de Béring ; comme on ne recevait pas de ses nouvelles — il avait péri en 1847 avec tous ses compagnons — plus de vingt expéditions furent envoyées successivement à sa recher-che, de 1848 à 1859 ; c'est à elles qu'on doit la connaissance à peu près complète de l'archipel polaire américain. Le passage du nord-ouest fut découvert (1850) par celle de Mac-Clure, qui pénétra dans les mers polaires par le détroit de Béring, découvrit le *détroit du Prince de Galles*, entre les terres de Banks et du Prince Albert, et s'avança jusqu'à l'île Melville.

32. Les premières expéditions envoyées à la découverte du **passage du nord-est** furent celles des Anglais *Willoughby*, qui se perdit (1533) sur la côte de la Lapo-nie ; *Chancellor*, qui gagna *Arkhangelsk* ; et *Burrough*, qui pénétra jusqu'à la *mer de Kara*. Le Hollandais Guillaume Barentz découvrit le *Spitzberg* (1596) ; il fut pris par les glaces et obligé d'hiverner à la *Nouvelle-Zemble*. Béring, officier danois, chargé d'explorer les côtes sibériennes pour le compte de la Russie, découvrit le détroit qui porte son nom (1741). Un siècle et demi de-vait pourtant encore s'écouler avant qu'un navire franchît le détroit pour entrer dans le Pacifique. Le Suédois Nor-denskjold est le premier qui ait doublé le cap oriental en venant par le nord de l'ancien monde (1879).

33. Arriver au **pôle nord**, ou du moins s'en rappro-cher aussi près que possible, tel est désormais l'objectif des expéditions arctiques. **Trois routes** peuvent y donner accès : l'une, par les détroits de Davis et de Baffin, à l'ouest du Groenland. C'est celle-là que suivirent (1850-1870) les Américains *Kane, Hall* et *Hayes*. Kane avait cru découvrir une *mer libre* de glaces aux environs du pôle ; Hayes et Hall, envoyés pour constater le fait, ne trouvèrent, à la place indiquée, que d'immenses champs

de glaces anciennes : au lieu de la mer libre, c'était la *mer paléocrystique*. Ils furent suivis (1875) par l'expédition anglaise de *Nares*, qui hiverna par 82° 15', de latitude et poussa, en traîneau, un degré plus au nord. L'Américain *Lockwood*, l'un des rares survivants de la malheureuse expédition *Greeley*, atteignit (1883) 83° 30'. Dans les mêmes parages, *Otto Sverdrup* passa quatre hivers (1899-1902), emprisonné par les glaces.

La seconde route est le large bras de mer qui s'étend entre le Groënland et la Norvège. Les Autrichiens *Payer* et *Weyprecht* la suivirent (1873) et découvrirent l'*archipel François-Joseph*, qui fut plus tard (1880-1881) exploré par *Leigh Smith*. C'est de là que l'expédition du DUC DES ABRUZZES (1899-1900) fit des reconnaissances en traîneaux dans la direction du pôle, jusqu'à 86° 33' 49", point le plus septentrional qui ait encore été atteint. — En 1897, un ingénieur suédois, *Andrée*, partit du Spitzberg en ballon; il comptait utiliser les courants atmosphériques pour atteindre le pôle : on ne sait ce qu'il est devenu.

La toisième route est celle du détroit de Béring. En 1879, le navire américain la *Jeannette*, ayant été chargé d'explorer la terre de Wrangel, fut emprisonné et finalement écrasé par les glaces; ses débris furent portés durant deux ans, avec la banquise, vers le nord et l'ouest par un courant marin. Le Suédois NANSEN résolut de profiter de ce courant pour tenter la conquête du pôle par le détroit de Béring. En 1893, monté sur un navire, le *Fram* (en avant) construit spécialement pour résister à la pression des glaces, il côtoya d'abord le nord-est de la Sibérie, et entra dans la banquise au nord des îles Liakhof; celle-ci, dans sa dérive, le porta à 6 degrés plus au nord. Abandonnant alors son navire, Nansen partit à pied avec quelques compagnons dans la direction du pôle, emmenant des traîneaux à chiens pour porter les provisions. Ils atteignirent 86° 14' de latitude et vinrent hiverner dans une des îles de l'archipel François-Joseph, d'où ils furent rapatriés (1896) par l'explorateur *Jackson*. Le retour du Fram, qui était parvenu à se dégager des glaces, eut lieu peu de temps après.

Il reste encore à signaler, parmi les explorations des régions arctiques, celles de *Nordenskjöld* au *Groenland* (1870, 1883); la traversée de l'immense calotte de glace (inlandsis), qui recouvre cette grande terre, effectuée par *Nansen* (1888), et celles de l'Américain *Peary* (1891, 1892) dans la partie septentrionale.

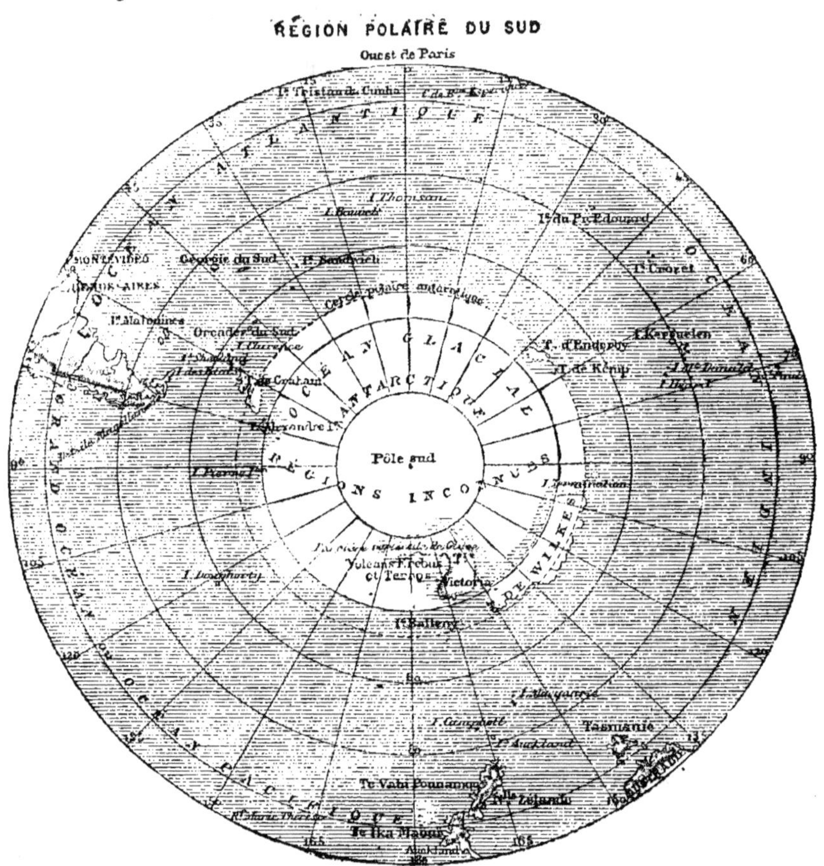

Fig. 3. — Région polaire du Sud.

34. Pôle Sud. — La reconnaissance des régions polaires antarctiques est encore bien peu avancée ; ce n'est, du reste, qu'au XIXe siècle qu'on y a dirigé des expéditions scientifiques. Les premières amenèrent la découverte de nouvelles terres. Ainsi le Russe *Bellingshausen* découvrit les *Terres Pierre Ier* et *Alexandre Ier*; l'Anglais

Smith, les *Shetland du Sud;* le baleinier *Biscöe,* les *Terres de Graham* et d'*Enderby;* l'Américain *Wilkes,* la terre qui porte son nom; le Français DUMONT D'URVILLE, les *Terres Louis-Philippe, Joinville, Amélie, Adélie;* l'Anglais JAMES ROSS, la *Terre Victoria,* par 78° 10′ de latitude, avec les deux volcans qui se dressent sur le bord, et auxquels il donna les noms de ses deux navires, *Erebus* et *Terror.*

Ces terres, toutes situées, sauf la dernière, dans le voisinage du cercle polaire, n'avaient été qu'entrevues par les premiers découvreurs. Le but des expéditions, qui ont été dirigées de ce côté vers la fin du dernier siècle et depuis, *Belgica* (1869-1900), *Gauss* (1901-1902). *Discovery,* etc., a été de les explorer scientifiquement et d'étudier les phénomènes physiques, qui s'y produisent. Elles en ont rapporté une ample moisson de renseignements; mais une barrière infranchissable de glaces les a presque toutes arrêtées à la lisière des régions antarctiques, et elles sont restées bien en deçà du point extrême atteint par J. Ross. *Borchgrevink,* qui explora 1898-1900 la Terre Victoria et détermina le *pôle magnétique sud,* l'a cependant légèrement dépassé. Enfin, en 1902 l'expédition anglaise de la DISCOVERY put s'avancer en traîneau jusqu'à 82° 17′, et, de là releva, en ballon captif, des terres inconnues jusque vers 83° 30′ avec des pics et des chaînes de montagnes de 4.000 à 5.000 mètres d'altitude. C'est là une importante contribution à l'hypothèse, assez généralement admise, d'un continent polaire austral, dont les terres jusqu'ici découvertes seraient les parties avancées. Peut-être aussi l'**Antarctide** finira-t-elle par s'évanouir comme la mer libre du pôle nord.

35. *Remarque.* — Les expéditions polaires ne se font qu'au prix de fatigues, de privations et de dangers inouïs; aussi leur histoire forme-t-elle un long et douloureux chapitre dans le martyrologe de la science. Dès le commencement de septembre, la mer gèle et les navires restent emprisonnés par les glaces jusqu'à la fin de juin, souvent même durant plusieurs années, dans un isolement complet. Les explorateurs y ont à subir des froids de 40

et 50 degrés; et leur navire, si solide soit-il, est exposé à être écrasé, à chaque instant, comme une simple coquille de noix, par la formidable pression des glaces qui l'enserrent. Une nuit continue de trois à quatre mois, interrompue seulement par les lueurs splendides de fréquentes aurores boréales, accroît de ses ténèbres l'horreur de ces affreux déserts de glaces. Si encore la banquise présentait une surface à peu près unie, il serait relativement facile, au moyen des traîneaux à chiens que les explorateurs emmènent avec eux, de s'avancer au loin et peut-être même d'atteindre le pôle. Mais, il n'en est pas ainsi, les champs de glace sont bouleversés, hérissés d'aspérités, couverts d'amoncellements de toute forme et de toute dimension: c'est partout un véritable chaos, produit par les pressions intérieures de la masse. La privation trop prolongée de viande fraîche et de légumes engendre souvent le scorbut qui décime les équipages; lorsque le navire est broyé par les glaces ou ne peut s'en dégager, c'est la faim avec toutes ses horreurs, bientôt suivie d'une mort affreuse. En somme, l'exploration des régions polaires représente une somme énorme d'argent dépensé, de souffrances endurées, de vies sacrifiées, et tout cela pour aboutir à des résultats assez médiocres.

CHAPITRE DEUXIÈME

TRANSFORMATIONS ET PROGRÈS DE LA SCIENCE GÉOGRAPHIQUE.

§ I. — ANTIQUITÉ ET MOYEN AGE.

36. Jusqu'à l'aurore de l'ère chrétienne, la géographie n'existait pas comme science distincte et indépendante; et, pour trouver les premières ébauches d'une description de la terre, il faut aller les chercher dans les théories cosmogoniques des philosophes, dans les récits des historiens et dans les fictions des poètes.

Ainsi, *Homère*, mettant à profit les notions transmises par les navigateurs phéniciens, a laissé d'un grand nombre de lieux des descriptions minutieuses; et ces descriptions sont, parait-il, si exactes, que des savants se flattent, l'*Odyssée* en main, malgré les changements survenus depuis, de pouvoir identifier avec certitude, par la seule inspection des caractères topographiques actuels, non seulement les pays d'une certaine étendue, comme ceux des Lestrigons, des Lotophages, des Phéaciens, mais encore la grotte de Calypso et la fontaine de Nausicaa (*les Origines de l'Odyssée*, par M. Victor Bérard). Quoi qu'il en soit, les connaissances positives d'Homère ne devaient guère dépasser les rivages de la Méditerranée, et il se fait une idée vraiment enfantine de l'ensemble du globe. Pour lui, la terre est un disque, bordé de hautes montagnes (Atlas, Caucase, monts Riphées), qui soutiennent la voûte des cieux. Le centre de ce disque est le mont Olympe, séjour des dieux, et le fleuve Océan déroule tout autour l'immense ceinture de [ses] flots.

Fig. 4. — La Terre, d'après les chants d'Homère.

37. Les philosophes grecs de l'Ionie, initiés aux connaissances astronomiques par les prêtres égyptiens, furent les premiers à essayer de donner une base scientifique à leurs travaux sur l'ensemble de l'univers, en déterminant la forme de la terre et ses rapports avec les corps célestes. *Thalès* de Milet, fondateur de l'École Ionienne (fin du VIIe siècle av. J.-C.), enseignait que le Ciel ou monde est une sphère creuse, à demi remplie d'eau ; il voyait dans la terre habitée l'extrémité d'un cylindre émergeant au-dessus des flots. Il savait, dit-on, prédire les éclipses et déterminer les latitudes. — Pour *Anaximène*, qui vivait un siècle plus tard, la terre, la lune, le soleil et les étoiles sont des disques, soutenus par l'élasticité de l'air. *Anaximandre* et *Hécatée* avaient déjà dessiné les premières cartes géographiques. — Les *Pythagoriciens* affirmaient *à priori* la sphéricité de la Terre, parce que c'est la forme la plus parfaite. **Aristote** la démontra par l'ombre circulaire, que projette la Terre dans les éclipses de lune, et par le déplacement de l'étoile polaire au-dessus de l'horizon à mesure qu'on s'avance vers le nord. De son temps, on connaissait la division du globe en zones climatériques; mais on limitait la terre habitable à la zone tempérée, comprise entre le tropique et le cercle polaire. Des trois parties du monde, Europe, Asie, et Libye (Afrique,) la première était regardée comme la plus grande. Aristote admet, sur l'autorité « des hommes les plus habiles dans les choses géographiques que l'espace occupé par la mer entre les colonnes d'Hercule et l'Inde ne doit pas être d'une très grande étendue, parce que les extrémités de la Maurétanie et de l'Inde nourrissent également des éléphants ». C'est à cette erreur, reproduite par Ptolémée et exagérée par les cartographes du xv⁰ siècle (n° 17) que sera due la découverte de l'Amérique.

38. *Dicéarque*, disciple d'Aristote, apporta une heureuse amélioration aux cartes, qui étaient jusque-là sans orientation, sans graduation, sans exactitude dans la position des lieux. Il traça, au milieu de la carte une ligne, le *diaphragme*, parallèle à l'équateur; cette ligne allait des Colonnes d'Hercule à l'Inde ; une seconde ligne, perpendiculaire au diaphragme, venait couper celui-ci à l'île de Rhodes, qui paraissait marquer le milieu entre les points extrêmes du monde connu. — Un siècle après, *Eratosthènes* de Cyrène, composa un traité volumineux de géographie mathématique et descriptive, qui ne nous est pas parvenu. Il ajouta un certain nombre de lignes parallèles au diaphragme de Dicéarque, pour relier entre eux les points où la longueur du jour est la même. — Ce système fut adopté par *Hipparque*, le plus grand astronome de l'antiquité; mais celui-ci y introduisit une modification importante : il plaça à égale distance les parallèles qu'Eratosthènes avait séparés

par des intervalles inégaux. Il est le premier qui ait employé la *projection* et déterminé mathématiquement les courbes des méridiens.

Parmi les **historiens grecs**, qui ont fait œuvre de géographes, nous avons déjà mentionné *Hérodote* (n° 8). *Polybe* s'est aussi appliqué à faire marcher de front l'histoire et la géographie; il a d'ailleurs écrit quelques traités spéciaux sur des questions controversées, comme l'habitabilité de la zone torride.

39. Le premier traité de géographie proprement dite, que nous aient légué les anciens, fut l'œuvre de **Strabon**, écrivain grec né à Amasée (Asie Mineure). Il rédigea sa géographie sous les règnes d'Auguste et de Tibère, après avoir visité la plupart des pays qu'il décrit et lu les principaux auteurs qui en avaient traité. Il est regardé, à juste titre, comme le créateur de la géographie scientifique, qui repose sur l'étude raisonnée des phénomènes naturels : les divisions physiques de la Terre, les montagnes, les fleuves, les mers, les races humaines, voilà ce qui mérite surtout de fixer les regards du géographe; car tout cela est permanent; tandis que les divisions politiques et administratives sont souvent bouleversées par le caprice des hommes ou par le cours des événements. Strabon a composé, dans cet esprit, une description du monde connu de son temps, dont certaines parties, comme la **Grèce** et surtout l'Asie Mineure sont de vrais chefs-d'œuvre. En décrivant la Gaule, il a soin de mettre en relief l'heureuse disposition des fleuves, qui se dirigent vers différentes mers pour la plus grande facilité des relations, et il qualifie ce pays « d'œuvre providentielle, disposé ainsi avec intention et non pas au hasard ». L'ampleur des vues, l'élévation des pensées, la solidité du jugement donnent à Strabon une supériorité incontestable sur les autres géographes. On lui reproche cependant de n'avoir pas donné à la géographie mathématique l'importance qu'elle mérite.

Bien que, de son temps, on ne connût qu'une faible partie de la Terre, on savait cependant que c'est une sphère, et des astronomes grecs avaient déjà essayé d'en mesurer la circonférence. Si l'on tient compte des difficultés de l'entreprise, à une époque où les savants n'avaient que des instruments grossiers et des méthodes imparfaites, on a lieu d'admirer la justesse relative de leurs calculs; ils trouvaient pour cette conférence un développement égal à environ 45 millions de mètres au lieu de 40 millions); l'erreur ne dépassait donc pas un huitième.

40. Ptolémée, qui vivait au second siècle de l'ère chrétienne, écrivit aussi une description du monde ; mais, au lieu de marcher sur les traces de son illustre devancier, il se contenta de donner d'arides nomenclatures de pays, de villes, de fleuves, de mers, avec les latitudes et les longitudes. Cependant il s'est acquis une gloire plus durable, et en somme méritée, malgré de graves erreurs, par ses travaux sur la géographie mathématique, dont il fut le principal créateur. Dans sa *Grande Syntaxe*, où il a résumé, coordonné et complété les travaux d'Ératosthène et d'Hipparque, Ptolémée fait de la Terre un corps immobile, placé au centre du monde. D'après lui, le Soleil, la lune et les planètes tournent autour d'elle en des orbites différents ; toutes les étoiles sont fixées à une immense sphère creuse de cristal, le firmament, qui, tournant autour de notre globe, les entraîne dans son mouvement; au-dessus du firmament, s'étend le ciel empyrée. Ce système régna sans conteste pendant toute la période du moyen âge. Ptolémée a, de plus, le grand mérite d'avoir fondé la cartographie scientifique, en employant la projection pour le tracé des parallèles et des méridiens et en s'efforçant de déterminer mathématiquement la position des lieux qu'il énumère. Si la plupart de ses longitudes sont fausses, s'il a allongé d'un tiers la Méditerranée et donné à l'Europe des dimensions démesurées, cela ne tient pas à sa méthode, mais aux erreurs des itinéraires qui servaient de base à ses calculs.

41. Le géographe n'a presque rien à glaner dans les ouvrages des **Romains**. *Pline le Jeune* a pourtant traité de la géographie dans son Histoire naturelle ; mais, les quatre livres qu'il lui consacre ne renferment que de sèches nomenclatures. — Les *cartes romaines* ne visaient

nullement à donner une représentation exacte des pays :
c'étaient simplement des sortes de guides-itinéraires, à
l'usage des touristes, des marchands et des soldats. Les
routes les plus divergentes y sont figurées presque parallèles les unes aux autres et les espaces intermédiaires
complètement sacrifiés. Tel est du moins le caractère de
la fameuse *table de Peutinger*, ainsi appelée du nom d'un
riche bourgeois d'Augsbourg, auquel elle appartenait;
elle paraît remonter à la fin du iv\u1d49 siècle après Jésus-
Christ.

Les études géographiques ne furent guère en honneur

Fig. 5. — Le monde, d'après Ptolémée.

durant le **Moyen Age**, sauf vers la fin, lorsque les ouvrages de Ptolémée eurent été transmis à l'Europe par
les Arabes. Aussi, si l'on excepte les cartes marines ou
portulans, qui, dès le xiv\u1d49 siècle, représentaient assez
exactement les rivages de la Méditerranée, il faut attendre le xv\u1d49 pour trouver des œuvres de quelque valeur.
Nous citerons, entre autres, les travaux de *Peuerbach*
de Nuremberg et de son disciple *Regiomontanus* sur l'Al-
mageste ou Grande Syntaxe de Ptolémée, le globe de
Martin Behaim (n° 17), et quelques essais de mappemondes, comme la *carte Catalane* et la *mappemonde de
Fra Mauro*, peinte dans un couvent de Venise.

§ II. — **TEMPS MODERNES**.

42. XVIe, XVIIe et XVIIIe siècles. — Au début du
xvie siècle, *Waldseemuller* publia (1507) à Saint-Dié la
première carte où figure le nom d'America. Un peu plus
tard, *Oronce Finé* dressa la première carte de France
qui ait été dessinée et publiée dans notre pays. — *Jean
Werner* écrivit des traités sur plusieurs projections, et
Sébastien Munster composa un grand ouvrage de géographie descriptive ; quelques pays, comme l'Allemagne,
sur lesquels l'auteur possédait de bons documents, y sont
décrits d'une manière pittoresque et avec exactitude ; pour
la plupart les descriptions sont inexactes et insuffisantes.
Les deux premiers *Atlas* de géographie moderne furent
publiés en Flandre, le premier par *Ortelius* 1570 et le
second par *Mercator*. Ce dernier est l'inventeur de la
projection qui porte son nom.

Le système cosmographique de Ptolémée, battu en
brèche dès le début de la Renaissance, fut définitivement
remplacé par celui de **Copernic**, chanoine à Frauen-
bourg, dans la Prusse polonaise. Convaincu, par une longue suite d'observations personnelles, de la fausseté du
système de Ptolémée, Copernic entreprit d'en présenter
un plus rationnel, et publia, en 1540, son grand ouvrage
(*De orbium cælestium revolutionibus*), qu'il avait mis près
de trente ans à composer. Il y enseigne la rotation diurne
de la Terre autour de son axe, et sa révolution annuelle
autour du Soleil, dont il fait le centre immobile du
monde planétaire. Mais aussitôt astronomes, philosophes
et théologiens s'élèvent contre l'audace du novateur. —
C'est sans doute ce qui engagea le célèbre **Tycho-
Brahé**, astronome suédois, à proposer un moyen terme
qui pût concilier les partisans des deux systèmes précédents. Il admet donc, avec Ptolémée, que la Terre est
immobile au centre du monde ; mais, avec Copernic, il
fait circuler les planètes autour du Soleil. — Cet amalgame incohérent ne trouva pas grâce devant la science

plus assurée de **Galilée** et de **Képler**. Le dernier surtout eut la gloire de faire définitivement triompher le système de Copernic par des arguments irréfutables ; son génie devina les lois du mouvement des planètes, qui furent plus tard scientifiquement démontrées par le grand **Newton**.

43. Dès 1528, un médecin français, *Fernel,* avait essayé de mesurer un degré terrestre entre Paris et Amiens, au moyen d'un compteur attaché à une roue de sa voiture. L'opération fut reprise et exécutée (1669-1670) d'une manière scientifique, au moyen de la triangulation, par *Picard,* sur la proposition de l'Académie des sciences. Plus tard, la ligne mesurée fut prolongée jusqu'à Dunkerque, au Nord, et jusqu'à Perpignan, au Sud. Cette entreprise, commencée en 1683, fut terminée par *Dominique Cassini* et *Lahire* (1718). L'exemple fut suivi en d'autres pays d'Europe. Dans le même temps, en Chine, les *Jésuites,* mathématiciens de l'empereur, revisaient la carte de l'empire chinois ; cette carte, publiée en Europe avec documents justificatifs, est une œuvre des plus remarquables.

Cependant, on manquait d'un traité embrassant l'ensemble des connaissances géographiques ; la *Géographie générale* des Hollandais *Varénius* vint combler cette lacune (1671). On y trouve, avec la géographie descriptive des différents pays, une ébauche de géographie physique raisonnée et appuyée sur des observations. Ce livre fut traduit dans les principales langues de l'Europe et eut une grande influence.

44. Au xviiie siècle, la France est à la tête du mouvement géographique par ses **mathématiciens** et ses **cartographes**. Les premiers s'appliquent surtout à **mesurer la Terre**, tâche délicate, à laquelle ne pouvait suffire le degré mesuré par Picard : car, si la Terre est, comme le prétendait Newton, un sphéroïde aplati aux pôles, la longueur des degrés ne peut être la même partout. Pour s'en assurer, on envoya (1734) au Pérou une commission dont faisait partie *La Condamine,* pour mesurer un degré près de l'équateur, et une autre en

Laponie, avec *Clairaut, Maupertuis*, etc., pour y faire la même opération. Le résultat confirma l'opinion de Newton : le degré, en France, est plus long qu'au Pérou, plus court qu'en Laponie. — Enfin, en 1793, *Delambre* et *Méchain* mesurèrent l'arc compris entre Dunkerque et Barcelone. C'est de toutes ces mensurations qu'on a déduit la mesure, aussi exacte que possible, de la circonférence terrestre, et la longueur du mètre, qui en est la quarante millionième partie.

Les cartes de **Nicolas Sanson**, en vogue au xvii° siècle, étaient très fautives, parce qu'il les avait construites d'après celles de Ptolémée. En 1700, **Guillaume Delisle** publia une mappemonde et des cartes particulières des quatre parties du monde, dans lesquelles les dimensions et la forme des continents sont rendues avec une suffisante exactitude : l'Europe y fut, pour la première fois, ramenée à ses proportions véritables. — **Bourguignon d'Anville** compléta et perfectionna cet heureux essai, d'abord en éliminant tout ce qui ne reposait pas sur des bases sérieuses, puis en ajoutant une multitude de détails, empruntés aux explorations scientifiques, aux voyageurs, aux missionnaires. Les cartes de son *Atlas Moderne* sont de vrais chefs-d'œuvre aussi bien au point de vue de l'exécution que de l'invention. — L'Académie des sciences ayant décidé la construction d'une carte de France à grande échelle, **Cassini de Thury**, petit-fils de D. Cassini fut chargé de ce travail, que son fils acheva (1783). L'exécution de la carte ne demanda pas moins de 45 ans ; elle se compose de 180 feuilles. « La *carte géométrique de la France*, dit l'Allemand Peschel, fit époque dans l'histoire de la géographie et servit de modèle à tous les autres pays.

45. **Dix-neuvième siècle.** — La géographie a pris, au xix° siècle, un magnifique essor, à la suite des autres sciences naturelles, auxquelles elle est intimement liée : les voyages, qui se sont multipliés lorsque la vapeur les a eu rendus plus faciles ; la prise de possession, par les États civilisés de l'Europe, de vastes contrées jusque-là peu connues et les relations assidues qui en sont la con-

séquence; enfin, la création, dans un grand nombre de pays, de services géologiques, topographiques, météorologiques, hydrographiques, statistiques, etc., ont fourni aux géographes une somme énorme de documents de toute nature. En même temps des sciences nouvelles, comme la climatologie, l'océanographie et surtout la géologie préparaient une base de plus en plus sérieuse à leurs travaux. — La science géographique elle-même, renouvelée dans son esprit et dans sa méthode, trouve enfin sa voie; au lieu de considérer séparément la Terre et les hommes qui l'habitent, elle prend à tâche, à l'exemple de Strabon, de découvrir et de montrer les rapports qui les unissent, le milieu agissant sur l'homme et l'homme réagissant sur le milieu. Les promoteurs de ce mouvement furent deux Allemands : **Alex. de Humboldt** (*Tableaux de la nature*, 1808; *Cosmos*, 1847-1851) et **Ch. Ritter**; ce dernier a laissé, en dix-sept volumes, une *géographie de l'Asie*, que la mort l'empêcha de terminer. Malgré les imperfections de la forme, la prodigieuse richesse du fond fait de cet ouvrage un des monuments les plus remarquables de la science géographique.

46. En France, la routine se prolongea davantage : les études géographiques n'y étaient pas en honneur. Ainsi, les deux seuls traités complets de géographie, écrits en français, avant la seconde moitié du xix° siècle, sont dus à deux étrangers, le Danois *Malte-Brun* et l'Italien *Balbi*. L. *Dussieux* publia, en 1866, sa *Géographie générale*, qui n'est pas sans valeur. Mais le principal promoteur du mouvement, qui devait renouveler la science géographique en France, fut **Élisée Reclus**. Son premier ouvrage, *la Terre* (2 vol., 1869), est une sorte de géographie générale. Sa *Nouvelle géographie universelle*, en dix-neuf volumes in-4° (1876-1894), résume et met en lumière l'ensemble des connaissances actuelles sur les divers pays du globe; la beauté de la forme, la sûreté et l'ampleur de l'érudition en font un ouvrage hors pair. **Vivien de Saint-Martin** et ses collaborateurs au *Nouveau dictionnaire* (7 vol. gr. in-4°) et à

l'*Atlas de géographie universelle* ont aussi bien mérité de la science géographique, sans parler d'une multitude d'autres savants, dont les ouvrages servent à la vulgariser. — Les **géologues** ont aussi contribué beaucoup à ce mouvement ; car leurs travaux seuls ont donné une base vraiment scientifique à la géographie physique. L'étude des livres de **M. de Lapparent**, en particulier (*Géologie* et *Leçons de géographie physique*, est du plus grand intérêt pour le géographe.

L'ensemble et la valeur de ces travaux, la faveur dont jouissent, en France, les publications géographiques, la place qui est faite aujourd'hui, dans les programmes de l'enseignement, à une science naguère si négligée, ne permettent plus aux Allemands de définir dédaigneusement le Français « un homme qui ne sait pas la géographie ».

DEUXIEME PARTIE

GÉOGRAPHIE MATHÉMATIQUE

47. Les cartes, qui représentent soit la Terre entière, soit quelques-unes de ces parties, ne sont à peu près exactes qu'à la condition d'être construites d'après certaines données de la géométrie. D'autre part, la forme, les dimensions, les mouvements de la Terre et ses rapports avec les autres astres ne peuvent être déterminés que par des calculs basés sur l'observation. De là, deux parties distinctes dans la géographie mathématique.

§ I. — LA REPRÉSENTATION DE LA TERRE.

On représente la Terre au moyen de *globes* et de *cartes*.

Les globes terrestres sont des sphères de carton, de bois ou de métal, sur lesquelles sont représentées les diverses parties de la Terre, avec leurs situations respectives et leurs dimensions proportionnelles. Ils peuvent seuls donner une représentation exacte de la Terre ; mais, on n'y peut dessiner que les formes générales et les accidents principaux de sa surface, à cause de leur petitesse relative : ainsi, sur un globe de 2 mètres de diamètre, un centimètre représenterait environ 64 kilomètres en longueur et 4.100 kilomètres carrés en surface.

48. **Cartes géographiques.** — Une carte géographique est une *figure plane représentant les situations*

respectives des diverses parties ou de la terre entière ou de quelque pays. Celles qui représentent *toute la surface terrestre* sont des *planisphères* ou des *mappemondes;* les mappemondes représentent le globe divisé en deux hémisphères. On donne le nom de cartes *générales* à celles qui représentent une des grandes parties du monde (Europe, Asie, etc.): celles qui se bornent à figurer un état (France, Russie, etc. ou une province (Normandie, Bretagne, etc.), sont des cartes *particulières.* — Il existe un grand nombre de cartes qui ont un objet tout à fait spécial : ainsi les cartes *topographiques* figurent les principaux détails de la configuration du terrain, montagnes, fleuves, rivières, etc. ; les cartes *orographiques* retracent plus spécialement l'enchaînement et la disposition des montagnes; celles qui indiquent l'altitude, au moyen du relief ou de certains signes conventionnels, sont dites *hypsométriques;* les cartes *hydrographiques* ou *marines* se bornent à donner en détail le tracé des rivages, avec les courants, îles, écueils, profondeurs de la mer. — Il y a encore des cartes *géologiques, minéralogiques, zoologiques, ethnographiques, statistiques,* etc., dont le nom indique suffisamment l'objet. On a d'abord donné le nom d'*Atlas* à un recueil de cartes représentant toutes les parties du monde, par allusion au géant Atlas de la mythologie ancienne, qui portait le globe terrestre sur ses épaules. Par extension, ce nom s'applique aujourd'hui à tout recueil de cartes.

49. Projections. — 1° Si la terre était un cône ou un cylindre, on pourrait en obtenir la représentation absolument exacte; mais comme c'est une sphère, et qu'une surface sphérique n'est pas développable, c'est-à-dire qu'il est impossible de l'étendre sur un plan sans duplicature ou déchirure, les cartes ne nous en donnent qu'une représentation plus ou moins défigurée. Pour les tracer on a recours à des constructions géométriques ou **projections.** Les projections sont de deux sortes : projections *par perspective* et projections *par développement.*

Les deux principales projections par perspective sont la projection *orthographique* et la projection *stéréographique*.

2° La projection **orthographique** est obtenue au moyen de l'aplatissement perpendiculaire de la surface convexe sur un plan (équateur, méridien ou horizon) passant par le centre de la terre, l'œil étant supposé à une distance infinie. Les parallèles apparaissent comme des lignes droites et les méridiens comme des courbes elliptiques. Cette projection, qui est rarement employée, a l'inconvénient de défigurer d'une manière notable les parties situées au bord de la carte. — Dans la projection **stéréographique**, généralement usitée aujourd'hui, on se représente le globe comme transparent; l'œil, étant supposé à l'extrémité d'un diamètre, aperçoit les différentes parties d'un hémisphère projetées sur le plan du grand cercle (équateur, méridien ou horizon) perpendiculaire à ce diamètre. Les parallèles et les méridiens sont représentés par des arcs de cercle tracés conformément aux lois de la perspective. La projection stéréographique déforme un peu les parties voisines des bords de la carte. Les mappemondes en deux hémisphères sont ordinairement construites par projection stéréographique sur le plan du méridien de l'île de Fer.

50. 3° Les projections par développement sont également au nombre de deux : la projection *conique* et la projection *cylindrique*.

Dans la projection **conique** pure, on suppose que la surface à représenter est une portion de surface conique, et par conséquent développable. Les méridiens sont représentés par des lignes droites et les parallèles par des cercles ou arcs de cercle tirés du sommet du cône. On emploie souvent cette projection pour les cartes des régions polaires. Comme elle ne pourrait servir pour les pays que traverse l'équateur, un géomètre anglais, Flamsteed, a inventé la projection *conique rectifiée*, dans laquelle les parallèles sont représentés par des lignes droites et les méridiens par des lignes courbes déterminées mathématiquement. La projection employée pour a construction des cartes particulières, comme la grande carte du dépôt de la guerre, ou projection de *Flamsteed modifiée,* participe des deux précédentes : les parallèles sont des arcs de cercle, comme dans la projection conique pure, et les méridiens des courbes, comme dans la projection conique rectifiée. Dans ce système, les figures sont très peu déformées, et les surfaces conservent une grandeur proportionnelle, à moins que la carte n'embrasse une étendue trop considérable. — Dans la projection **cylindrique** ou de **Mercator.** on considère la terre comme un cylindre ; les méridiens et les parallèles y sont représentés par des lignes droites se coupant à angle droit ; ce qui l'a fait appeler aussi projection *orthogonale.* Cette projection, très utile aux marins, a le grave défaut d'agrandir démesurément les régions polaires ; on l'emploie pour construire les planisphères, les cartes marines et celles des régions équatoriales.

51. Courbes de niveau et hachures. Échelle des cartes. — Pour représenter sur les cartes le relief du sol et les ondulations de terrain, on emploie les *courbes de niveau* ou les *hachures,* quelquefois les deux ensemble. — Pour établir les **courbes de niveau,** on suppose le terrain coupé par une série de plans horizontaux équidistants ; chacun de ces plans produit une courbe par son intersection avec le terrain ; l'altitude de chaque courbe est indiquée par une cote et leur ensemble représente exactement le relief. Il est évident que plus la distance entre deux courbes est faible, plus la pente est forte. Souvent, pour rendre plus apparentes les différences des niveaux, on teinte de couleurs différentes les intervalles compris entre les courbes ; on a ainsi des *cartes hypso-métriques* pour le relief des terres, et des *cartes Bathy-métriques* pour la profondeur des mers.

Dans la plupart des cartes ordinaires, les courbes de niveau sont remplacées par des **hachures** ou petits traits, qui représentent moins exactement le relief, mais le rendent plus sensible à l'œil. Plus elles sont courtes et rapprochées plus la pente est rapide.

L'échelle d'une carte est le *rapport entre les dis-*

tances figurées sur la carte et les distances réelles du terrain : on dit, par exemple qu'une carte est à l'échelle de $\frac{1}{200.000}$ ou au 200.000 (deux cent millième), lorsqu'une longueur d'un mètre y représente 200.000 mètres ou 200 kilomètres sur le terrain. Les cartes à *très grande échelle* (du 2.000ᵉ au 25.000ᵉ) sont employées pour les plans des villes. Les cartes à *grande échelle* (du 25.000ᵉ au 200.000ᵉ) sont des cartes topographiques, comme la carte de France de Cassini (au 86.400ᵉ) et celle dite de l'État-major (au 80.000ᵉ) en 273 feuilles. Les cartes géographiques ordinaires sont à échelle extrêmement réduite. — On appelle encore échelle d'une carte, une ligne portant des divisions dont la longueur correspond, sur la carte, à des longueurs déterminées sur le terrain, par exemple, le kilomètre, le myriamètre.

52. Mesures itinéraires. — Les mesures itinéraires employées en **France** sont.

La *lieue géographique*,	de 25 au degré	= 4 445 mètres.
La *lieue marine*,	de 20 »	= 5 556 »
Le *mille marin*,	de 60 »	= 1 852 »
Le *kilomètre*,	de 111 »	= 1 000 »

Enfin la *lieue de poste*, qui vaut quatre kilomètres.

Les plus usitées dans les **pays étrangers** sont :

Le *mille géographique allemand*,	de 15 au degré	= 7 107 mètres.
» *italien*,	de 60 »	= 1 852 »
Le *mille anglais*,	de 73 »	= 1 522 »
Le *verste russe*, de 104 mètres $\frac{16}{100}$	»	= 1 067 »

Les marins mesurent la marche de leur bâtiment au moyen de *nœuds* espacés de 15 en 15 pieds sur la corde du loch. Le loch, instrument très simple, mais peu exact, se compose essentiellement d'une planchette triangulaire à laquelle est attachée une corde à nœuds ; quand on veut mesurer la vitesse du navire, on laisse tomber cette planchette dans la mer, où elle flotte à *peu près* à la même place, et la corde se déroule à mesure que le navire s'éloigne. — Chaque nœud filé en 30 secondes correspond à une marche d'un mille marin (1.852 mètres) par heure. Ainsi donc un navire qui file 12 nœuds, par exemple, parcourt une distance de 12 milles soit un peu plus de 22 kilomètres, en une heure ; cette vitesse est largement dépassée par les grands paquebots, qui filent 20 nœuds et plus, et surtout par les torpilleurs, où elle peut atteindre près de 32 nœuds.

§ II. — LA TERRE DANS L'UNIVERS : SA FORME, SES MOUVEMENTS.

53. La Terre dans l'espace. — 1° La première question qui doive se présenter à notre esprit en abordant l'étude de la géographie est celle-ci : quelle place la Terre occupe-t-elle dans l'univers? — L'astronomie nous répond que la Terre est un astre, analogue à plusieurs de ceux que nous voyons resplendir au firmament, isolé comme eux dans l'espace, où il se maintient sans aucun support, en vertu des lois établies par le Créateur et désignées sous le nom de *gravitation* [1].

2° Ce globe, malgré les apparences contraires, est d'une petitesse étonnante, si on le compare à ces milliers d'étoiles qui illuminent l'immensité des cieux : le Soleil, dont il est une des moindres dépendances, est 1.310.000 fois plus gros! Et pourtant, qu'est-ce que le Soleil lui-même, au dire de certains astronomes? L'une des 18 millions d'étoiles qui composent la Voie lactée. Or la Voie lactée, ou Chemin de Saint-Jacques, ne serait, d'après Herschell, qu'une nébuleuse semblable à une multitude d'autres amas d'astres que l'œil, armé du télescope, découvre dans les espaces célestes à des distances effrayantes. Le savant astronome que nous venons de nommer estimait que la lumière émise par les dernières nébuleuses encore visibles à son grand télescope de 40 pieds de long, devait employer près de deux millions d'années pour arriver jusqu'à nous, tout en parcourant 75.000 lieues par seconde! Relativement à l'immensité de l'espace, où elle est comme perdue, la Terre est moins qu'un grain de sable comparé à l'étendue des continents.

54. Le système solaire. — Le système solaire, dont la terre fait partie, comprend, outre le *soleil*, qui

---

1. La gravitation est une force d'une nature complètement inconnue, en vertu de laquelle les corps se comportent comme s'ils s'attiraient mutuellement, en raison directe des masses et en raison inverse du carré des distances.

en occupe le centre, les *planètes*, avec leurs satellites et les *comètes*.

1° Le **Soleil**, qui trône au centre de notre monde, est tout à la fois la main qui soutient la Terre dans l'espace (en vertu de la gravitation), le foyer qui l'échauffe et le flambeau qui l'éclaire. Sans la chaleur et la lumière qu'il y répand, elle deviendrait aussitôt un astre sans vie.

« En effet, dit le P. Secchi, si nos vaisseaux sillonnent les mers sous l'impulsion des vents, la cause en est au Soleil, dont les rayons maintiennent notre atmosphère en mouvement; si les cours d'eau animent nos usines et entretiennent la vie des végétaux dans nos prairies, ils le doivent à la radiation solaire qui, par l'évaporation, élève dans les airs la vapeur d'eau des océans, laquelle va se condenser dans les hautes régions de l'atmosphère pour venir couler dans nos rivières; si le feu réconforte nos membres et nous rend tout-puissants à l'aide de nos machines à vapeur, il tient cette faculté de la lumière, qui a décomposé l'acide carbonique et l'a transformé en dépôts de force. » Privés de la lumière et de la chaleur que leur envoie le Soleil, végétaux et animaux disparaîtraient de la surface du globe, transformé en un morne désert.

2° Le Soleil, nous l'avons déjà dit, est 1.310.000 *fois plus gros que la Terre;* la *distance* qui nous en sépare est d'environ *trente-sept millions de lieues.* L'observation des taches que présente sa surface a fait connaître qu'il tourne sur lui-même en 25 jours un quart. Il paraît à peu près établi que le soleil, entraînant avec lui son cortège de planètes, se déplace vers la constellation d'Hercule avec une vitesse d'environ 30 kilomètres par seconde.

3° Huit grands globes et un nombre plus considérable de petits tournent autour du Soleil; ils ont reçu le nom de **planètes**, ou *astres errants,* par opposition aux étoiles fixes, qui, gardant toujours entre elles la même distance, semblaient aux anciens comme fixées à la voûte céleste. Ces planètes sont, en les rangeant *d'après leur distance du Soleil :* **Mercure**, qui en est la plus rapprochée; **Vénus**, qui à certaines époques paraît à l'orient et s'appelle alors *Lucifer* ou *Étoile du matin,* et à d'autres, se montre à l'occident sous le nom de *Vesper* ou *Étoile du berger;* la **Terre**; **Mars**; **Jupiter**, la plus grosse des planètes; **Saturne**; **Uranus**, et enfin **Neptune**. Cette dernière, découverte (1846) par un astronome prussien, d'après les calculs de M. Leverrier, met 165 ans à tourner autour du Soleil, dont elle est éloignée de 650 millions de lieues. — *D'après leur grandeur*, les planètes se rangent de la manière suivante, en commençant par les plus petites : Mercure, Mars, Vénus, la Terre, Neptune, Uranus, Saturne et Jupiter. Cette der-

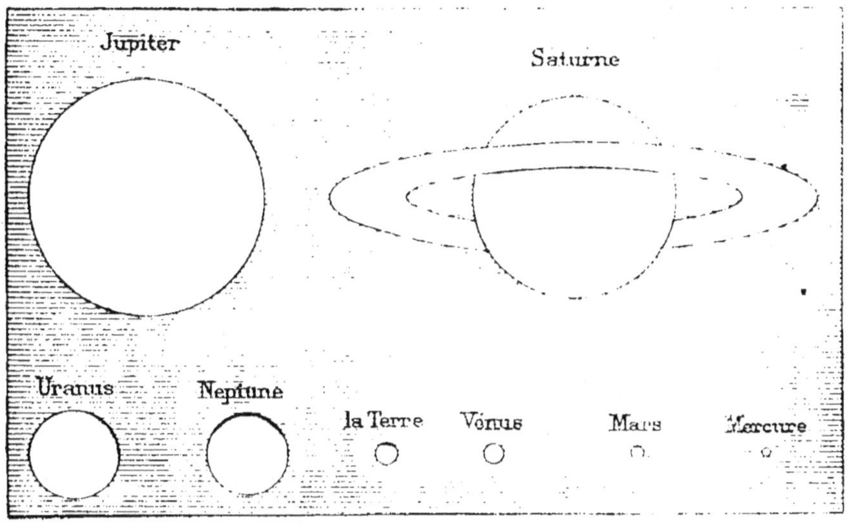

Fig. 6. — Les huit grandes planètes avec leurs dimensions relatives.

nière est 1.400 fois plus grosse que la Terre, tandis que Mercure est 16 fois plus petite.

4° Plusieurs planètes sont accompagnées d'astres de moindres dimensions, nommés **satellites**, qui tournent autour d'elles : ainsi la Terre a un satellite, la *lune*; Mars en a deux, récemment découverts; Jupiter, quatre; Saturne, huit; il est de plus entouré d'un anneau; enfin Uranus a six ou huit satellites, très difficiles à voir.

5° Les **comètes** (*cometai*, étoiles chevelues) décrivent autour du Soleil des courbes très allongées; ainsi la comète d'Halley, qui revient tous les 75 ans, s'approche du Soleil plus près que Vénus et s'en éloigne deux fois plus qu'Uranus. Les comètes sont ordinairement composées d'un *noyau*, d'une nébulosité ou *chevelure* entourant le noyau, et d'une longue traînée lumineuse nommée *queue*.

6° Les *étoiles filantes* et les *bolides* font encore partie du système solaire; on les regarde comme de très petites planètes qui, circulant dans l'espace, rencontrent l'atmosphère terrestre et s'y échauffent par le frottement jusqu'à devenir incandescentes à la surface; quelques-unes éclatent et tombent sur la terre; ce sont les *aérolithes*.

55. La Lune. — 1° La Lune est le *satellite de la Terre*, qu'elle accompagne dans sa révolution autour du Soleil, tout en tournant elle-même autour de la planète. Son volume est 49 fois moins considérable que celui de la Terre; elle en est éloignée de 96.000 lieues. Sa révolution s'accomplit en 29 jours et demi environ : cette période constitue le *mois lunaire;* il y a donc, dans une année, douze mois lunaires, plus 11 jours environ.

2° La Lune n'est pas lumineuse par elle-même; mais elle emprunte sa lumière au Soleil. S'il en était autrement, nous en verrions constamment. — comme à l'époque de la pleine lune, — la moitié, qui est tournée vers la Terre, tandis que, tout au contraire, elle nous présente son disque, tantôt complètement éclairé, tantôt plus ou moins échancré, tantôt complètement obscur. Ces divers changements d'apparence, ou **phases** de la Lune, sont le résultat de ses changements de position par rapport à la Terre. En effet, lorsqu'elle se trouve entre le Soleil et la Terre, la moitié qui est tournée vers nous est obscure, parce qu'elle ne reçoit aucun rayon solaire : c'est la *nouvelle lune;* au contraire, quand elle a, après cela, parcouru la moitié de sa révolution et se trouve, par conséquent, de l'autre côté de la Terre par rapport au Soleil, son disque est éclairé tout entier : c'est alors la *pleine lune;* au premier et au troisième quart de sa course, la moitié seulement du disque se montre lumineux : la Lune est alors à son *premier* ou à son *dernier quartier*.

3º Les **éclipses de lune** n'arrivent jamais qu'à l'époque où elle est pleine, lorsque la Terre se trouvant placée juste entre elle et le Soleil, l'ombre de la planète se projette sur la surface éclairée de son satellite. — Tout au contraire les **éclipses de soleil** n'ont jamais lieu qu'à l'époque de la nouvelle lune, parce qu'elles sont produites par l'interposition de la Lune entre le Soleil et la Terre.

56. **La Terre, sa forme**. — 1º La Terre, la cinquième des planètes sous le rapport du volume, est de forme à peu près ronde; c'est une *sphère* légèrement aplatie aux pôles, et mesurant 40.000 kilomètres de circonférence.

2º La **rondeur** de la Terre est démontrée par des preuves sans réplique; nous nous contenterons de citer les suivantes. 1º De nombreux navigateurs en ont fait le tour: ils sont revenus à leur point de départ en suivant toujours la même direction générale, de l'est à l'ouest, par exemple.

Fig. 7. — Courbure de la surface de la mer.

— 2º Lorsqu'on découvre un navire en mer, on aperçoit d'abord le sommet des mâts, puis les voiles, et en dernier lieu la coque du bâtiment. Qu'est-ce qui peut empêcher d'en voir tout de suite les parties basses, sinon la courbure de la surface liquide, qui les dérobe aux regards? — 3º Enfin, dernière preuve plus saisissante encore, dans les éclipses de lune, l'ombre projetée par la terre est toujours circulaire. — L'élévation des montagnes et la profondeur des mers ne sauraient être invoquées contre la sphéricité de notre globe; car ce ne sont que des accidents sans importance, moins considérables, relativement à la masse terrestre, que les rides qui sillonnent l'écorce d'une orange ne le sont par rapport au fruit.

Une conséquence nécessaire de la rondeur de la Terre est l'existence des antipodes. On appelle **antipodes** (de deux mots grecs signifiant *pieds opposés*) les lieux situés aux deux extrémités d'un même diamètre terrestre.

Ainsi, le point A′ (figure 8) est l'antipode du point A ; le point B′ celui du point B et réciproquement. Les habitants des points A′ et B′ dont les pieds sont opposés à ceux des habitants des points A et B, ne marchent pas pour cela la tête en bas ; car, pour les uns comme pour les autres, le bas est le centre de la Terre et le haut les espaces célestes.

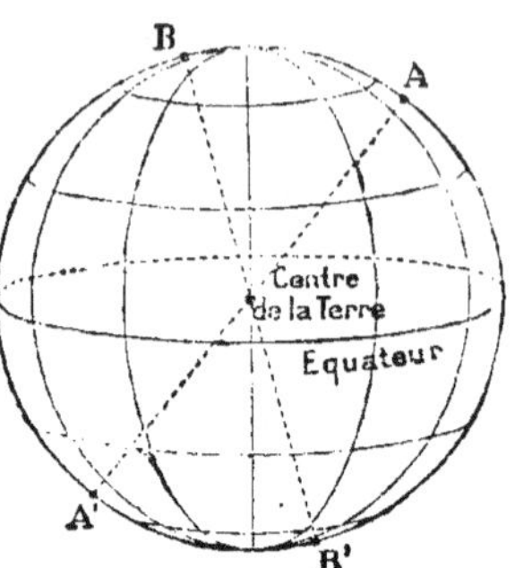

Fig. 8. — Les antipodes.

57. Mouvements de la Terre. — Au lieu d'être immobile au centre du monde, comme on serait tenté de le croire d'après les apparences, la Terre est animée de plusieurs mouvements ; les deux principaux sont un mouvement de *rotation* sur elle-même, et un mouvement de *translation* autour du soleil.

1° Le mouvement de **rotation**, qui nous donne le jour et la nuit, s'exécute en 24 heures d'occident en orient,

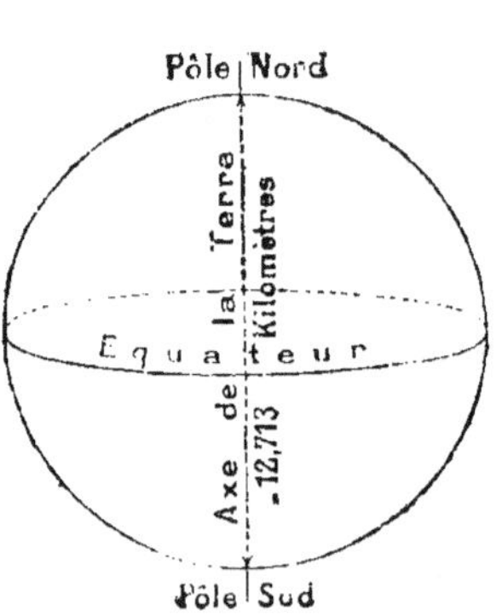

Fig. 9. — Axe et pôles.

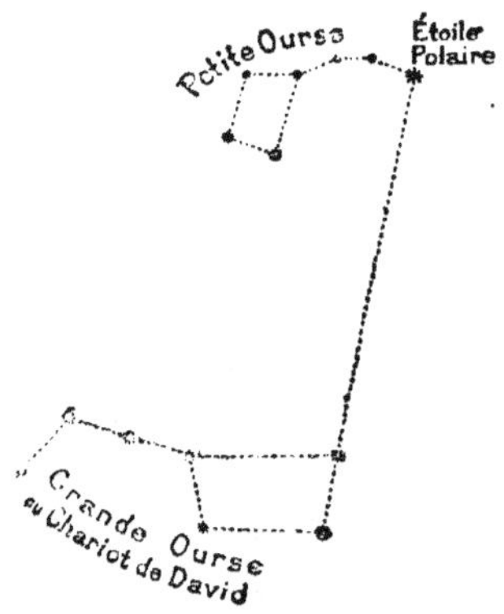

Fig. 10. — Étoile polaire.

c'est-à-dire en sens inverse du mouvement apparent du soleil et des étoiles, qui paraissent se lever à l'est et se coucher à l'ouest. La vitesse de la rotation augmente graduellement depuis les deux pôles, où elle est nulle, jusqu'à l'équateur, où elle atteint 28 kilomètres par minute : à Paris, elle dépasse 18 kilomètres. — La ligne idéale autour de laquelle tourne le globe s'appelle l'*axe* (*axis*, essieu) de la terre ; les deux extrémités de cet axe se nomment *pôles*. L'un des pôles, tourné vers la partie du ciel où se trouve la constellation de l'Ours, est appelé *pôle arctique* (du grec *arctos*, ours ; l'autre est le *pôle antarctique* (opposé à l'Ours . — L'observateur qui se tourne vers le pôle arctique a, en face de lui, le *nord* ou *septentrion;* derrière, le *sud* ou *midi;* à sa droite, le *levant, est,* ou *orient;* à sa gauche, le *couchant, ouest,* ou *occident :* ce sont les quatre POINTS CARDINAUX. Quatre autres points, nommés COLLATÉRAUX, *nord-ouest, nord-est, sud-est, sud-ouest* [1], situés à égale distance des points cardinaux, donnent les directions intermédiaires. La figure qui représente les points cardinaux et les points collatéraux s'appelle *rose des*

Fig. 11. — Rose des vents.

vents. Sur les cartes, le nord est habituellement en haut. le sud en bas, l'est à droite et l'ouest à gauche.

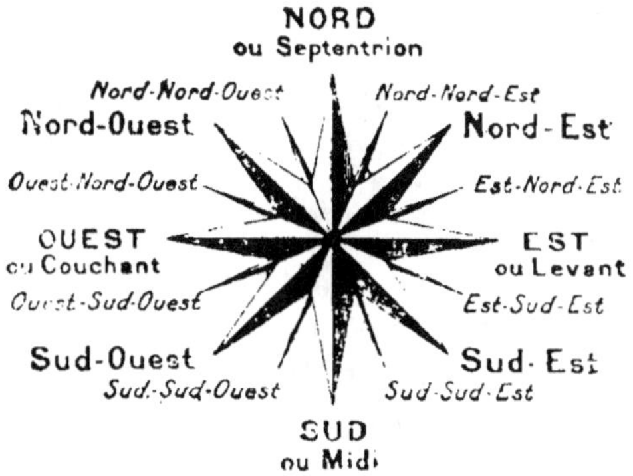

2° Le mouvement de **translation** de la Terre autour du soleil, appelé aussi **révolution.** s'exécute en 365 jours un quart ou une année, avec une vitesse moyenne de 30 kilomètres par seconde. Dans ce mouvement, la planète est tantôt plus près du soleil (*périhélie*). tantôt elle en est plus éloignée (*aphélie*), parce que l'orbite qu'elle décrit n'est pas un cercle parfait, mais une ellipse, dont le Soleil occupe un des foyers.

58. **Le jour; l'année.** — 1° La rotation de la Terre fait passer successivement chaque point de la surface terrestre dans l'hémisphère éclairé par le soleil et dans

---

1. Souvent, par abréviation, on se contente d'écrire la première lettre des points cardinaux : E., N., O., S., pour est. nord, ouest et sud. De même pour les points collatéraux : N.-E., S.-O., pour nord-est, sud-ouest, etc.

l'hémisphère obscur. On appelle **jour artificiel** le temps pendant lequel le soleil est au-dessus de l'horizon ; ce temps varie avec les latitudes et avec les saisons ; sous l'équateur il est toujours de 12 heures ; aux deux pôles, il y a six mois de jour et six mois de nuit ; à Paris, les plus longs jours dépassent 16 heures et les plus courts n'atteignent pas 8 heures un quart. — Le **jour naturel**, *astronomique* ou *civil*, est le temps compris entre deux minuits ou deux midis consécutifs ; il se divise en 24 heures.

2° **L'année** solaire est le temps que la Terre met à faire sa révolution autour du soleil, soit environ 365 jours et six heures environ. Au bout de 4 ans, ces six heures font un jour que l'on place dans le mois de février ; ces années de 366 jours sont appelées bissextiles.

59. **Le Calendrier.** — 1° La durée de la révolution de la terre est la mesure de l'année, qui se compose de 365 jours un quart environ. L'année se divise en 12 mois et en 52 semaines. La semaine correspond à peu près à une des phases de la lune, et le mois à la durée de sa révolution autour de la terre. — Le Calendrier (du mot latin *Calendæ*, nom du premier jour du mois chez les Romains) est le tableau de l'année divisée en mois, semaines et jours. — Tous les peuples chrétiens comptent le temps par années solaires ; mais les Mahométans, les Juifs, les Chinois et plusieurs autres, se servent de l'année lunaire ; ce qui nécessite un calendrier spécial.

2° Tous les jours de la **semaine**, sauf le *Dimanche* (dies dominica, jour du Seigneur), dont le nom est d'origine chrétienne, portent les noms d'une divinité païenne : *Lundi* (Lunæ dies), jour de la Lune ; *Mardi* (Martis dies), jour de Mars ; *Mercredi* (Mercurii dies), jour de Mercure ; *Jeudi* (Jovis dies), jour de Jupiter ; *Vendredi* (Veneris dies), jour de Vénus ; *Samedi* (Saturni dies), jour de Saturne.

3° Les noms des **mois** dérivent également de l'antiquité latine : *Janvier* (Januarius), mois de Janus ; *Février* (Februarius, de *februare*, purifier), mois des purifications ; *Mars* (Martius), mois du dieu Mars ; *Avril*

(Aprilis, de *aperire*, ouvrir), mois où la terre ouvre son sein pour recevoir les semences et faire pousser les herbes; *Mai* (Maius), mois consacré à la déesse Maia. ou plus probablement aux anciens (majores); *Juin* (Junius), mois consacré aux jeunes gens (juniores), ou, suivant d'autres, à Junon; *Juillet* (Julius), mois dans lequel naquit Jules (Julius) César; *Août* (Augustus), mois dans lequel naquit l'empereur Auguste; *Septembre* (September, de *septem*), septième mois de l'année martiale, qui commençait au mois de Mars; *Octobre* (October, de *octo*, huit), huitième mois; *Novembre* (November, de *novem*, neuf), neuvième mois; et *Décembre* (December, de *decem*, dix), dixième mois. — Les vers suivants peuvent aider à retenir le nombre des jours de chaque mois :

> Trente jours ont novembre,
> Avril, juin et septembre.
> De vingt-huit il est un[1],
> Les autres ont trente-un.

4° **L'année** *ecclésiastique* commence au dimanche le plus voisin de la fête de saint André, qui tombe le 30 novembre; c'est le premier dimanche de l'Avent. Pâques se célèbre toujours le dimanche qui suit immédiatement la pleine lune après le 20 mars. — L'année *civile* commence au 1er janvier[2].

---

1. Février a vingt-huit jours dans les années communes et vingt-neuf dans les années bissextiles.

2. Dans le **calendrier républicain**, établi en 1793 et supprimé en 1805, l'année commençait à l'équinoxe d'automne, et se composait de douze mois de trente jours et de cinq ou six jours complémentaires, nommés *sans-culottides*. Chaque mois était divisé en trois décades, et les jours nommés d'après leur ordre dans chaque décade : *primidi* (*prima dies*, premier jour), *duodi*, *tridi*, *quatridi*, *quintidi*, *sextidi*, *septidi*, *octidi*, *nonidi*, et enfin *décadi*, qui était le jour de repos. Les noms de mois, en rapport avec le climat de la France, avaient une terminaison différente pour chaque saison :

AUTOMNE : *Vendémiaire*, mois des vendanges; *Brumaire*, mois des brumes; *Frimaire*, mois des frimas.

HIVER : *Nivôse*, mois des neiges; *Ventôse*, mois des vents; *Pluviôse*, mois des pluies.

PRINTEMPS : *Germinal*, mois des germes; *Floréal*, mois des fleurs; *Prairial*. mois des prairies.

ÉTÉ : *Messidor*, mois des moissons; *Thermidor*, mois des chaleurs; *Fructidor*, mois des fruits.

5° Quelques notions sur **l'histoire du Calendrier** trouveront ici leur place. Dans les calendriers de Romulus et de Numa, l'année était supposée exactement de 365 jours; ce qui est erroné, puisque la terre met 365 jours 5 heures et environ 49 minutes à accomplir sa révolution. L'erreur, pour être peu considérable, n'en était pas moins très importante; car ces 5 heures 49 minutes, qu'on négligeait, font presque un jour en quatre ans et plus d'un mois en un siècle et demi. Il en résulta que les mois se déplaçaient de plus en plus, et **ne répondirent** bientôt plus aux saisons dans lesquelles ils s'étaient d'abord trouvés. Jules César entreprit de remédier à cet inconvénient par l'établissement d'un nouveau calendrier (45 ans avant Jésus-Christ). Croyant que le soleil mettait 365 jours un quart à revenir dans la même position par rapport à la terre (ce qui donnait un jour de plus tous les quatre ans), il prescrivit d'intercaler, chaque quatrième année, ce jour supplémentaire entre le 6 et le 7 des Calendes de février, sous la dénomination de *bis sexto calendas*, d'où est venu le nom d'*année bissextile*. Le **Calendrier Julien** se rapprochait de la vérité, mais il contenait encore une erreur de 11 minutes environ, laquelle, en s'accumulant sans cesse, finit par donner un écart assez considérable; l'année était trop longue, et à la fin du xv⁰ siècle, le Calendrier était en retard de dix jours sur la marche du soleil. Pour faire disparaître cette anomalie, le Pape Grégoire XIII ordonna que le lendemain du jeudi 4 octobre 1582 serait le vendredi 15 octobre. Pour éviter que le même retard se produisît à l'avenir, il régla que les années séculaires, qui, dans le Calendrier Julien, sont toutes bissextiles, ne le seraient que dans celles dont les deux premiers chiffres sont exactement divisibles par 4; ainsi l'année 1600 a été bissextile; les années séculaires 1700, 1800 et 1900 ne l'ont pas été, mais 2000 le sera. — Les États protestants n'adoptèrent le **Calendrier grégorien** qu'au milieu du xviii⁰ siècle. Les Russes et les autres schismatiques de l'Orient n'ont pas voulu jusqu'ici profiter de cette utile réforme, parce qu'elle fut introduite par un

Pape ; ils continuent de se servir du Calendrier Julien, et leur année est maintenant en retard de 13 jours sur l'année solaire.

6° Le **Calendrier musulman** est basé sur l'année lunaire, plus courte de 11 jours environ que l'année solaire. Il en résulte que les mois tombent successivement dans toutes les saisons, en sorte que cette division de l'année n'indique aucun temps pour les travaux de la terre. Le grand jeûne du mois de ramadhan a lieu, tantôt en hiver, tantôt en été ; il est beaucoup plus pénible dans cette dernière saison à cause de la chaleur énervante de la température et surtout de la longueur des jours. Car le jeûneur musulman, si fatigué qu'il soit de son travail, ne peut ni manger, ni boire, ni même fumer, depuis le point du jour jusqu'au coucher du soleil.

60. Cercles de la sphère. — Pour déterminer la position exacte des lieux à la surface de la Terre et faciliter l'explication des phénomènes dus à son double mouvement de rotation et de translation, les astronomes ont été amenés à construire des *cercles imaginaires,* *grands* et *petits,* dont les plans sont censés couper le globe terrestre.

1° Les **grands cercles** qui passent par le centre de la sphère la partagent en deux parties

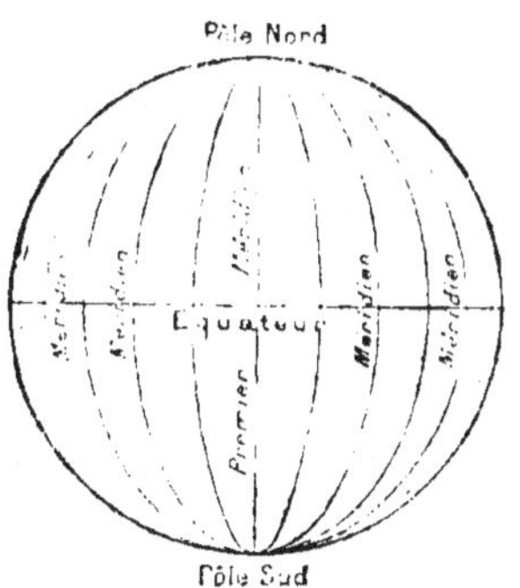

Fig. 12. — Équateur et méridiens.

égales ou hémisphères (demi-sphères) ; tels sont l'*équateur* et les *méridiens.* — L'**équateur** (du latin *æquare,* égaler) est un grand cercle *situé à égale distance des deux pôles :* l'hémisphère qui renferme le pôle arctique se nomme *hémisphère boréal;* l'autre, *hémisphère austral.* L'équateur porte encore le nom de ligne équinoxiale (du latin *æqua,* égale ; *nox,* nuit), parce que le soleil paraît en décrire la circonférence à l'époque des ÉQUI-NOXES, c'est-à-dire lorsque les jours sont égaux aux nuits pour toute la surface de la terre ; ce qui arrive le 20 mars et le 22 septembre. — **Les méridiens** (du latin *meridies*, midi) sont des grands cercles qui *passent par les deux pôles*, et séparent le globe en deux *hémisphères*, l'un *oriental*, l'autre *occidental*. Il est midi en même temps pour tous les lieux situés sur la circonférence du même méridien dans la moitié du monde qui est alors éclairée, et minuit pour ceux qui sont sur cette même circonférence dans la partie obscure. On peut tracer autant de méridiens qu'il y a de points sur l'équateur; mais on est convenu d'en adopter un, auquel on rap-

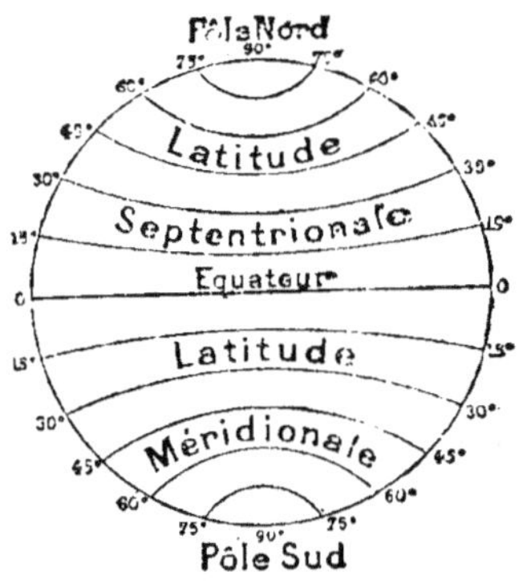

Fig. 13. — Latitude.

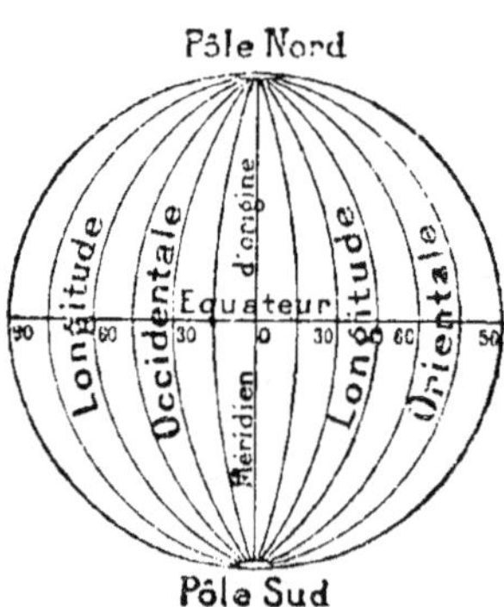

Fig. 14. — Longitude.

porte tous les autres : c'est le **premier méridien**. Le *méridien de l'île de Fer* (l'une des Canaries) servit longtemps de premier méridien. Aujourd'hui les Français emploient le *méridien* qui passe par l'*Observatoire de Paris* (20 degrés à l'est du précédent); et les Anglais, le *méridien de Greenwich* (2 degrés un tiers à l'ouest de celui de Paris), qui a été récemment (1886) adopté comme *premier méridien international*.

2° L'équateur et les méridiens servent à déterminer la position exacte d'un lieu quelconque, en en faisant connaître la latitude et la longitude. — La **latitude** d'un lieu est la distance de ce lieu à l'équateur; elle est septentrionale si le lieu est situé dans l'hémisphère boréal, méridionale s'il est dans l'hémisphère austral. Elle se compte en degrés, minutes et secondes sur le méridien du lieu à partir de l'équateur (0 degré); les pôles sont à 90 degrés de latitude [1]. — La **longitude** d'un lieu est la distance de ce lieu au premier méridien : elle varie donc nécessairement suivant le méridien adopté. Elle est *orientale* si le lieu est à l'est du premier méridien, *occidentale* s'il est à l'ouest. Il y a 180 degrés de longitude orientale et autant de longitude occidentale [1]. Les degrés de longitude se comptent sur l'équateur, à partir du premier méridien. Comme tous les méridiens se croisent aux pôles, la longitude y est évidemment réduite à zéro.

3° La longitude d'un lieu étant connue, il est facile d'en déduire l'heure : réciproquement, on détermine la longitude d'un lieu en comparant l'heure de ce lieu avec celle du premier méridien, que donnent les chronomètres des marins. En effet, comme le soleil, dans son mouvement diurne apparent, passe en 24 heures par les 360 degrés de la circonférence équatoriale, il en parcourt 15 dans une heure, un en 4 minutes. Par conséquent, quand il est midi à Paris, il est 4 heures du soir à 60 degrés à l'est, et 8 heures du matin à 60 degrés à l'ouest.

Donnons ici, à titre de curiosité scientifique, le problème de la *Semaine à trois jeudis*. Je suppose que deux voyageurs, partis de Paris, font le tour du monde, l'un par l'est, l'autre par l'ouest. Celui qui voyage vers l'est et qui s'avance à 15° de Paris compte une heure de plus qu'à Paris : parce que, allant au devant du soleil, il le voit une heure plus tôt : en continuant de gagner ainsi une heure de 15° en 15°, après avoir parcouru les 360°, il se trouve, en arrivant à Paris, avoir gagné 24 heures : il compte un jour de plus ; il est au jeudi, lorsqu'à Paris on n'est encore qu'au mercredi. Celui qui voyage vers l'ouest voit le soleil autant d'heures plus tard qu'il a parcouru de fois 15°. Son voyage fini, il a perdu autant que l'autre a gagné, un jour entier ; il n'est qu'au mardi, lorsque le premier voyageur est au jeudi ; ce qui donne trois jours différents où l'on comptera jeudi. Si donc les voyageurs arrivent la même semaine, ce sera véritablement une semaine à trois jeudis. S'ils étaient jumeaux, il se trouverait que l'un aurait vécu deux jours de plus que l'autre, dans le même espace de temps. Supposé que le voyage se soit effectué en 60 jours, la moyenne des jours aurait été de 24 heures et demie pour le premier, de 26 heures et demie pour le second.

---

1. On est convenu de diviser les cercles en 360 degrés (360°), chaque degré en 60 minutes (60') et chaque minute en (60").

61. — Parmi les **petits cercles** [1] qu'on peut tracer sur le globe en nombre indéfini, il en est quatre qui ont une importance plus considérable : ce sont les deux *tropiques* et les deux *cercles polaires*. Ils sont tous perpendiculaires à l'axe terrestre, et par conséquent parallèles à l'équateur. — Les **tropiques** sont situés à 23° 28′ 30″ des deux cotés de ce cercle. Celui qui est dans l'hémisphère boréal s'appelle *tropique du Cancer;* l'autre, *tropique du Capricorne.* C'est dans l'espace du globe compris entre eux que s'accomplit le mouvement annuel apparent du soleil. Lorsque cet astre atteint le tropique du Cancer (21 juin), c'est, pour l'hémisphère boréal, l'époque des plus longs jours (16 heures 7 minutes à Paris) : puis il semble retourner sur ses pas (de là le nom de tropique, du grec *trépo*, je tourne, et, quand il arrive au tropique du Capricorne 21 décembre), c'est l'époque des jours les plus courts pour le même hémisphère (8 heures 11 minutes, à Paris) : il est évident que le contraire a lieu pour l'hémisphère austral, dont l'été correspond à notre hiver. Ces deux époques se nomment *solstices* (du latin *sol stat,* le soleil s'arrête). — Les deux **cercles polaires,** *arctique,* et *antarctique,* sont situés à 23° 27′ 57″ de chacun des pôles.

Fig. 15. — Les zones.

62. — Les tropiques et les cercles polaires divisent la surface de la terre en cinq **zones** (du grec *zôné,* ceinture) : une zone *torride,* deux zones *tempérées* et deux zones *glaciales.* — La zone **torride,** ou mieux **intertropicale,** est la bande circulaire comprise entre les deux tropiques et coupée dans son milieu par l'équateur. Elle

[1]. Les petits cercles sont ceux qui ne passent pas par le centre de la sphère.

s'appelle à bon droit torride ou brûlée, parce que, recevant verticalement les rayons du soleil, la chaleur y est très grande. Les jours y sont sensiblement égaux aux nuits durant toute l'année, et on n'y connaît ni aurore ni crépuscule. — Les zones **glaciales** sont les deux calottes limitées par les cercles polaires : comme elles sont privées du soleil une grande partie de l'année et qu'elles n'en reçoivent jamais les rayons que très obliquement, elles sont extrêmement froides ; les jours y varient beaucoup de longueur ; ainsi on cite des lieux habités où le soleil ne se couche pas en été durant deux mois consécutifs : pendant l'hiver règne une nuit de même durée. Aux deux pôles, il y a six mois de jour, suivis d'une nuit de six mois. — Les zones **tempérées**, comprises, dans chaque hémisphère, entre le cercle polaire et le tropique, n'ont jamais le soleil vertical, mais en reçoivent les rayons moins obliquement que les zones glaciales.

63. Les saisons. — Les notions que nous venons de donner nous seront d'un grand secours pour l'étude du phénomène des saisons, que nous allons maintenant aborder.

1° *La variété des saisons est due uniquement à l'inclinaison de l'axe terrestre sur le plan de son orbite.* — En effet, le soleil éclaire et échauffe constamment une moitié de la surface terrestre ; si donc la terre était toujours dans une position telle que la limite de l'hémisphère éclairé et de l'hémisphère ténébreux passât par les deux pôles, les jours et les nuits seraient partout et toujours de douze heures. Par conséquent le soleil fournissant constamment en un même lieu la même quantité de chaleur, il n'y aurait pas de saisons : ce serait, pour la zone torride, les ardeurs dévorantes d'un été perpétuel ; pour les deux zones glaciales, les rigueurs d'un hiver sans fin. et, pour les zones tempérées, la température attiédie d'un printemps continuel, dont la chaleur, trop faible pour mûrir les fruits, ne permettrait cependant pas à la terre de se reposer. Heureusement qu'il n'en est pas ainsi; deux fois par an seulement, aux équinoxes du printemps

(20 mars) et de l'automne (22 septembre), le soleil éclaire les deux pôles à la fois. A ces deux époques les jours sont

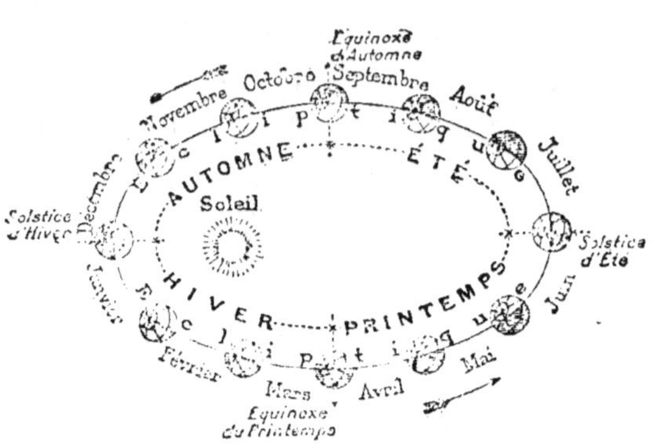

Fig. 16. — Les **Saisons**, vue perspective de l'écliptique.

égaux aux nuits; mais tout le reste du temps la longueur des jours varie suivant la latitude des lieux et la position du soleil.

2° L'axe terrestre est incliné de 23 degrés et demi environ sur le plan de l'orbite que la terre décrit dans sa révolution, et comme il garde toujours la même inclinaison, dirigée dans le même sens, il s'ensuit que le globe présente au soleil tantôt son hémisphère boréal, tantôt son hémisphère austral. Lorsque le soleil décrit le cercle du tropique du Cancer (solstice d'été), l'hémisphère boréal reçoit plus de chaleur, parce que les jours sont plus longs et les rayons du soleil moins obliques; c'est l'*été* pour cet hémisphère. Lorsque, au contraire, le soleil a rétrogradé jusqu'au tropique du Capricorne, la chaleur, dont

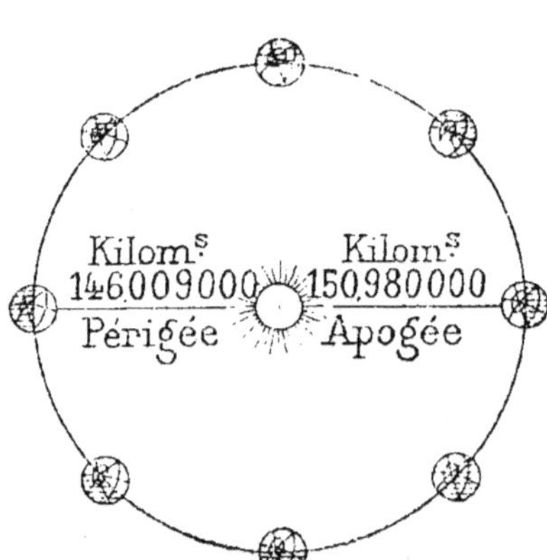

Fig. 17. — L'orbite terrestre ou écliptique.

le soleil est pour nous la principale, sinon l'unique source, diminue dans l'hémisphère boréal, parce que les jours y sont courts et les rayons solaires y tombent très obliquement; c'est la saison d'*hiver*. Le même phénomène, mais en sens inverse, se produit pour l'hémisphère austral; son été correspond à notre hiver et son printemps à notre automne. L'hémisphère boréal semble cependant favorisé dans le partage des saisons, car l'été y est moins chaud et plus long, l'hiver moins froid et plus court. Cette apparente irrégularité tient à ce que, pendant notre hiver, la terre est plus voisine du soleil qui se trouve alors au *périgée* (fig. 17), et qu'elle marche plus vite; pendant notre été, au contraire, le soleil est dans sa position la plus éloignée (*apogée*) et la terre se meut plus lentement.

64. Réflexions. — C'est ici le lieu de faire quelques réflexions sur la place que la Terre occupe parmi les planètes, et sur celle que nous occupons nous-mêmes à sa surface.

La Terre, plus rapprochée du Soleil, et mise, par exemple, à la place de Mercure, eût éprouvé des chaleurs capables de dessécher l'Océan et de fondre jusqu'aux métaux : à la distance de Saturne ou d'Uranus, elle eût été couverte de glaces éternelles. Privée de la lune, toutes ses nuits eussent été enveloppées de profondes ténèbres. Plus voisines de la Terre, les étoiles et les planètes auraient, par la réunion de tant de feux, changé toutes les nuits en jours, et troublé le repos de la nature : plus éloignées, elles n'eussent point été aperçues, et le pilote errant sur les mers eût manqué d'un signe pour guider son vaisseau dans les ténèbres. La physique nous démontre que la Terre est attirée vers le soleil, précisément comme une pierre est attirée vers le centre de la terre; si donc son mouvement de translation venait à se ralentir, elle se rapprocherait du soleil et finirait par s'y précipiter. Si, au contraire, le soleil cessait de l'attirer, ou que quelque autre cause accélérât sa marche, elle s'échapperait de son orbite comme une pierre s'échappe de la fronde, et irait se perdre à des distances incommensurables de l'astre qui l'éclaire et l'échauffe de ses rayons. De même, un peu moins de régularité dans la marche des planètes, un peu moins de variété dans leurs distances, elles pourraient se rencontrer, se choquer, se briser les unes contre les autres. Quelle est donc la main qui les a lancées et qui les dirige avec tant de justesse depuis le commencement des siècles?

A ces traits généraux d'une bonté toute paternelle, ajoutons que le Créateur ne nous a fait naître, nous Français, ni dans la zone torride, ni dans les zones glaciales, ni dans un désert aride et sauvage, mais dans la plus belle des zones tempérées et précisément au milieu de cette zone, dans le climat le plus doux, dans la contrée la plus fertile. Que de motifs pressants de remercier Dieu de ses dons et de le glorifier en étudiant ses œuvres!

TROISIÈME PARTIE

GÉOGRAPHIE PHYSIQUE

CHAPITRE PREMIER

L'ÉCORCE SOLIDE

§ I. — HYPOTHÈSES SUR L'ORIGINE ET LES PREMIÈRES PHASES DE LA TERRE

65. Hypothèse de Laplace. — L'hypothèse géogénique la plus accréditée est celle qui, proposée d'abord par le philosophe Kant et adoptée par l'astronome Herschel, a été supérieurement développée par Laplace dans son *Exposition du système du monde* (1796) et modifiée de nos jours, sur certains points accessoires, par M. Faye.

D'après Laplace, le Soleil, la Terre et les autres planètes ne formaient, à l'origine, qu'un amas de matières gazeuses d'une ténuité extrême, une immense *nébuleuse*, qui non seulement remplissait tout l'espace qu'occupe aujourd'hui le système solaire, mais s'étendait bien au delà. Cette masse tournait sur elle-même d'un mouvement d'ensemble, de l'ouest à l'est. Comme elle ne cessait de se refroidir en tournoyant dans l'espace, il se produisit au centre une condensation, qui devait devenir le soleil, et la vitesse de rotation s'accrut par l'effet de cette concentration. Il arriva un moment où la force d'attraction, qui avait jusque-là maintenu l'union de la masse, étant devenue impuissante à contrebalancer la force centrifuge développée par la rotation, les parties les plus éloignées du centre se détachèrent successivement sous forme de bandes annulaires. qui continuèrent de tourner autour de la masse centrale. Ces anneaux. à leur tour. se morcelèrent; il se forma, dans ces lambeaux détachés. des centres de condensation, qui prirent peu à peu une forme arrondie et tournèrent sur eux-mêmes. tout en continuant de circuler autour du soleil : ce sont les *planètes*.

Il arriva aux **planètes** ce qui était arrivé à la nébuleuse mère : certaines parties excentriques, sous l'impulsion de la force centrifuge développée par la rotation. se constituèrent en corps séparés: ce sont les *satellites*.

Telle est, dans ses grandes lignes. l'hypothèse de Laplace. Bien que cette conception hardie n'ait pas la valeur d'une démonstration scientifique. et que son auteur ne l'ait lui-même proposée qu'avec défiance, elle est généralement admise parce qu'elle rend assez bien compte des faits observés et qu'elle en donne une raison plausible. Elle explique notamment : 1° la direction uniforme des mouvement de rotation et de translation des planètes. à deux exceptions près Uranus et Neptune semblent avoir un mouvement rétrograde, que M. Faye a essayé d'expliquer en modifiant un peu l'hypothèse ; 2° la vitesse de ces mouvements; 3° la densité relative des planètes, qui est, pour la plupart, d'autant plus forte qu'elles sont plus voisines du soleil (Mercure la plus rapprochée est 6 fois et demie plus pesante que l'eau, la Terre, 5,5 et Saturne qui est près de 10 fois plus éloigné a le poids spécifique du liège); 4° l'état physique de chacune d'elles. Ajoutons encore que l'analyse spectrale a permis de constater, dans l'atmosphère incandescente du soleil, la présence, à l'état de gaz, de la plupart des substances qui composent notre globe.

66. Hypothèses des géologues. — L'hypothèse de Laplace étant supposée vraie, les géologues ont été amenés à construire d'autres hypothèses pour expliquer l'état actuel du globe terrestre.

D'après l'hypothèse de Laplace, la Terre détachée de la nébuleuse solaire, et la Lune détachée de la Terre, furent, à l'origine, des astres incandescents, des soleils momentanés. Mais, cette *phase stellaire* fut de courte durée pour la Lune, dont la masse, relativement très petite, se refroidit vite et est depuis longtemps complètement solidifiée. Elle se prolongea naturellement davantage pour la Terre, qui est bien plus grosse.

Cependant, avec le temps, la masse gazeuse du globe terrestre, perdant sans cesse d'énormes quantités de calorique, devint liquide, puis pâteuse. Toutes les substances, qui composent la Terre, se trouvaient mêlées ensemble et confondues dans un océan de feu; mais, comme la chaleur décroissait toujours, une croûte se forma à la surface, semblable à la glace qui recouvre un étang dans une nuit d'hiver. Souvent fendue et disloquée, cette croûte finit par acquérir une épaisseur suffisante pour opposer une résistance sérieuse aux chocs du liquide incandescent et à la pression des gaz qu'elle enserre. Elle dut cependant céder encore à mainte reprise et sur une multitude de points et livrer passage aux roches ignées, qui recouvrent çà et là l'écorce primitive. Cette écorce, une fois solidifiée et suffisamment épaissie, isola le foyer central, qui n'exerça plus qu'une action négligeable sur la température de la surface. L'atmosphère ne fut plus échauffée que par le soleil; la vapeur d'eau, qu'elle tenait en suspension, se condensa dans l'air refroidi; les parties creuses de l'écorce reçurent cette eau et devinrent des mers.

Ainsi, la Terre, solidifiée seulement à sa surface, garderait, à l'intérieur, un foyer incandescent de matières en fusion. D'ailleurs, indépendamment de toute théorie, un grand nombre de faits tendent à démontrer l'existence du **feu central**; les principaux sont : 1° *l'augmentation de la température* à mesure qu'on descend dans les profondeurs de la terre, à raison d'un degré par 33 mètres environ; 2° les *volcans,* regardés comme les cheminées de dégagement du foyer intérieur; 3° les *sources thermales* et les *geysers;* 4° les *tremblements de terre;* 5° enfin les *soulèvements* et les *affaisements* lents du sol. Nous aurons plus loin l'occasion de revenir sur ces divers phénomènes. — L'expérience directe ne nous apprend que bien peu de chose sur l'intérieur du globe; on n'a encore pénétré que jusqu'à 650 mètres environ au-dessous du niveau des mers, et tout ce qui est situé au delà nous est aussi inconnu que l'intérieur des autres planètes. « Ainsi, dit de Humboldt, nous ne possédons aucune donnée certaine sur la profondeur à laquelle les roches sont à l'état de ramollissement ou de fusion complète, sur les cavités que remplissent les vapeurs élastiques, sur l'état des gaz intérieurs soumis à une pression énorme et à une haute température, etc. »

67. Bases rationnelles des inductions géologiques. — La géologie, science toute récente, puisqu'elle n'a commencé à se constituer qu'au siècle dernier, a pour objet immédiat l'étude de la structure du globe terrestre et pour but final la découverte des causes, qui l'ont amené, par une série de transformations, de son état primitif à l'état actuel. Elle remonte donc dans le passé, et s'applique à déterminer et à décrire les phases que la Terre a successivement traversées.

La connaissance de ce mystérieux passé s'obtient par voie d'induction et d'analogie. Le principe qui sert de base aux études géologiques est le suivant : *les phénomènes qui se sont produits à la surface de la Terre depuis la première consolidation de l'écorce et ceux qui se produisent actuellement sont de même nature,* quoiqu'il puisse et doive y avoir eu différence d'intensité; car les **causes** sont les mêmes. Ces causes se réduisent à deux : l'*énergie du foyer central* et la *chaleur du soleil*. La première agit sur les parois intérieurs de l'écorce et par là sur toute l'épaisseur de la croûte solide. L'action de la seconde se fait sentir sur la surface extérieure. Ces deux forces ont laissé partout, dans les entrailles du globe, des traces évidentes de leur action; la sagacité des savants modernes est parvenue à les interpréter, de manière à constituer une science nouvelle, la **géologie**, qui est désormais aussi bien assise, dans ses grandes lignes, que les autres sciences naturelles.

Pour se guider dans leurs recherches, les géologues ont deux fils conducteurs : *l'ordre de superposition des terrains* et les *débris organiques* qu'ils renferment. — L'inspection d'une mine un peu profonde, ou même la simple vue d'une tranchée, ouverte au flanc d'une colline, suffit à montrer que la croûte terrestre n'est pas de composition uniforme ; elle présente, au contraire, une série de couches différentes, plus ou moins épaisses, qui se superposent comme les feuillets d'un livre. Leur ordre de superposition fait connaître leur âge relatif ; car, à moins d'accidents locaux, dont on peut ordinairement découvrir la cause sans trop de peine, les plus superficielles sont évidemment les plus récentes. — De plus, toutes ces couches, sauf les plus anciennes, renferment des empreintes et des débris de plantes et d'animaux pétrifiés (*fossiles*), qui diffèrent selon les terrains et servent à déterminer ceux de la même époque. Leur étude a donné naissance à une nouvelle science, la *paléontologie* ou science des êtres d'autrefois : elle fournit de précieux renseignements, non seulement sur l'évolution de la vie à travers les âges, mais encore sur les conditions du milieu dans lequel elle s'est développée à chaque période.

68. **Coup d'œil sur les époques géologiques.** — Ces préliminaires posés, nous pouvons maintenant jeter un coup d'œil sur les époques géologiques. Celles-ci comprennent quatre grandes **ères** : *primaire, secondaire, tertiaire* et *quaternaire*, dont chacune se divise en un certain nombre de *périodes*, subdivisées à leur tour en *époques* distinctes. L'examen détaillé de chacune de ces époques n'est pas de notre ressort ; il nous suffira de donner une vue générale des principaux phénomènes qui se sont successivement produits dans leur cours.

« En premier lieu, dit M. de Lapparent, l'écorce originelle, peu épaisse et mal soutenue, a dû chercher son assiette jusqu'à ce que les premiers linéaments de la géographie du globe eussent été définis. C'est alors que se sont dessinées à sa surface les zones faibles et les zones résistantes ; ces dernières, sous forme d'îlots, constituant les premiers noyaux de l'*aride* ou des continents, tandis que, dans les dépressions, s'accumulait l'élément liquide, à peine partagé en océans. »

Durant cette *période primitive*, qui vit se former les puissantes couches de gneiss granitoïde et de micaschistes, premières assises de l'édifice géologique, la vie est absente du globe : aucune trace d'organisme ne se rencontre dans ces roches. Mais, dès le début de l'**ère primaire**, apparaissent un certain nombre d'espèces animales: d'abord des invertébrés : vers, céphalopodes et surtout trilobites ; puis, dans les périodes suivantes, des poissons, des amphibies, des sauriens, etc... En même temps, la végétation prend un essor magnifique : la fin de l'ère primaire est l'époque où des forêts de conifères, de fougères arborescentes, de prêles géantes, com-

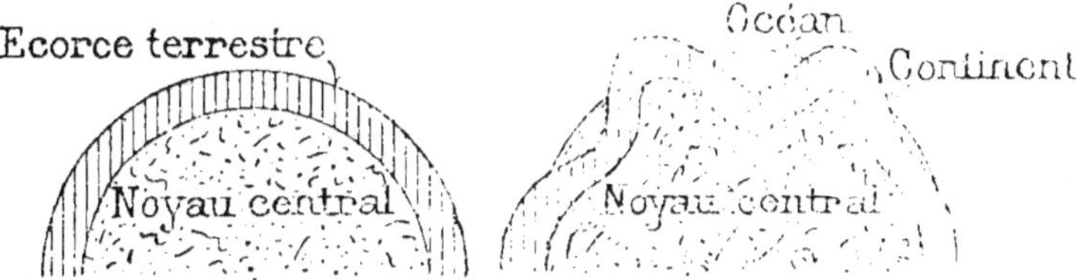

Fig. 18. — Affaissements locaux de l'écorce terrestre.

mencèrent à envahir la terre. Ces plantes, en fixant dans leurs organes l'acide carbonique alors en excès, rendirent l'atmosphère plus respirable. Leurs restes carbonisés constituent nos *houillères*.

La première période de l'**ère secondaire** vit se continuer cette poussée de la vie végétative ; c'est quand elle eut purifié l'atmosphère que paraissent, à la période suivante, les premiers mammifères ; mais la faune se compose toujours, en majeure partie, pour les vertébrés, de grands sauriens ou lézards, auxquels succèdent, dans la dernière période, des oiseaux reptiliens.

69. L'ère tertiaire est caractérisée par l'apparition successive des grands mammifères : pachydermes, ruminants, cétacés, proboscidiens. Les espèces animales se rapprochent de plus en plus de la faune actuelle, et, si quelques-unes ont disparu, la plupart se sont conservées. Il en est de même des espèces végétales.

Au début de **l'ère quaternaire** ou moderne, « un ensemble de circonstances, encore mal expliquées, imprime, dans les latitudes tempérées, une activité extraordinaire aux précipitations atmosphériques. C'est l'ère des glaciers et des grands cours d'eau, où les vallées se déblayent, où les alluvions se déposent ». (De Lapparent.) Puis, le climat s'étant radouci, l'homme paraît sur la scène du monde, seul être corporel capable d'en comprendre les beautés et d'en renvoyer la gloire à son auteur.

Dans le cours des temps géologiques, il y eut de longues périodes de calme, durant lesquelles les débris arrachés aux terres et transportés par les fleuves se déposaient lentement au fond des mers, en couches horizontales ; des soulèvements locaux, plus ou moins étendus, les faisaient émerger çà et là, souvent suivis d'affaissements qui les replongeaient sous les eaux. — A ces périodes de calme succédaient des bouleversements, produits par des cassures et des plissements de l'écorce terrestre. Les matières ignées du noyau central se faisaient jour à travers les couches horizontales, les redressaient et quelquefois se répandaient au-dessus. Ainsi se sont formées les montagnes : les Pyrénées et les Alpes datent de l'ère tertiaire ; et les Andes, probablement, de la dernière époque de cette ère.

70. *Remarques.* — *a*) On a pu remarquer que, dans la longue série des époques géologiques, les types animaux présentent un organisme de plus en plus parfait à mesure qu'on se rapproche de la période moderne : après les mollusques, les poissons ; puis les lézards, les oiseaux, les mammifères, etc., et enfin l'homme. Est-on en droit d'en conclure que les derniers sont le produit des premiers, transformés par une longue *évolution ?* Nullement. « La vie a pris possession du globe, dit **M.** de Lapparent, non à ce qu'il semble d'une façon progressive et par une lente évolution d'organismes inférieurs, mais, autant qu'on en puisse juger, par l'apparition presque immédiate de types possédant toute la perfection que comportaient les circonstances ambiantes. »

b) Un fait digne d'être noté, c'est la présence simultanée des mêmes espèces végétales sur tous les points du globe au cours des temps primaires et secondaires. Comme d'ailleurs la nature de ces plantes exigeait une chaleur assez considérable, on est amené à en conclure que la *chaleur des tropiques se répartissait alors uniformément et sans variations sensibles de l'équateur aux pôles.* Au milieu même de l'ère tertiaire, le Groenland, le Spitzberg et la presqu'île d'Alaska étaient encore revêtus d'une végétation semblable à celle qui caractérise aujourd'hui la Louisiane et la Californie. La cause des changements, qui ont amené la distribution actuelle des climats, ne serait autre que la diminution progressive du diamètre apparent du Soleil, résultant de la condensation de cet astre.

c) Quelle a été la *durée des temps géologiques ?* Question impossible à résoudre. « Quand on cherche à y parvenir, les données sur lesquelles on est obligé de s'appuyer sont tellement vagues que, suivant le point de vue qu'on adopte, les chiffres obtenus peuvent varier de 1 à 20, parfois de 1 à 100 ; et pourtant ces résultats extrêmes ne méritent guère moins de confiance les uns que les autres. Ce qu'on sait, c'est que la succession si variée des couches sédimentaires et l'incessante transformation des faunes et des flores ont dû exiger un temps considérable. Ce n'est pas trop, sans doute, de l'évaluer en millions d'années. Mais, ce résultat admis, le nombre des millions devient à peu près indifférent, vu l'incertitude des données qui servent à l'établir. » (De Lapparent.)

§ II. — LE GLOBE TERRESTRE DANS SON ÉTAT ACTUEL.

71. Ses dimensions. — La terre est *ronde,* mais légèrement aplatie aux pôles et renflée à l'équateur ; ce n'est donc pas une sphère parfaite. On la définit exactement un *ellipsoïde de révolution,* dont le rayon équatorial aurait 6.378 kilom. environ, le rayon polaire 6.356 et le rayon moyen 6.371. — La *surface* du globe terrestre est évaluée, en chiffres ronds, à 510 millions de kilom. carrés, et son *volume* à 1.082.840 millions de kilom. cubes.

Pour donner une plus juste idée des dimensions de la terre, il ne sera pas inutile de la comparer avec les autres grandes planètes : deux sont beaucoup plus petites : *Mars* ne représente que 0,14, et *Mercure* 0,06 de son volume; *Vénus* lui est presque égale; mais les autres sont beaucoup plus grosses : *Uranus* 82 fois, *Neptune* 110, *Saturne* 734, et *Jupiter* 1.414. Quant au **Soleil**, 1.310.000 Terres réunies n'égaleraient pas son volume.

72. Sa structure [1]. — La partie de la terre accessible à l'observation directe est relativement peu considérable : les plus hautes montagnes ne dépassent pas 8.840 mètres, et les plus grandes profondeurs marines, authentiquement mesurées, n'atteignent pas même ce chiffre. En dehors de ces 17 kilom. superficiels, très imparfaitement connus, et qui ne représentent pas même la 365ᵉ partie du rayon terrestre, on en est réduit à des hypothèses. D'après celle qui règne aujourd'hui et que nous avons exposée plus haut (nᵒ 76) comme étant la plus plausible, le globe terrestre se composerait d'une **masse centrale de matières en fusion**, environnée d'une **enveloppe de roches** solidifiées. La **densité** de la terre étant environ 5 fois et demie plus considérable que celle de l'eau, et, d'un autre côté, celle des couches superficielles ne dépassant pas 2,5, il en résulte que la masse intérieure doit avoir, en se rapprochant du centre, la densité du fer ou du plomb.

Le **plan de structure** de la terre a été magistralement exposé par M. de Lapparent; nous en donnerons ici brièvement les grandes lignes, en résumant simplement les leçons du maître. — Ni les océans, qui occupent plus des deux tiers de la surface terrestre (70 pour 100 environ), ni les continents ne présentent une figure

---

1. Voir, à la fin du volume, le Planisphère physique, nᵒ 1.

homogène et centrée. Nulle part les continents n'affectent la forme de dômes surbaissés, ayant leur plus grande élévation au centre et s'inclinant graduellement vers les mers qui les baignent : tout au contraire, *c'est souvent près des rivages que se dressent les principales hauteurs,* comme la Cordillère des Andes, l'Atlas, les Alpes australiennes et aussi l'Himalaya, séparé seulement de la mer par des plaines d'origine plus récente ; tandis que *se rencontrent souvent, au cœur des continents, des parties basses* et plates, qui n'ont pas d'écoulement vers la mer ; ces **bassins fermés** occupent presque le tiers de l'Asie, de l'Afrique et de l'Australie. — Les mers, de leur côté, n'ont point la forme de cuvettes s'approfondissant depuis les bords jusqu'au centre. Dans l'Atlantique aussi bien que dans le Pacifique, *les fosses les plus profondes se trouvent dans le voisinage des terres.* Ainsi donc, le globe terrestre se présente sous la forme d'une capricieuse juxtaposition de compartiments, les uns surélevés, les autres déprimés, et dont les frontières sont marquées par des chaînes de montagnes ou par des fosses profondes, de sorte que « l'ensemble a pu être comparé à une *marqueterie,* dont les différentes pièces auraient joué les unes par rapport aux autres ».

73. 1° Le plus grand des compartiments de l'écorce terrestre, et en même temps le plus stable, puisqu'il remonte, presque sans modifications, aux derniers temps de l'ère primaire, est assurément l'immense cuve du **Pacifique**, qui occupe près du tiers de la surface du globe. C'est un **compartiment effondré** : la ligne de cassure est nettement indiquée par les hauteurs volcaniques qui le bordent : à l'est, la Cordillère des Andes, les volcans de l'Amérique centrale et du Mexique, les monts Rocheux ; à l'ouest, les îles Aléoutiennes, le Kamtchatka, les Kouriles, l'archipel Japonais, les îles Liéou-Kiou, les Philippines, la Nouvelle-Guinée, la Nouvelle-Calédonie, qu'un exhaussement presque insignifiant du sol rattacherait ensemble, de manière à faire une barrière continue depuis le détroit de Behring jus-

qu'aux Alpes de la Nouvelle-Zélande. Devant les côtes du Chili, la pente du fond est si rapide, que la courbe indiquant des profondeurs de 4.000 mètres est parfois moins éloignée du rivage que l'altitude de 2.000 mètres sur le flanc des Andes. Il y a donc là un brusque ressaut de l'écorce terrestre, dont l'amplitude verticale dépasse 10.000 mètres. Du Pérou au Kamtchatka, le fond du Pacifique est une plaine de 4 à 6.000 mètres de profondeur, sillonnée de quelques protubérances transversales (archipel Hawaïen, etc...). La fosse la plus profonde (8.513 m.) se trouve près des Kouriles.

2° Le compartiment de l'**Atlantique** présente des caractères tout différents. Nulle part il n'est entouré d'un bourrelet de montagnes, et celles qui y rencontrent la mer, comme les Pyrénées et l'Atlas, ont une direction perpendiculaire à son axe. Sa cuvette est comme séparée en deux par une **protubérance médiane**, indiquée par la sonde, et que rendent visible les **sommets émergés** : îles Tristan da Cunha, Saint-Paul, Açores, Islande. Les volcans, dont quelques-uns sous-marins, qui jalonnent cette arête, portent à croire que la cassure s'est faite au milieu et non sur les bords, dont la pente est d'ailleurs assez douce, les socles, qui portent les continents voisins, se prolongeant assez loin sous les flots.

3° Un troisième compartiment, bien caractérisé et non le moins intéressant, est celui qu'on a désigné sous le nom de **dépression méditerranéenne**, parce que, s'étendant, par la Méditerranée, des Antilles aux îles de la Sonde, il se trouve au milieu des terres, qu'il sépare en deux groupes : d'un côté, l'Amérique du Nord, l'Europe, l'Asie (moins la presqu'île Arabique et le Dekkan); de l'autre, l'Amérique du Sud, l'Afrique et l'Australie. Cette dépression, étroite et allongée, sans limites bien précises, se révèle par les fosses très profondes du golfe du Mexique et de la mer des Antilles, dont les pentes sont très raides et les bords jalonnés de volcans; par le grand chenal, qui sépare les Canaries des Açores; par les cuvettes de la Méditerranée, dominées par plusieurs volcans. Elle se bifurque devant l'Asie Mineure : une de ses branches s'enfonce au cœur de l'Asie par la mer Noire et la dépression Ouralo-Caspienne; tandis que l'autre, par les terres basses de l'Arabie déserte, le golfe Persique et les plaines du Gange, va se terminer aux îles de la Sonde. C'est le **compartiment instable** de l'écorce terrestre; les différentes pièces dont il se compose, sans doute mal soudées ensemble, y subissent des dérangements fréquents, comme l'attestent les **tremblements de terre.** Toutefois, les phénomènes sismiques et volcaniques se produisent avec plus de fréquence et d'intensité aux deux extrémités : Antilles et îles de la Sonde, c'est-à-dire là où la dépression rejoint la cassure du Pacifique.

74. Répartition des terres et des mers. — Un des traits les plus importants de la géographie physique, c'est l'inégale répartition de l'élément liquide et de l'élément solide à la surface du globe. Sur 510 millions de kilomètres carrés, 375 appartiennent à la mer et 135 aux terres émergées; par conséquent, on peut dire, en exagérant un peu, que *l'océan couvre les trois quarts de la surface terrestre.* Ces chiffres sont d'ailleurs simplement approximatifs et, jusqu'à un certain point, provisoires, puisqu'on ne sait pas si la calotte polaire australe est un continent ou une mer.

L'inégalité reparaît encore, et plus accentuée quand on compare la manière dont sont distribuées les terres et les mers dans les deux hémisphères. *Les trois quarts des terres sont situées dans l'hémisphère boréal,* et elles y occupent une surface d'autant plus considérable qu'on se rapproche davantage du cercle polaire. Si l'on décrit sur la sphère un grand cercle en prenant Londres ou Paris pour centre, ce cercle renfermera tout l'Ancien Monde, l'Amérique du Nord et la majeure partie de l'Amérique du Sud (fig. 19).

75. L'Océan environne complètement les terres, et, comme ses divers bassins communiquent entre eux, il n'y a en réalité qu'une seule mer. Cependant, pour plus de commodité, on est convenu de la diviser en cinq parties :

Océan Atlantique, entre l'Europe et l'Afrique d'un côté, l'Amérique de l'autre; il doit son nom à l'Atlas, dont il baigne l'extrémité occidentale;

Océan Pacifique, entre l'Asie et l'Amérique, le plus étendu, de beaucoup, et le plus profond; ce qualificatif lui fut donné par les navigateurs espagnols, à cause du calme qu'ils y rencontrèrent en naviguant dans la zône des vents alizés;

Océan Indien, au sud de l'Asie;

Enfin, *Océan Glacial arctique* et *Océan Glacial antarctique,* expressions purement astronomiques, em-

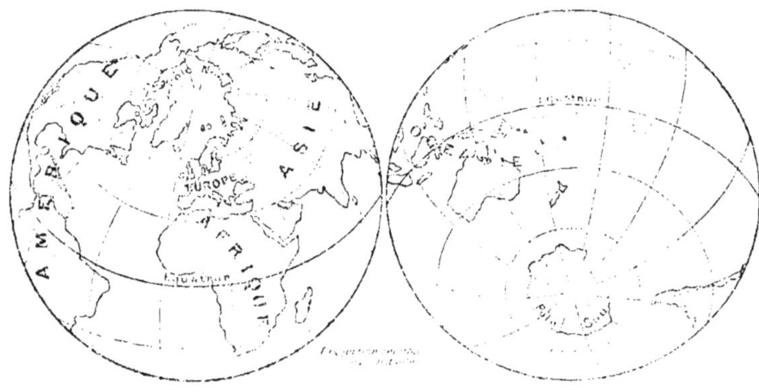

Fig. 19.

Hémisph. continental ou des terres. Hémisph. océanique ou des eaux.

ployées pour désigner les mers des deux calottes polaires.

Chacun de ces océans forme un certain nombre de *mers intérieures,* de *mers littorales* et de *golfes,* dont chacun a reçu une dénomination particulière.

76. Les **terres** émergées sont des *continents* ou des *îles.* Il y a trois **continents,** ou grandes masses terrestres séparées les unes des autres par les eaux de la mer et renfermant plus des dix-neuf vingtièmes des terres; ce sont : l'**ancien continent** ou **ancien monde,** ainsi nommé parce qu'il a été connu et habité par nos ancêtres depuis l'antiquité la plus reculée; le **nouveau continent** ou **nouveau monde,** découvert depuis

quatre siècles (1492): et l'**Australie**, le plus petit des trois.

L'étendue de toutes les **îles** n'égale pas le vingtième de la surface des continents. Les plus grandes sont : la *Nouvelle-Guinée* et *Bornéo*, dans l'Océan Pacifique: *Madagascar*, dans l'Océan Indien ; la *Grande-Bretagne*, dans l'Atlantique. — Elles sont souvent réunies en groupes ou **archipels**, dont les principaux sont ceux des *îles Britanniques* et des *Antilles*, dans l'Atlantique: du *Japon*, des *Philippines*, des *îles de la Sonde*, dans le Pacifique.

77. On est convenu de diviser le monde en cinq grandes parties : l'*Europe*, l'*Asie* et l'*Afrique*, dans l'ancien continent; l'*Amérique* (nouveau continent) et l'*Océanie*, qui comprend, outre l'Australie, la plupart des îles du Pacifique. Voici en chiffres ronds la superficie de chacune des **cinq parties du monde** :

```
Europe. . . . . . 10 millions de kil. car.
Asie. . . . . . . 12      "         "
Afrique. . . . . 30      "         "
Amérique . . . . 38      "         "
Océanie. . . . . 10      "         "
```

L'Australie, sans les îles, a une surface d'environ 8 millions de kilomètres carrés.

La division du monde en cinq parties est plutôt historique que vraiment géographique. L'usage de diviser l'ancien monde en trois parties vient des Grecs : on dut naturellement en ajouter deux autres après la découverte de l'Amérique et de l'Australie. Mais, si ces deux pays et l'Afrique se présentent comme des unités distinctes et bien tranchées, il n'en est pas de même de l'Europe et de l'Asie; elles sont si peu séparées l'une de l'autre que les géographes sont obligés de s'ingénier et d'avoir recours à la géologie pour leur trouver une limite, qui ne soit pas purement conventionnelle. Aussi, a-t-on tenté déjà de les réunir ensemble sous le nom d'Eurasie.

§ III. — L'ÉCORCE TERRESTRE

A. — La composition de l'écorce terrestre.

78. Roches et terrains. — Au-dessous d'une couche superficielle de terre meuble et friable, qui constitue, là où elle existe, le sol arable, la croûte terrestre présente une série de matériaux variés, que les géologues désignent sous le nom commun de *roches*, quelle qu'en soit d'ailleurs la nature : ainsi, les couches de sa-

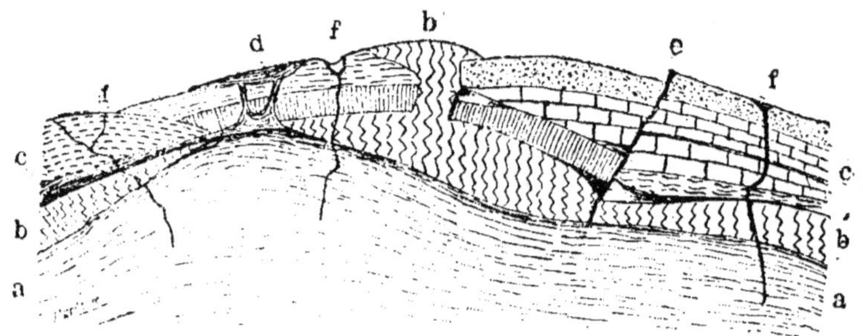

Fig. 20. — Coupe théorique de l'écorce terrestre : *a.* matière fluide ou pâteuse ; *b.* roches primitives ; *c.* roches sédimentaires ; *d.* volcans ; *e.* faille ou fracture ; *f.* filons de substances ignées.

ble mobile ou de glaise boueuse sont des roches aussi bien que le marbre et le granite. — Ces roches, comme les terrains qu'elles servent à caractériser, se classent en deux grands groupes, roches *cristallines* et roches *sédimentaires,* qui diffèrent complètement d'origine et de nature.

Les **roches cristallines** sont aussi appelées **ignées,** parce qu'elles sont le produit direct des matières en fusion que renferme le globe : elles se composent d'une multitude de petits cristaux, enchevêtrés les uns dans les autres, qui se sont formés par le refroidissement de la masse. Les terrains ignés comprennent les roches *primitives,* qui furent la première enveloppe solide du globe et les roches *éruptives,* qui ont jailli de ses entrailles, à travers l'écorce pendant la série des temps géologiques, surtout dans les ères primaire et tertiaire, et celles que les volcans vomissent encore de nos jours. Les terrains éruptifs ou *plutoniens* (de Pluton, dieu des enfers) sont encore appelés *massifs*, parce qu'ils se présentent en masses compactes et irrégulières. On les trouve répandus en larges coulées à la surface des terrains antérieurs à leur formation ou emprisonnés dans leur masse sous forme de filons, d'injections ou de massifs (fig. 21).

Les roches sédimentaires sont dues à des causes externes. Les matériaux qui les composent, débris de roches ignées ou d'anciens organismes, ont dû être primitivement déposés au sein des eaux, en couches régulières et horizontales (*strates*) qui se sont superposées les unes aux autres. C'est pourquoi les terrains de sédiment sont appelés *terrains stratifiés* ou *neptuniens* (de Neptune, dieu des mers).

Fig. 21. — Filons métallifères.

79. **Roches primitives.** — Les roches primitives, qui constituent le *terrain archéen,* sont tout à la fois cristallines et stratiformes, ce qui leur a fait donner le nom de schistes cristallins. Les deux principales formes, sous lesquelles se présentent ordinairement les schistes cristallins, sont celles de *gneiss* et de *micaschistes.* Les micaschistes sont essentiellement formés de quartz et de mica ; dans les gneiss, le feldspath vient s'ajouter à ces deux substances.

Le terrain primitif, qui sert de base première à tous les autres, se présente à découvert sur de grandes étendues dans le nord-est de l'Amérique ; on le trouve, en Europe, dans les monts de Bohême, dans les Alpes scandinaves, etc.; en France, dans les Vosges, en Bretagne et surtout dans le Massif central, où il est çà et là recouvert de roches éruptives.

80. Roches éruptives. — Les roches éruptives se composent des mêmes éléments que le gneiss, feldspath, quartz et mica; elles se rangent, d'après leur texture et leur ancienneté, en trois grands groupes, représentés par le *granite*, le

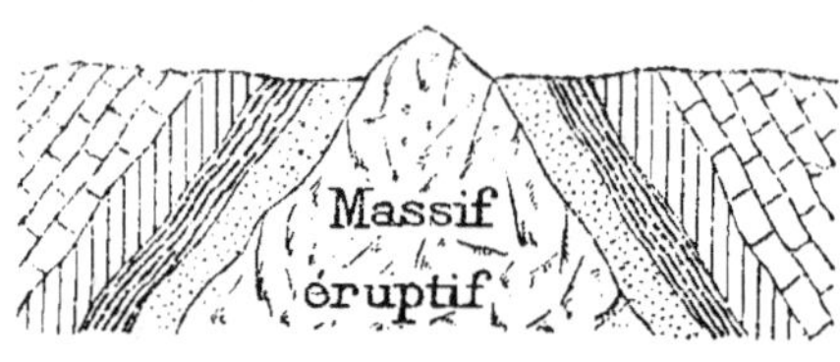

Fig. 22.

porphyre et le *trachyte*.

Le **granite** offre le type le plus parfait des roches cristallines, parce qu'il est formé uniquement de cristaux sans aucun mélange de substance amorphe; c'en est aussi la plus ancienne : les roches granitiques sont traversées par toutes les autres roches éruptives et n'en traversent aucune. Le granite a formé les premiers reliefs du sol français, dans le Massif central, la Bretagne et les Vosges; il constitue la partie centrale des Alpes et des Pyrénées.

Le **porphyre** se compose de grands cristaux disséminés dans une pâte formée de cristaux microscopiques. Comme il est susceptible de recevoir un beau poli, on le recherche dans les arts pour ses jolies nuances. Le porphyre *vert antique* et le porphyre *rouge antique* étaient employés dans les monuments de l'Égypte, de la Grèce et de Rome.

Les plus récentes des roches éruptives appartiennent au groupe des **trachytes.** Le trachyte est une roche rude au toucher et de couleur terne, qui rappelle la terre cuite. Il se compose de gros cristaux craquelés, noyés dans une pâte amorphe, avec de tous petits cristaux, allongés en forme de bâtonnets. A ce groupe se rattachent : le *basalte*, qui se présente en divers endroits sous la forme de majestueuses colonnes prismatiques (orgues d'Espaly, de Murat, de Saint-Flour, dans le Massif central; chaussée des géants, en Irlande; grotte de Fingal, en Écosse); les *laves* et la *pierre ponce*, vomies par les volcans, etc.

Fig. 23. — Massif basaltique.

81. Roches sédimentaires. — Les roches sédimentaires sont formées soit de débris organiques, soit de fragments d'autres roches, désagrégées par les divers agents d'érosion, ou décomposées par des actions chimiques. Ces débris, transportés au sein des mers dans un état de division plus ou moins avancé, sous forme de galets, de graviers, de sables et de vases, s'y sont déposés en couches régulières et horizontales, auxquelles on donne le nom de *strates*. L'infiltration de substances siliceuses, calcaires, ferrugineuses, que la mer faisait circuler dans les interstices de la masse, jointe à la pression que les couches supérieures exerçaient sur les inférieures, finit par les agglutiner et en faire des roches parfois extrêmement dures et d'épaisseur très considérable.

Les terrains sédimentaires n'ont pas conservé partout leur horizontalité primitive. Souvent les strates sont inclinées, obliques, quelquefois même verticales (fig. 25) : sur certains points elles sont disloquées, des cassures ou *failles* en interrompent la régularité, une partie se trouvant à un niveau plus élevé que l'autre (fig. 24). Ces modifications paraissent avoir pour causes, soit des effondre-

ments qui se seraient produits dans les roches sous-
jacentes, soit l'action des forces intérieures, qui a soulevé
à de grandes hauteurs les terrains de sédiments dans les

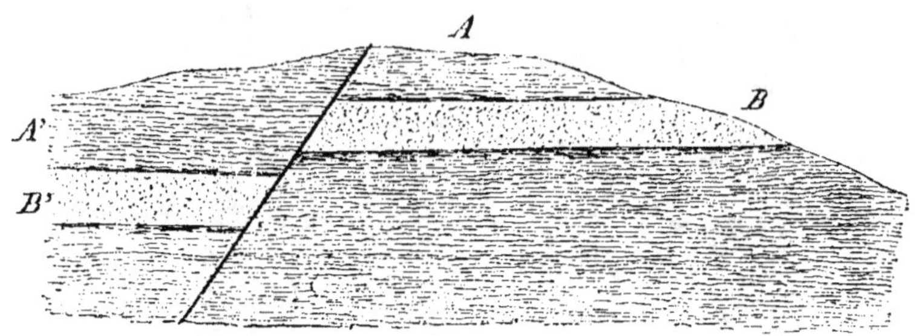

Fig. 24. — Faille ; les terrains de gauche ont glissé et la couche
sédimentaire B' n'est plus de niveau avec B.

régions de montagnes. C'est ainsi qu'on trouve, jusque
sur les sommets des Alpes, des coquilles de mollusques marins, preuve irrécusable des grands changements

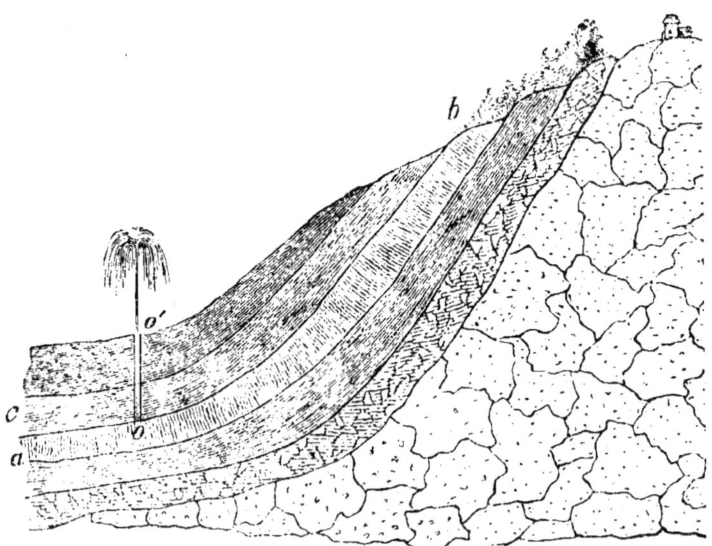

Fig. 25. — Strates redressées par un massif granitique.

survenus à l'écorce terrestre dans le cours des âges.
Les roches sédimentaires se divisent en *calcaires,*

siliceuses, argileuses, sans compter certaines roches de nature *spéciale.*

Les roches **calcaires**, formées de carbonate de chaux, sont de beaucoup les plus importantes. De ce nombre sont : les *marbres,* qui sont devenus cristallins sous l'influence de causes mal définies, peut-être de la chaleur ; la *craie,* qui est un calcaire friable, formé de débris de coquilles ; l'*oolithe,* qui a l'apparence d'une masse d'œufs de poisson ; le *calcaire grossier,* employé dans les constructions ; la *pierre lithographique,* au grain très fin.

Les roches **siliceuses** comprennent : le *silex* ou pierre à fusil, mélange de silice cristallisée et de silice non cristallisée ; le *sable,* formé de petits grains de quartz ; le *grès,* formé de grains de sable, agglutinés par des ciments divers : la *meulière,* très dure et criblée de trous.

Les roches **argileuses** sont composées de particules extrêmement fines, qui se sont déposées lentement après avoir été tenues en suspension dans l'eau. Outre l'*argile plastique* ou terre glaise, dont on fait les briques, ce groupe renferme les *marnes,* dans lesquelles le calcaire est mêlé à la silice en proportions variables : le *kaolin,* produit par la décomposition du feldspath du granite ; les *schistes,* divisés en feuillets, exploités dans les ardoisières.

Il nous reste encore à citer quelques roches sédimentaires de nature spéciale, qui ne rentrent dans aucun des trois groupes précédents, comme le *sel gemme* et le *gypse* ou pierre à plâtre qui se présentent en amas cristallins ; et les roches combustibles, *houille, tourbe* et *bitume,* sur lesquelles nous aurons l'occasion de revenir.

82. Terrains superficiels d'origine et de nature diverses. — Il existe, à la surface du sol, des terrains qui ne rentrent ni dans l'une ni dans l'autre des catégories précédentes. Semblables, par leur origine, aux terrains sédimentaires, ils s'en distinguent par leur mode de formation : au lieu d'avoir été déposés dans les eaux marines, ils se sont formés à l'air libre. Les uns proviennent soit des roches sous-jacentes désagrégées par les agents d'érosion ou décomposées par des actions chimiques, soit d'anciens organismes décomposés sur place; d'autres sont dus aux apports des fleuves, des glaciers, ou à l'action des vents.

C'est ainsi que s'est formé l'**humus** ou terre végétale, dont la composition est très variable. La couche d'humus, ordinairement assez mince, acquiert parfois une épaisseur considérable; ainsi, les riches terres à blé ou *terres noires* (Tchernoziom) de la Russie et de la Sibérie, de la Hongrie et des États-Unis n'ont pas moins de 1 mètre à 1^m50 de terreau; elles résultent de la décomposition des grandes herbes des steppes. — Une formation superficielle, connue sous le nom de *limon des plateaux*, provient de la décomposition de roches sableuses; elle recouvre une bonne partie du pays de Caux et de la Picardie.

Au Congo, à Madagascar, dans le Dekkan, l'Indo-Chine, etc., d'immenses régions sont couvertes de *terre rouge* ou *latérite* (*later*, brique), provenant de la décomposition des roches sous-jacentes. Ce sont des sols pauvres, peu favorables à l'agriculture.

Tout au contraire, les *terres jaunes* de la Chine septentrionale (bassin du Hoang-ho) sont parmi les plus fertiles du monde; elles s'y présentent en couches de 400 à 600 mètres d'épaisseur. Ces terres appartiennent à une formation spéciale, nommée **loess**, qu'on retrouve en Europe, dans les vallées du Rhin, du Danube et de leurs affluents; le loess est un mélange d'argile et de calcaires pulvérisés, de petits grains de quartz et de paillettes de mica. Les roches, sur lesquelles reposent les *terres jaunes* de la Chine, étant de nature toute différente, on se demande quelle peut être l'origine de ces terres. M. de Richtofen, qui les a étudiées sur place, pense qu'elles proviennent des poussières du désert de Gobi, transportées par les vents violents qui soufflent de la Mongolie sur la Chine; elles se seraient ainsi accumulées pendant des siècles. D'autres y voient le produit du ruissellement, qui aurait peu à peu entraîné sur les pentes et déposé dans les creux les particules enlevées aux étages supérieurs des montagnes; ceux-ci auraient ainsi fini par disparaître.

83. Terrains anciens et récents. — L'écorce n'a cessé de subir, nous l'avons déjà dit, des modifications depuis sa première solidification : des roches, formées primitivement au fond des mers, occupent aujourd'hui le sommet des montagnes, tandis que des continents se sont abîmés dans les flots : chaque période géologique a vu s'augmenter le nombre des couches sédimentaires et des formations ignées. La nature ne nous offre aucun chronomètre qui nous permette de découvrir l'âge absolu d'un terrain quelconque, c'est-à-dire le moment où il a fait son apparition dans la durée des siècles. Mais, les géologues sont parvenus, jusqu'à un certain point, à déterminer l'âge relatif des diverses roches, soit sédimentaires, soit éruptives, les rapportant à l'une ou à l'autre des

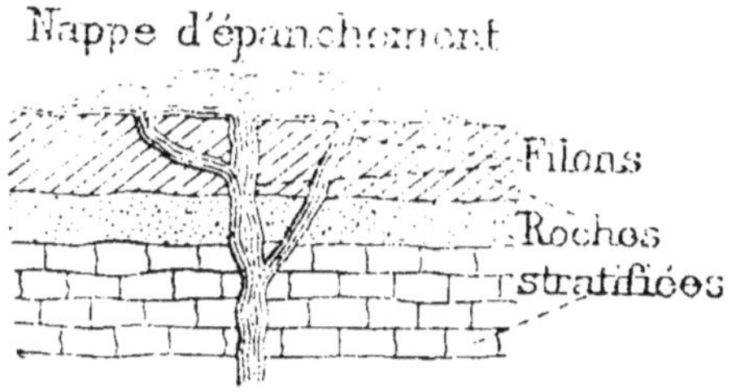

Nappe d'épanchement

Filons

Roches stratifiées

Fig. 26.

quatre grandes ères géologiques (nᵒˢ 68-69). Voici les principes qui servent de base à leurs conclusions.

Terrains sédimentaires : 1ᵒ De deux couches superposées, la plus ancienne est évidemment la couche inférieure, pourvu qu'il n'y ait pas eu de renversement. — 2ᵒ Des dépôts de nature très diverse, formés, par exemple, les uns de sable, d'autres d'argile ou de silice, ont le même âge, s'ils forment une couche continue sans solution de continuité. — 3ᵒ Les couches renfermant les mêmes fossiles caractéristiques sont de même âge. Les fossiles vraiment caractéristiques appartiennent surtout aux groupes des mollusques et des rayonnés, qui ont mieux conservé leurs formes que les animaux supérieurs.

Terrains éruptifs : 1ᵒ Une roche éruptive est évidemment plus jeune que les roches, soit sédimentaires, soit éruptives, qu'elle traverse ou sur lesquelles elle s'est répandue (fig. 26). — 2° Une roche sédimentaire qui renferme des fragments d'une roche éruptive est de formation postérieure à l'éruption; il en est de même d'une roche éruptive qui renferme des débris d'une roche sédimentaire, noyés dans sa masse.

Montagnes. — Les montagnes ne se sont pas toutes élevées d'un seul jet dans les airs et leur exhaussement peut être l'œuvre d'un nombre incalculable de siècles. Quand donc il s'agit de leur âge, il ne peut être question que des dernières poussées et dislocations qui les ont produites. Pour arriver à déterminer cet âge, on observe les couches sédimentaires (fig. 27) qui garnissent le bas de la montagne : on constate que les unes, D, E, sont horizontales et les autres A, B, C, redressées; celles-ci

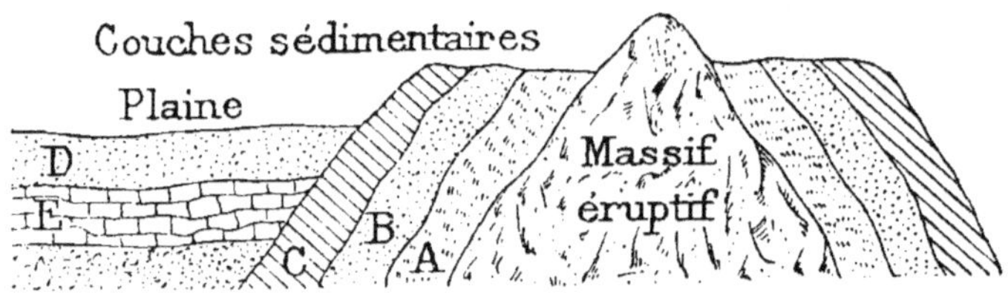

Fig. 27.

ont évidemment précédé le soulèvement, tandis que les premières lui sont postérieures.

Ces principes, évidents en théorie, ne laissent pas que d'être d'une application souvent difficile en pratique, à cause des *lacunes* qui existent partout dans la superposition des terrains, aucun point du globe n'en possédant la série complète; à cause aussi des *failles,* produites par des dislocations, qui ont brisé les couches et en ont amené les fragments à des niveaux différents; enfin, à cause des *renversements,* par suite desquels une couche plus ancienne se trouve quelquefois superposée à une autre plus récente.

84. Terrains perméables et imperméables. — Parmi les propriétés des divers terrains que nous venons de passer en revue, il en est une qui prime toutes les autres au point de vue du régime des eaux courantes, et qui, par là, intéresse au plus haut point la richesse agricole; c'est leur degré plus ou moins grand de *perméabilité* ou d'*imperméabilité*.

Certaines roches se laissent facilement pénétrer par les eaux de pluie. les retiennent plus ou moins longtemps et les laissent s'écouler doucement en sources limpides: ce sont les roches **perméables**. Les unes, comme l'*humus* et les *sables* sont perméables de leur nature; par suite de leur manque de cohésion, ils se laissent imbiber dans leur masse. Les sables constituent des réservoirs, où se forment des nappes d'infiltration. Les couches superficielles des *calcaires* et des *grès* absorbent aussi l'humidité, mais c'est surtout aux fissures et aux crevasses, dont ils sont criblés, qu'ils doivent leur perméabilité. Les terrains perméables se prêtent à des cultures variées et conviennent surtout aux céréales.

Au contraire, l'*argile* et les *roches éruptives* sont **imperméables**. L'eau, qui y tombe, s'étale dans les parties horizontales, se précipite en torrents sur les pentes. et s'amoncelle dans les creux en marais ou en lacs. Les terres, dont le sous-sol est imperméable, sont généralement pauvres, humides et froides; elles conviennent mieux aux pâturages et aux forêts qu'aux cultures.

On se tromperait, du reste, si, jugeant des autres pays par le nôtre, on attribuait à la perméabilité une valeur absolue et indépendante des conditions atmosphériques; en effet, que la pluie tombe en trop grande abondance d'une manière continue, les roches perméables finissent par s'imbiber complètement et se comportent alors comme si elles étaient imperméables; le fait se produit dans les pays tropicaux. Il en est de même dans les très fortes averses, là surtout où le terrain est en pente.

B. — Le relief de l'écorce terrestre

85. Formation du relief. — Le relief est la résultante des inégalités de la surface du globe; les profondeurs marines y sont donc comprises aussi bien que les hauteurs terrestres. Les unes et les autres se mesurent à partir du niveau de la mer, supposé constant et uniforme, ce qui n'est pas tout à fait exact. Sur les terres émergées, le relief affecte quatre formes générales : *montagnes*, *plateaux*, *plaines* et *dépressions*. Avant de

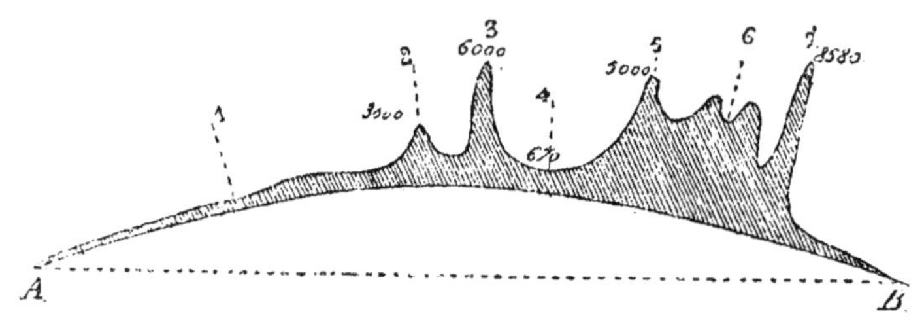

Fig. 28. — Profil de l'Asie, du Nord (A) au Sud (B) : 1. Sibérie ; 2. Altaï ; 3. Thian-chan ; 4. Lob nor ; 5. Kouen-Loun ; 6. Thibet ; 7. Himalaya.

les passer en revue, il nous faut exposer la **théorie**, au moyen de laquelle les savants de nos jours expliquent la formation du relief.

Au cours du dernier siècle, *Léopold de Buch* l'attribuait à des poussées verticales, qui auraient projeté de bas en haut les masses en fusion du foyer central. *Élie de Beaumont* y voyait surtout le résultat du refroidissement du globe. Enfin, plus récemment, **Suess**, reprenant l'idée émise par É. de Beaumont. a développé une théorie nouvelle, qui rend assez bien compte des faits observés. Il part de ce principe, généralement admis, que le noyau incandescent du globe se refroidit, d'une manière très lente mais continue, par l'effet d'un rayonnement d'ailleurs très faible. En se refroidissant, il se contracte, se rétrécit, et cette diminution de volume s'accroît de toutes les matières que vomissent les volcans. Il arrive ainsi que le contact du noyau avec l'enveloppe solide ne se fait plus régulièrement, parce que celle-ci est devenue trop large. Elle doit donc tendre elle-même à se resserrer, à peu près comme la peau, qui se couvre de rides et de plis sur un corps amaigri. Les tensions. qui se produisent dans l'écorce mal équilibrée, prennent deux directions différentes : une tension horizontale. parallèle à la surface, engendre des *plissements;* une tension verticale donne

Fig. 29. — Plissement du Jura.

lieu à des *affaissements* et à des *effondrements.* Ainsi,
les matières d'origine ignée, qu'on trouve injectées sous
diverses formes dans les masses disloquées, ne seraient
nullement la cause des dislocations; elles n'auraient fait
que remplir des vides déjà formés, et profiter des déchi-
rures de l'enveloppe, qui les emprisonnait, pour se
répandre au dehors.

86. Montagnes. — Les *montagnes* sont de grandes
masses de terres ou de roches fort élevées au-dessus du
terrain environnant. Les *collines* sont des hauteurs moindres, qui s'élèvent en pentes douces. Plusieurs montagnes
réunies ensemble par leurs bases forment une *chaîne,*
lorsque leur ensemble se développe sur une même ligne;
et un *massif,* lorsqu'elles se dressent sans ordre ou affectent dans leur ensemble des directions divergentes. On
appelle *faîte, crête* ou *arête* la partie la plus élevée d'une
chaîne; ses deux côtés opposés sont les *versants,* les
revers ou les *flancs.* On nomme *défilés, cols, gorges,* ou
pas, quelquefois *portes, pyles* ou *ports* les parties basses
d'une chaîne, plus ou moins resserrées entre deux sommets ou entre une montagne et une masse d'eau, et présentant des passages d'un versant à l'autre. L'élévation
des cols n'est pas toujours en rapport avec l'altitude de
la chaîne : c'est ainsi que les cols des Pyrénées sont beaucoup plus élevés que ceux des Alpes. — Les **sommets**
des hautes montagnes et les crêtes des chaînes sont formés de roches très dures, qui ont résisté à l'érosion.

Parmi les cîmes, les unes sont abruptes et déchiquetées; elles portent les noms caractéristiques d'*aiguilles,* de *dents,* de *cornes* (*horn,* en Allemand), de *pointes,* de *pitons,* de *pics;* d'autres présentent des formes arrondies; ce sont des *ballons, des dômes,* des *tours.* — Dans les flancs des montagnes se creusent des **vallées**; les unes parallèles à l'axe de la chaîne, ce sont les vallées *longitudinales;* d'autres perpendiculaires ou obliques par rapport à l'axe; ce sont les vallées *transversales.*

87. Les **causes de la formation des montagnes** se ramènent à trois : les *dislocations* de l'écorce terrestre, l'*érosion,* l'*accumulation de matériaux* sur un même point.

Toutes les grandes chaînes de montagnes sont dues à des **dislocations** de l'écorce terrestre (nº 85).

L'**érosion** est l'œuvre des agents atmosphériques (vent, pluie, alternatives de chaleur et de froid, d'humidité et de sécheresse), des eaux courantes, des glaciers et de la mer, qui rongent peu à peu les terrains soumis à leur action et finissent par détruire et faire disparaître les moins résistants. Il arrive alors que les matériaux plus solides, dégagés de la masse dans laquelle ils étaient noyés, se trouvent mis en relief. Mais, les hauteurs dues à l'érosion n'ont qu'une faible élévation et ne méritent le nom de montagnes et de collines que parce qu'elles font une brusque saillie au-dessus des terres environnantes.

Il en est de même des montagnes d'**accumulation,** formées par les apports des vents (dunes) et des glaciers (moraines). Quant à celles qui proviennent de matières ignées, accumulées par les volcans, ce sont de véritables montagnes et il en est un bon nombre qui comptent parmi les plus hautes du globe.

88. La **hauteur des montagnes** se mesure par des procédés de nivellement et de triangulation, ou au moyen des indications fournies par le baromètre, la hauteur de la colonne de mercure s'abaissant à mesure que l'altitude augmente. Mais, l'œil est un mauvais juge des hauteurs; ainsi, le *pic de Teyde,* dans l'île de Ténériffe, a longtemps passé pour le plus haut sommet du globe, quoique son alti-

tude (3.720 m.) soit bien inférieure à celle du *mont Blanc* (4.810 m.). Ce dernier paraît en effet moins élevé parce que l'œil n'en aperçoit que la partie supérieure et ne tient pas compte de la hauteur considérable de la masse qui lui sert de piédestal, tandis que le pic de Teyde, s'élevant d'un seul jet au-dessus des flots, se laisse voir tout entier, de la base au sommet. — La montagne la plus élevée, qui soit actuellement connue, est le *Gaurisangar* 8.840 m., dans la chaîne de l'Himalaya, qui en renferme d'ailleurs plusieurs autres dépassant 8.000 mètres. En général, l'altitude des sommets correspond à l'importance des chaînes. Ainsi, les plus élevés de l'Europe appartiennent aux Alpes et ceux d'Amérique à la Cordillère des Andes (*Aconcagua*, 6.834 m. Cependant, la plus haute montagne de l'Afrique, le *Kilima-ndjaro* (6.100 m. forme une masse isolée. — Les plus élevés des lieux habités atteignent près de 5.000 mètres d'altitude en Asie, 4.200 en Amérique, 2.500 en Europe.

89. **Plateaux.** — Les plateaux constituent une forme du relief intermédiaire entre les montagnes et les plaines. Ce sont de vastes étendues, plus élevées que les plaines voisines et d'une surface moins inégale que les montagnes. Ils sont cependant rarement plats et unis; on ne cite de ce genre que le plateau du Nouveau-Mexique, nommé *llano estacado*, dont la surface paraît parfaitement horizontale. Généralement, les plateaux sont accidentés; ici, bossués par des collines et des montagnes, traversés par des chaînes, comme le plateau central de l'Asie; là, creusés en cuvettes, où viennent terminer leur cours des rivières sans importance; car, la sécheresse est un caractère commun à presque tous les plateaux.

Certains plateaux sont limités par une ceinture de montagnes, qui les sépare des plaines. Les principaux de ces **plateaux à bordures** sont : le *plateau central de l'Asie*, le *plateau de l'Iran*, le *plateau austral de l'Afrique*, le *plateau de Bolivie*. Ordinairement, leurs eaux courantes, sans issue vers la mer, se perdent dans des lagunes ou dans des lacs salés. Les fleuves qui arrivent à rompre l'obstacle des montagnes bordières, descendent à la mer par une série de chutes et de cascades ; tels sont ceux du plateau africain. — D'autres plateaux sont seulement **adossés à des montagnes** par un côté, comme le *plateau de Bavière*, adossé aux Alpes ; le *plateau de l'Arabie*, adossé à une chaîne qui longe la mer Rouge.

Le plus souvent, le plateau, qui n'est pas bordé de montagnes, s'abaisse vers la plaine par des pentes douces ou par une série de terrasses étagées en forme de gradins, plus rarement par une chute brusque. — La hauteur des plateaux varie beaucoup. Les deux plus élevés, ceux du Thibet et de la Bolivie n'ont pas moins de 4.000 mètres ; le plateau Lorrain n'en a que 200.

90. **Plaines.** — Les plaines sont les parties les moins élevées du relief ; leur surface ne présente que des accidents sans importance, quoiqu'elle soit rarement tout à fait plate et horizontale, au moins sur de grandes étendues. Quelques-unes (l'Australie par exemple, qui n'est qu'une plaine, à l'exception du sud-est) sont occupées par des déserts, mais la plupart sont fertiles et forment les régions les plus riches et les plus peuplées. Cependant, l'aspect des plaines est triste et monotone, là surtout où le travail de l'homme n'a pas créé la variété et la vie. — Les plaines occupent plus du tiers de la surface des terres ; les principales sont : en Asie, les *plaines du Gange, de la Chine septentrionale, de la Sibérie* et *du Turkestan ;* en Europe, la *plaine russe ;* en Amérique, l'immense *région des Prairies* (Amérique du Nord), entre l'Océan Glacial et le golfe du Mexique ; les *Llanos,* les *Selvas* et les *Pampas* (Amérique du Sud), à l'est de la Cordillère.

91. **Dépressions.** — Les dépressions sont des régions qui, s'étant effondrées par suite de fractures, se trouvent à un niveau plus bas que les terres voisines et n'ont pas d'écoulement vers la mer. Tel est le Grand-Bassin dans la région des Monts-Rocheux (États-Unis). — Il y a, sur divers points du globe, des dépressions dont la surface est inférieure au niveau de la mer : plusieurs lacs salés ou chotts du Sahara algérien, certaines

parties du désert libyque, la Caspienne et les steppes qui la bordent, le lac Eyre en Australie sont de ce genre. La plus profonde dépression est celle de la vallée du Jourdain (Ghor) et de la mer Morte : le niveau du lac de Tibériade, que traverse le Jourdain, est à 208 mètres au-dessous de celui de la Méditerranée, et celui de la mer Morte à 394 mètres; en y ajoutant la profondeur de cette mer, qui atteint 400 mètres sur certains points, on arrive à une dénivellation totale de près de 800 mètres.

92. Comparaison entre le relief des terres et le relief des mers. — Les parties du relief des terres, plaines et plateaux, ne dépassant pas 500 mètres au-dessus du niveau de la mer, occupent plus de la moitié 56 pour 100) de la surface émergée, tandis que les terres, élevées de plus de 2.000 mètres, n'en représentent pas même le dixième.

Les **profondeurs marines** sont distribuées d'une manière bien différente des altitudes terrestres; celles qui sont inférieures à 1.000 mètres n'occupent guère qu'un dixième (12 pour 100) de la surface, tandis que les zones de 3.000 à 6.000 en couvrent plus des deux tiers 70 pour 100). Il en résulte que la profondeur moyenne des océans approche de 4.000 mètres, au lieu que la hauteur moyenne des continents ne dépasse pas 700 mètres.

93. Importance du relief. — La distance verticale entre la fosse la plus profonde de l'Océan (8.513 m.) et la plus haute montagne (8.840 m.), étant d'environ 17 kilom., ne représente que la 720° partie du diamètre terrestre. Par conséquent, on est autorisé à dire que **le relief de la terre est insignifiant.** Sur un globe de 10 mètres de diamètre, où toutes les proportions seraient bien gardées, les creux des dépressions marines et les saillies des montagnes ne dépasseraient pas 7 millimètres. Ces inégalités sont bien moindres que celles que présente la peau d'une orange.

Mais, à un autre point de vue, et relativement à la surface du globe, le relief du sol prime tous les autres accidents géographiques, parce que tous dépendent de lui, comme l'effet dépend de la cause : ainsi la répartition des terres et des mers est produite uniquement par les différences du relief; et, sur les terres, la forme des rivages, la distribution des fleuves, le climat lui-même, au moins dans une certaine mesure, et, par conséquent, la flore et la faune dépendent du relief du sol. Si l'Europe occidentale est si vivante, elle le doit, en grande partie, aux dépressions marines (Méditerranée, mer Baltique, etc.), qui creusent ses rivages, et à la faible hauteur des Alpes, que traversent des cols d'accès facile. Au contraire, l'Asie, aux formes massives, a été longtemps, à cause de cela, ignorée du reste du monde, et les civilisations chinoise, indoue et assyrienne s'y sont développées, durant des siècles, dans un isolement complet et sans contact entre elles, à cause des hauteurs inaccessibles qui les séparaient. L'intérieur de l'Afrique n'est resté si longtemps inconnu que parce que les pentes abruptes du plateau austral en rendaient l'accès difficile.

C. — Les côtes.

94. Les côtes sont les lignes de contact où l'élément solide se rencontre avec la surface des mers. Il est évident qu'elles sont une dépendance directe du relief émergé quant à la nature de leurs terrains; mais, c'est à l'action de la mer sur ces terrains qu'elles doivent leurs formes actuelles. Ces formes varient d'ailleurs beaucoup. Tantôt la côte s'élève brusquement au-dessus des eaux en escarpements à pic, nommés *falaises;* tantôt, au contraire, elle se redresse doucement et présente des *plages* sablonneuses ou des *grèves* recouvertes de galets (cailloux roulés). Il est assez rare que le littoral soit rectiligne et uniforme sur une grande longueur : ici la mer s'enfonce plus ou moins profondément dans les terres, où elle forme des *golfes*, des *baies*, des *anses*, des *rades;* là les terres projettent dans la mer des *promontoires*, des *caps*, des *pointes*. On donne le nom de *péninsules* à des pays d'une certaine étendue que la mer entoure de tous les côtés, sauf d'un seul par où ils se rattachent à

un continent ; les *presqu'îles,* que les anciens nommaient *chersonéses,* sont de petites péninsules. Quelques presqu'îles ne sont unies à la terre voisine que par un espace étroit qui porte le nom d'*isthme.* On appelle *détroit, canal, pas, manche, phare, bosphore,* suivant les pays, un espace de mer resserré entre deux terres.

95. Côtes rocheuses. — 1° Les côtes rocheuses présentent des caractères différents suivant la nature des roches dont elles sont formées. Ainsi, les roches tendres des terrains sédimentaires, qui se laissent facilement entamer par le choc des vagues, surplombent souvent la mer en **falaises** à pic d'assez grande élévation (jusqu'à 200 et 300 mètres) ; mais il est rare que les falaises s'étendent en lignes de grande longueur ; elles s'abaissent aux embouchures des rivières, où il est facile de créer de bons ports. Ce genre de côtes est d'ailleurs favorable à la navigation, parce que la mer y est ordinairement libre d'écueils et de bas-fonds. Telles sont les côtes de l'Angleterre sur la Manche, et celles de la France entre la Somme et la Seine.

2° Tout autres sont les côtes formées de roches éruptives, de terrain primitif, ou d'assises compactes de l'ère primaire, qui opposent une résistance beaucoup plus grande à l'action des vagues. Au lieu de les faire écrouler par larges morceaux en sapant la base, comme il arrive aux falaises, le flot les ronge grain à grain pour ainsi dire, en détache les parties plus faibles ou moins bien soudées, se glisse dans les fissures, qu'il élargit et creuse en grottes. Le rivage est tout déchiqueté et présente à la mer un front hérissé de saillies à arêtes vives. En avant, une large bande d'**écueils,** dont les uns sont complètement émergés et les autres découvrent à marée basse, indique la ligne d'un ancien rivage que le flot a rongé. Telles sont les côtes de Bretagne.

3° Certaines côtes rocheuses, spéciales aux régions froides, présentent une curieuse disposition : la mer y pénètre profondément dans les terres par une multitude de canaux étroits et profonds, enserrés entre de hautes murailles verticales ; on a donné à ces canaux le nom de

fiords. Le *Sognefiord*, le plus long de la Norvège (145 kilom.), n'a que 3 ou 4 kilom. de large, mais sa profondeur dépasse 1.200 mètres. Le *Lysefiord* (113 kilom.), moins profond (400 m.), est dominé par des roches à pic de 1.100 à 1.200 mètres. Les fiords se ramifient souvent à leur extrémité, et la plupart ne s'éloignent pas de plus de 30 à 40 kilom. du rivage. On suppose qu'ils sont l'œuvre des glaciers, qui recouvraient les terres au début de l'ère quaternaire. On les rencontre en Norvège et en Écosse, sur l'Atlantique; et, sur le Pacifique, dans l'Alaska, dans la Colombie anglaise, et surtout dans le Chili **méridional**.

96. Côtes sablonneuses. — Les côtes sablonneuses se rencontrent surtout dans les pays bas et plats, et dont le sous-sol est formé de roches friables, que les eaux marines désagrègent facilement. Tantôt le sable s'étend au bord du rivage en longues *plages*, que la marée recouvre deux fois par jour; tantôt il se **dresse** en *dunes* à l'intérieur du pays; ailleurs, il s'allonge en *flèches* en avant des terres. — Les côtes sablonneuses n'ont guère de ports naturels, et ceux qu'on y crée artificiellement ne peuvent être préservés de l'ensablement que par des travaux continus. Les parties du canal de Suez, comprises dans la région des sables, demandent des dragages ininterrompus pour **que la** cuvette se maintienne à la profondeur voulue.

97. Côtes alluviales. — Les côtes alluviales sont celles qui se sont formées peu à peu des débris que les fleuves charrient dans leurs cours et déposent dans la mer. Le delta des fleuves travailleurs, comme le Rhône, le Pô, le Nil, le Gange, le Hoang-ho, etc..., s'avance toujours dans la mer en forme de courbe convexe. Le rivage mobile et incertain se déplace sans cesse au **gré** des flots; au milieu des marais vaseux, on ne sait où finit la terre, où commence **la mer**.

CHAPITRE DEUXIÈME

LES EAUX ET L'AIR

I· L'ÉLÉMENT LIQUIDE

Nota. — L'**océanographie**, c'est-à-dire la *description raisonnée des Océans*, est une science toute récente et jusqu'ici à peine ébauchée. Sans doute les couches superficielles ont été étudiées depuis longtemps et on est à peu près fixé sur leur composition, leur salinité, leur température et leurs mouvements; mais, il n'y a pas même un demi-siècle qu'on a commencé à faire des sondages sérieux pour reconnaître les couches profondes, avec le relief et la nature du sol sur lequel elles reposent. Des expéditions scientifiques, organisées spécialement dans ce but (celles du *Challenger*, 1873-1876; du *Travailleur* et du *Talisman*, 1880-1883; de la *Pola*, 1890; de la *Valdivia*, 1898, etc.) ont déjà fourni de précieux documents; mais, les sondages sont encore trop peu nombreux pour qu'on puisse se flatter de connaître, sinon approximativement et seulement dans ses grandes lignes (?) la forme du relief sous-marin des Océans.

98. Relief sous-marin. — Profondeurs. — Nous avons vu précédemment (n° 92) que la *profondeur moyenne* des Océans est évaluée à environ 4 kilomètres; cette moyenne, qui n'est pas atteinte dans les mers littorales, est largement dépassée ailleurs, mais, il n'y a nulle part d'abîmes insondables. — On sait aussi que le relief sous-marin des Océans n'affecte point, comme on serait tenté de le croire, la forme de cuvettes, s'approfondissant depuis les bords jusqu'au centre.

Ainsi, l'**Océan Atlantique** est partagé en deux par une *protubérance médiane* de 1000 kilomètres de large, au-dessus de laquelle se dressent l'Islande, les Açores, Saint-Paul, Tristan da Cunha. La couche liquide, qui la recouvre, a une profondeur moyenne de 2.000 mètres : Sur aucun point la sonde n'y descend à 3.000 mètres, tandis qu'à droite et à gauche se creusent des fosses de 5.000 à 8.000 mètres, dans le golfe de Gascogne, au sud de Terre-Neuve et dans les Antilles (*fosse des îles Vierges*, 8.345 mètres).

Dans le **Pacifique**, le fond est une immense *plaine*, qui se relève, au sud de l'équateur, en sillons longitudinaux, orientés du sud-est au nord-ouest et servent de socles aux îles de la Polynésie. La profondeur moyenne est de 4.500 mètres. Les fosses les plus profondes, qui aient été mesurées se trouvent sur les côtes du Chili plus de 6.000 mètres), entre les îles Aléoutiennes et le Japon (plus de 7.000 mètres; *fosse des Kouriles,* 8.513 mètres), entre les îles Tonga et Kermadec (*fosses de plus de 9.000 mètres*).

L'Océan Indien paraît avoir à peu près la même profondeur moyenne que le Pacifique : on n'y a pas encore trouvé de creux atteignant 6.500 mètres. — Les deux **Océans polaires** semblent être moins profonds. Nansen a relevé dans l'Océan Glacial arctique des profondeurs de 3.000 à 4.000 mètres ; la *fosse du Spitzberg* en a 4.800.

Nature du sol sous-marin. — Dans le voisinage des côtes, sur une largeur qui varie de 100 à 600 kilomètres, le sol des mers est formé de débris arrachés aux terres, galets, graviers, sables, vases. — Au large, la sonde ramène tantôt une argile rouge d'origine inconnue, tantôt des boues siliceuses de diatomées (algues) ou des boues formées des débris d'animaux microscopiques : boues blanchâtres et calcaires provenant de globigérines, boues rougeâtres et siliceuses de radiolaires.

99. **L'eau de mer : salinité, température.** — L'eau de mer renferme une assez forte proportion de sel marin (chlorure de sodium) et un grand nombre d'autres substances, mais en faible quantité. La **salinité** varie suivant les mers, et dans la même mer suivant les saisons; la moyenne, dans l'Atlantique, est de 3,4 centièmes; elle dépasse 4 centièmes dans la mer Rouge et le golfe Persique et descend à un demi-centième dans le golfe de Bothnie. — Les mers sont d'autant plus salées que l'évaporation y est plus considé-

rable et les apports d'eau douce moins abondants. Ces conditions se trouvent surtout réalisées dans le voisinage des tropiques. Dans les mers polaires, au contraire, la fonte des glaces répand à leur surface une grande quantité d'eau douce, et leur salinité est moindre.

La **température** des couches superficielles de l'eau de mer est encore plus variable que leur salinité. Le maximum est atteint entre l'équateur et le tropique du Cancer; la moyenne y est de 27°, avec des variations de 2 à 3° suivant les saisons: cette moyenne est largement dépassée dans le golfe Persique et la mer Rouge, où l'on a observé jusqu'à 32°. — En règle générale, la température diminue avec la profondeur; d'abord assez rapidement, jusqu'à 1.000 mètres, où elle est assez uniformément de 4° à 5°; à partir de là, la diminution est plus lente. Les couches du fond ont de 2° à 0°, moins encore dans les mers qui communiquent avec les Océans polaires.

Les **glaces des mers polaires** se forment à la fin de l'été; ce sont d'abord des champs de glaces (*icefields*), séparés par des chenaux d'eau libre; ils ne tardent guère à se souder ensemble et à constituer l'immense banquise (*pack*), qui recouvre toute la surface des Océans polaires durant neuf à dix mois et souvent davantage. La banquise est d'abord unie; mais des pressions formidables venant à se produire dans la masse sous l'action des vents et des courants, il s'y produit bientôt des soulèvements et des dislocations : d'énormes glaçons se dressent, s'entassent les uns sur les autres en un véritable chaos (fig. 30). A l'été, la banquise se divise en champs de glace, qui flottent au gré des vents et des courants, jusqu'à ce qu'ils viennent fondre dans des eaux plus chaudes. — Parmi ces glaces de dérive, on voit souvent se dresser des montagnes de glace (*icebergs*), dont quelques-unes atteignent une élévation de 100 à 150 mètres au-dessus des flots, affectant toute espèce de formes. Ces masses énormes (on sait que la partie émergée n'en représente guère que le sixième) ne sont point nées dans la mer; elles y sont tombées, en se détachant des glaciers qui recouvrent les terres polaires (fig. 31).

100. Les mouvements de la mer : raz de marée; vagues. — Les eaux de la mer ne sont jamais complètement en repos; celles des profondeurs elles-mêmes, où règne un calme relatif, peuvent être violem-

Fig. 30. — Banquise.

ment ébranlées par des tremblements de terre; les **raz de marée**, qui en sont la conséquence, sont des mouvements extraordinaires des eaux marines, mouvements d'une amplitude et d'une force de destruction qu'on a peine à concevoir : ainsi, quelques instants après le tremblement de terre qui détruisit Lisbonne 1755 , une lame de 15 à 18 mètres de haut surgit tout à coup et alla balayer les côtes voisines; elle était encore de plus de 7 mètres aux petites Antilles, où la marée n'atteint pas un mètre. — A la suite d'un tremblement de terre. qui eut lieu au Pérou en 1868. un raz de marée épouvantable ravagea tous les ports sud-américains du Pacifique, causa de grands dégâts en Nouvelle-Zélande et se fit sentir jusqu'en Australie: la vague, haute de 25 mètres à son point de départ, parcourut un tiers du tour du globe à une vitesse de 11 kilomètres par minute.

Fig. 31. — Icebergs.

Les raz de marée sont des phénomènes essentiellement accidentels, transitoires et assez rares. Les **mouvements ordinaires** des eaux marines se réduisent à trois, les *vagues,* les *marées* et les *courants.*

Les **vagues** sont de grosses rides mobiles qui se forment à la surface des mers sous l'action du vent: elles sont séparées les unes des autres par des dépressions également mobiles. Leur vitesse et leur hauteur sont extrêmement variables, mais d'autant plus grandes que le vent est plus violent. La *hauteur des vagues* est la distance verticale comprise entre la crête et le point le plus bas de la dépression; leur extrême mobilité ne permet pas de les mesurer exactement, et l'œil est d'ailleurs un mauvais juge des hauteurs, même quand elles sont fixes. On admet que les vagues peuvent atteindre 15 à 18 mètres d'élévation dans les grandes tempêtes; ce serait le maximum; pourtant Dumont d'Urville prétend en avoir rencontré de 33 mètres, au large du cap de Bonne-Espérance.

101. **Marées**. — Deux fois dans l'espace d'un jour lunaire de 24 heures 50 minutes, la mer s'avance vers le rivage, puis s'en éloigne; ce phénomène a reçu le nom de **marée**; le mouvement ascendant s'appelle *flux* ou *flot*, et le mouvement descendant *reflux* ou *jusant;* chacun d'eux dure six heures environ. — La **hauteur** de la marée ou la différence de niveau entre la pleine mer et la basse mer varie beaucoup suivant les lieux, et, dans un même lieu, selon l'époque de l'année; presque nulle dans les océans polaires et dans les mers fermées, comme la Méditerranée, la marée atteint ailleurs une élévation parfois énorme, à cause de divers accidents de terrain, bas-fonds, presqu'îles et caps, golfes et baies, qui s'opposent au mouvement progressif et régulier de l'onde; elle est souvent très différente, même dans des localités fort rapprochées : ainsi les grandes marées s'élèvent à 21 mètres au fond de la baie de Fundy (Nouvelle-Écosse), tandis qu'à l'entrée elles ne dépassent pas 2 mètres. Dans l'immense plaine de sable qui entoure le mont Saint-Michel, le flot de marée monte à 15 mètres au-dessus du niveau des basses mers; il s'avance avec la rapidité d'un cheval au galop, et s'éloigne avec la même vitesse à plus de 10 kilomètres du rivage. — La marée remonte très loin dans certains fleuves : dans l'Elbe, à 150 kilomètres de l'embouchure; dans le Saint-Laurent, on la ressent encore à Québec (750 k. de la mer); dans le fleuve des Amazones, elle pénètre jusqu'à 1.100 kilomètres. A l'embouchure de plusieurs fleuves, il arrive souvent que le flot, resserré par les rivages, arrêté par les bas-fonds et repoussé par le courant d'eau douce, donne lieu à des mouvements tumultueux, connus sous le nom générique de **mascaret**; au lieu de monter graduellement, il se précipite tout d'un coup en une ou deux vagues occupant toute la largeur

du fleuve. Lors des grandes marées, le mascaret ou *barre* de la Seine, élevé de 2 à 3 mètres au-dessus du niveau des eaux fluviales, s'avance avec une vitesse de 18 à 24 kilomètres à l'heure ; celui de l'Amazone, appelé *pororoca*, se dresse en trois vagues successives atteignant ensemble de 10 à 15 mètres de hauteur.

102. — Réduite à ses éléments fondamentaux, la **théorie des marées**, magistralement exposée par Laplace, est fort simple. « La terre n'est point un corps isolé dans l'espace ; elle est attirée par tous les astres avoisinants, et c'est même en grande partie cette force d'attraction qui la fait tournoyer autour du soleil et qui lui donne la lune pour satellite. Que l'on s'imagine un instant la terre entièrement couverte d'eau sur toute sa rondeur, et soumise à la seule attraction de la lune ; la partie superficielle de la planète sera plus fortement attirée que le noyau central, puisqu'elle est plus rapprochée de l'astre qui la sollicite » et que l'attraction s'exerce en raison inverse du carré des distances, « et, grâce à la facilité avec laquelle ses molécules glissent les unes sur les autres, elle se gonflera, pour ainsi dire, vers la lune. Il se formera donc une intumescence dont le sommet se trouvera sur la ligne idéale qui joint le centre de la terre à celui de la lune. De l'autre côté de la planète, suivant la théorie générale, les eaux doivent se gonfler en une vague correspondante, et cela par une cause précisément inverse. Les couches liquides de cette partie de la terre étant plus éloignées de la lune que le noyau solide, sont moins attirées que celui-ci, et par suite elles doivent rester légèrement en arrière, formant ainsi une nouvelle intumescence... — Si la terre était immobile, ces deux vagues opposées chemineraient lentement suivant la marche de la lune ; mais, par suite de la rotation du globe, elles doivent se déplacer et se poursuivre avec rapidité sur la rondeur terrestre. » (Reclus, *la Terre*.) La marée devra donc se produire deux fois dans l'intervalle qui s'écoule entre deux passages consécutifs de la lune au même méridien, c'est-à-dire en 24 heures 50 minutes. — Outre l'attraction de la lune, les eaux subissent encore

les effets de l'attraction solaire, dont il faut également tenir compte, bien qu'elle ne représente qu'un tiers environ de la première pour le soulèvement des flots. Lorsque, à l'époque de la nouvelle lune, les deux astres sont placés dans la même direction, ou, lors de la pleine lune, dans une direction diamétralement opposée, par rapport à la terre, les deux attractions se renforcent l'une l'autre et produisent les plus fortes marées. Au contraire, dans le premier et le dernier quartier, l'attraction lunaire est en partie neutralisée par l'attraction solaire, et le niveau des eaux marines n'éprouve que des changements relativement faibles.

103. Courants. — Les courants sont des espèces de fleuves marins, dont le lit est formé par des eaux relativement en repos. Il ne s'agit pas ici de ces petits courants, essentiellement temporaires ou accidentels qu'on observe fréquemment sur les côtes, mais des grands courants du large, qui sont permanents. Leur existence se manifeste par les débris organiques, arbres déracinés, plantes et graines, provenant de régions souvent très éloignées, que la mer rejette régulièrement sur les rivages de certaines contrées, toujours les mêmes. Les navigateurs constatent que, sur certains points, la marche de leur navire est accélérée ou retardée par le déplacement des eaux et ils savent apprécier la direction et la vitesse de ce déplacement. Souvent même le courant est rendu parfaitement visible par les algues qu'il entraîne. Ses eaux n'ont d'ailleurs ni la même teinte, ni la même densité, ni la même température que les couches voisines.

« Je tiens pour certain, écrivait Christophe Colomb, que les eaux se meuvent, comme le ciel, d'orient en occident ». C'est bien, en effet, ce qui arrive, non pas sur toute l'étendue des mers, mais dans les parties voisines de l'équateur. Il existe, dans l'Atlantique et dans le Pacifique, un grand **courant équatorial**, qui se meut de l'est à l'ouest. Après s'être heurté à la bordure orientale des Continents, il se divise en deux branches, dont l'une, la plus forte (*Gulf-Stream* de l'Atlantique, *Kouro-Sivo* du Pacifique), s'infléchit vers le nord-est, et l'autre vers le sud-est; en même temps il s'établit un *contre-courant équatorial,* dirigé de l'ouest à l'est, au milieu même du courant équatorial, qui se trouve ainsi divisé en deux. — On a encore constaté que des **courants polaires**, perpendiculaires au courant équatorial, longent les côtes orientales du Groenland, de l'Amérique du Nord et de l'Asie, et les côtes occidentales de la Sud-Amérique (*courant de Humboldt*).

Il en résulte que, dans l'hémisphère boréal, les côtes orientales des continents sont très notablement plus froides que les côtes occidentales, baignées par les eaux chaudes des courants issus du courant équatorial.

104. Le plus célèbre et le plus important des courants maritimes est le **Gulf-Stream** (courant du golfe), qui est l'un des plus grands phénomènes naturels de l'hémisphère boréal. Les eaux du courant équatorial, après s'être échauffées en tournoyant durant six mois dans la mer des Antilles et le golfe du Mexique, reviennent dans l'Atlantique par le canal de Bahama. A sa sortie du canal, le fleuve océanique, d'une profondeur de 400 mètres environ et d'une largeur de 50 kilomètres, est animé d'une vitesse de 5 à 6 kilomètres à l'heure. Il se dirige d'abord vers le nord, parallèlement à la côte américaine, dont le sépare le courant polaire, qui marche en sens contraire; puis il s'infléchit vers l'est. Dans son immense parcours, le courant du Golfe n'étant pas renfermé, comme un fleuve terrestre, dans des limites déterminées, subit de profondes variations; il s'amincit rapidement et prend en largeur un accroissement proportionnel; au sud de Terre-Neuve, cette largeur dépasse 600 kilomètres. — Là il se bifurque; l'une des branches prend la direction du sud, remplit tout l'espace compris entre l'Espagne et les Açores, baigne l'Afrique jusqu'au cap Vert, et se mêle de nouveau au courant équatorial, enveloppant ainsi d'une vaste ceinture d'eau mouvante les prairies à eaux dormantes de la mer des Sargasses. A la hauteur du cap Finistère, le *courant de Rennell* s'en détache et vient baigner les côtes septentrionales de l'Espagne et le littoral occidental de la France, avant de rejoindre, au cap

Clear, la branche septentrionale. Celle-ci va frapper les côtes de l'Irlande, de l'Écosse et de la Norwège, où elle dépose des graines tropicales, et se prolonge jusqu'au Spitzberg. — La **température du Gulf-Stream** est le point le plus intéressant pour les populations du Nord ; elle s'élève à 30 degrés centigrades à sa sortie du canal de Bahama ; sur les côtes norwégiennes, elle est souvent de 25 degrés plus élevée que celle de l'air, qu'elle contribue par conséquent beaucoup à échauffer. « Les eaux du courant, dit M. Le Play, émettent des vapeurs qui, transformées dans une atmosphère froide en nuages, en brouillards et en pluies, vont réchauffer les territoires contigus à la mer. Les vents dominants apportent aux rivages la chaleur et l'humidité du Gulf-Stream. Grâce à ces précieux véhicules, les pâturages, les terres arables et les forêts du Nord prennent une fécondité qui n'existe point ailleurs sous les mêmes latitudes. » Ainsi la température moyenne de l'Irlande sous le 50ᵉ degré est aussi élevée que celle des États-Unis sous le 38ᵉ, et, tandis que la côte orientale du Groënland est constamment bordée de glaces, la mer ne gèle jamais, même au cap Nord, sur les côtes norwégiennes, qui sont situées en face.

Dans le Pacifique, le **Kouro-Sivo**, ou **fleuve Noir** des Japonais, est un courant analogue au Gulf-Stream. Il est également formé par le courant équatorial, qui, venant à rencontrer les Philippines et l'île Formose, tourne brusquement au nord, s'infléchit vers l'est et baigne les côtes orientales du Japon. Là il se divise en deux branches, dont l'une pénètre dans l'océan Glacial boréal par le détroit de Béring, tandis que l'autre s'en va baigner les rivages de la presqu'île d'Alaska et de la Californie, pour rejoindre ensuite le courant équatorial.

105. **La théorie des courants marins** semble encore bien loin d'avoir reçu sa formule définitive. D'après l'opinion la plus accréditée, *ils auraient pour cause première et déterminante la force impulsive des vents.* Ainsi, le courant équatorial, qu'on s'accorde assez à regarder comme le générateur des autres, serait produit par les alizés, vents réguliers et cons-

tants, qui soufflent, sur toute l'étendue des mers intertropicales, du nord-est dans l'hémisphère boréal, du sud-est dans l'hémisphère austral ; leur action s'exerçant d'une manière continue et toujours dans le même sens, déterminerait le mouvement superficiel des eaux, qui constitue le courant équatorial. Cette action est d'ailleurs renforcée par la *rotation de la terre*, qui ne peut manquer de produire sur les eaux un effet analogue à celui qu'elle produit sur l'air (voir n° 114, quoique dans un moindre degré, l'air étant plus mobile. On remarque de même que les courants chauds, issus du courant équatorial suivent la même direction que les contre-alizés, et que les courants de l'Océan Indien sont intervertis ou profondément modifiés par l'alternance des moussons.

Cependant, certains savants expliquent la formation des courants par *la température élevée des mers intertropicales*. En effet, d'un côté, l'évaporation leur fait perdre une grande quantité d'eau, évaluée à une moyenne annuelle d'au moins 4 mètres et demi ; et, de l'autre, elle augmente leur densité ; il se produit donc, à la surface une dénivellation, un vide que peuvent seules combler les masses liquides venues des bassins polaires, où l'évaporation est nulle. De là, les courants polaires, qui se dirigent vers l'équateur.

Il est extrêmement probable que les deux causes concourent ensemble à la formation des courants marins ; mais, dans quelle mesure ? C'est encore un problème.

106. La vie dans les mers. — 1° La **flore marine** ne présente pas une grande variété ; elle se compose surtout d'*algues,* diversement colorées. Ces plantes ne peuvent vivre, faute de lumière, dans les mers profondes ; elles sont donc cantonnées près du littoral et dans les mers dont la profondeur ne dépasse pas 150 à 180 mètres. Sur certains point des mers tropicales, les algues forment d'immenses prairies, les unes sous-marines, d'autres (mers des Sargasses) formées par des amas de plantes détachées du sol et flottant librement à la surface des eaux.

2° La **faune marine** est extrêmement variée ; on la

divise en faune *littorale,* faune *pélagique* et faune *abyssale.* — La faune **littorale** comprend des *mammifères,* phoques, morses, otaries ; des *oiseaux,* pingouins, manchots, eiders des régions arctiques, mouettes, goélands, etc. ; de nombreuses espèces de *poissons,* de *crustacés,* de *mollusques,* de *zoophytes,* polypes, infusoires, éponges. — Dans la faune **pélagique** ou de haute mer, on remarque de grands *mammifères,* baleines et cachalots des mers glaciales, dauphins, etc. ; des *poissons* et des *mollusques;* quelques espèces très petites forment, sur certains points, des bancs très étendus et très épais, et servent de nourriture aux animaux supérieurs. — Jusqu'au milieu du dernier siècle, il était admis que la vie cesse dans les mers au-dessous de 500 mètres environ de profondeur et on était bien persuadé qu'aucun animal n'est capable de supporter l'énorme pression de couches liquides de plusieurs kilomètres d'épaisseur ; c'était une erreur. Des sondages, pratiqués dans les plus grands fonds, en ont ramené des animaux vivants. Cette faune **abyssale,** encore mal connue, se révèle à peu près la même partout, sans doute parce que partout le milieu est sensiblement le même et la température uniforme. Les *poissons* d'aspect étrange, les *crustacés,* et les *mollusques,* etc., qu'on a retirés des grandes profondeurs, ont d'ailleurs un caractère archaïque très prononcé ; un certain nombre de types appartiennent à des espèces fossiles, qu'on croyait éteintes depuis plusieurs périodes géologiques.

107. Les **polypes du corail** ont droit à une mention spéciale ; ces petits êtres appartiennent au dernier embranchement du règne animal, celui des *zoophytes* (animaux-plantes) et comprennent plusieurs genres, *madrépores, astrées, méandrines,* etc. Ils ne vivent que dans une eau tiède, limpide, agitée, et dont la profondeur ne dépasse pas 37 mètres. Ces animaux ont la propriété de sécréter du calcaire ; fixés au sol en colonies composées de myriades d'individus, leurs sécrétions s'accumulent, se joignent et forment la base d'un *polypier.* Celui-ci grandit sans cesse, affectant des formes rameuses ou

massives. Les polypiers se soudent à leur tour les uns aux autres et arrivent à former des masses, que la mer complète en en remplissant les vides avec des débris arrachés ailleurs et triturés : les eaux à leur tour, chargées de carbonates, cimentent ensemble ces matériaux et en font des roches compactes.

Les polypes ont ainsi réussi à construire des *récifs* et des *îles*. — Parmi les **récifs coralliens**, on distingue les récifs **bordures**, appelés aussi récifs **frangeants**, qui bordent certaines côtes d'îles ou de terres continentales, et les récifs **barrières**, qui sont plus ou moins éloignés des côtes.

Le principal de ces derniers et l'œuvre la plus remarquable des polypes est assurément la **Grande-Barrière**, qui obstrue le détroit de Torrès et se continue le long des côtes d'Australie sur une longueur de près de 2.400 kilom. Le récif, séparé de la côte par un chenal de 50 à 100 kilomètres de large, est à fleur d'eau et ne se signale aux navigateurs que par l'agitation des flots qui viennent s'y briser. Il n'est pas cependant absolument continu ; mais les marins ne s'aventurent qu'avec de grandes précautions dans les passes qui s'ouvrent çà et là. La Nouvelle-Calédonie, Taïti et la plupart des îles polynésiennes, sont ainsi environnées d'une *ceinture de récifs*, à l'intérieur de laquelle l'eau, abritée contre la houle du large, a la tranquillité d'une lagune.

Un grand nombre de petites **îles** basses, — elles dépassent rarement de 3 mètres le niveau de la mer, — comme les îles Touamotou, les Maldives, les Laquedives, etc., doivent leur existence aux constructions des coraux ; ce sont des récifs isolés en pleine mer. Leur « forme habituelle est celle d'un étroit cordon entourant un lac intérieur, dit *lagune*. Tantôt le cordon n'est que partiellement émergé, et la lagune participe aux agitations de la mer ; tantôt l'enceinte est complètement fermée, et le récif, couvert de la riche végétation des tropiques, forme un anneau continu de verdure autour d'un lac, dont la tranquillité contraste avec le mouvement des flots de l'océan voisin. À cet état de perfection, l'île corallienne prend le nom d'**atoll**, emprunté à la langue

Fig. 32. — Atoll.

maldive ». (De Lapparent.)

Diverses **hypothèses** ont été proposées pour rendre compte de cette forme singulière des îles coralliennes : les uns pensent que les polypes ont élevé leurs constructions sur les bords des cratères de volcans sous-marins ; d'autres en cherchent la cause dans un affaissement du sol : les atolls auraient été d'abord des récifs formant ceinture autour d'une île ; celle-ci se serait peu à peu enfoncée sous les flots et aurait fini par disparaître, tandis que les polypes, toujours à l'œuvre, élevaient le récif au niveau de la mer. La partie émergée est due, dans tous les cas, aux débris que les flots y ont apportés.

II°. — L'ÉLÉMENT GAZEUX

108. — L'atmosphère ; sa composition, sa pesanteur, son rôle. — On donne le nom d'atmosphère (du grec *atmos*, vapeur ; *sphaira*, sphère) à la couche d'air qui environne le globe. L'*air* est un mélange de 21 volumes d'oxygène, 78,05 d'azote, 0,93 d'argon ; il contient en outre un peu d'acide carbonique et de vapeur d'eau. Les savants sont loin de s'accorder sur l'épaisseur de l'atmosphère ; les uns l'évaluent à plus de 300 kilomètres, tandis que, d'après d'autres, elle ne dépasse pas 60 kilomètres. Ce qui est certain, c'est qu'à une hauteur d'environ 10 kilomètres l'air n'est plus respirable. En 1862, deux physiciens anglais, Glaisher et Coxwel, ayant atteint cette limite en ballon, faillirent périr dans un air trop raréfié ; en 1875, trois aéronautes français. Crocé-Spinelli, Sivel et Gaston Tissandier, ayant atteint l'altitude de 8.600 mètres, les deux premiers moururent asphyxiés, et le dernier, après une syncope d'une heure, ne retrouva ses sens que quand il fut descendu dans des régions plus basses.

2° Bien que l'air soit très léger, puisque le poids d'un mètre cube ne dépasse pas 1 kilog. 300, l'atmosphère, en raison de son épaisseur, exerce cependant une pression considérable à la surface du globe ; on peut calculer cette pression à l'aide du *baromètre* (*baros*, pesanteur ; *mé-*

tron, mesure), dans lequel une colonne de mercure fait équilibre à la pesanteur de l'air; cette colonne s'élevant en moyenne à 76 centimètres au niveau de la mer, on en conclut, par un calcul très simple, que la pression exercée par l'air sur une surface d'un mètre carré dépasse 10.000 kilogrammes. Il est évident que la pesanteur atmosphérique doit augmenter ou diminuer avec la hauteur de chaque lieu; elle est plus forte dans le fond des mines qu'à la surface du sol, plus faible sur les montagnes que dans les plaines, puisqu'elle s'y trouve diminuée de tout le poids des couches inférieures; au sommet de l'Etna (3.320 m.) on a déjà sous ses pieds le tiers de la masse aérienne.

3° L'air contient le premier élément de la vie des animaux, l'oxygène, absolument nécessaire à leur respiration; et les plantes y puisent le carbone, qui entre pour la plus large part dans la composition de leurs tissus. L'air est encore le véhicule du son, et par suite le véhicule du langage, des idées et des relations sociales; le globe, dépourvu d'atmosphère, ne serait plus qu'un désert où régnerait un silence éternel. Enfin la terre perdrait par le rayonnement nocturne la chaleur que le soleil lui cède pendant le jour, si la masse atmosphérique ne s'interposait comme un écran entre la surface de la Terre et les espaces célestes, où règne un froid excessif : 60 degrés au-dessous de zéro, d'après Fourier cité par A. de Humboldt.

§ 1. — La température [1]

109. Source et distribution de la chaleur. — La chaleur dégagée par le noyau incandescent du globe, à travers l'écorce solide, est si faible qu'on n'a pas à en tenir compte. On peut donc dire que la surface de la Terre n'est échauffée que par le soleil. Nous savons d'ailleurs que les divers points de cette surface ne sont

1. Voir, à la fin du volume, la carte climatologique n° 2.

pas tous ni toujours échauffés également; il y a, en effet, de grandes différences suivant les lieux, et, dans le même lieu suivant les saisons et les heures. — La température moyenne ou le degré de chaleur moyenne dans un lieu dépend de trois causes principales : la latitude, l'altitude et la direction des vents dominants.

1° Toutes choses égales d'ailleurs, *la chaleur atmosphérique diminue de l'équateur aux pôles*. En général, un déplacement de 2 degrés (50 lieues) vers les pôles correspond à un abaissement d'un degré dans la température.

2° De même, *la chaleur diminue à mesure que l'altitude augmente;* le refroidissement se produit à raison d'un degré par 180 mètres en moyenne. Il en résulte que les hauts sommets sont exposés à des froids intenses, qui ne permettent pas à la neige d'y fondre, même dans la zone torride et au cœur de l'été. La *limite des neiges perpétuelles* varie nécessairement beaucoup avec la latitude; elle est à 4.800 mètres dans les Andes de Quito, sous l'équateur, à 2.800 ou 3.000 mètres dans les Alpes, et à 720 mètres seulement dans la partie septentrionale des Dofrines. Au delà de cette limite, la température est analogue à celle des régions polaires.

3° La nature des vents dominants d'un pays contribue puissamment à modifier les effets de la latitude et de l'altitude; il est évident que ceux qui soufflent des régions froides abaissent la température, tandis que les vents chauds la relèvent. — Les courants océaniques produisent le même résultat, en échauffant ou en refroidissant l'atmosphère. Ainsi s'explique l'écart considérable que l'on constate entre la température des parties orientales des continents, baignées par des courants froids, et celle des régions occidentales, où le contraire a lieu. Ainsi la température moyenne des côtes norwégiennes est plus élevée sous le 65e degré de latitude que celles de l'Amérique orientale sous le 45e.

110. Lignes isothermes. — 1° Alexandre de Humboldt a eu le premier l'idée (1817) de représenter sur des cartes, au moyen de lignes auxquelles il donna le nom d'isothermes (du grec *isos,* égal, *thermos,* chaleur), la série des lieux ayant la même température moyenne annuelle, ou, plus exactement, la même somme de chaleur. Si la température dépendait uniquement de la latitude, il est clair que les lignes isothermes s'échelonneraient, à des distances régulières, parallèlement à l'équateur; mais, comme elle est modifiée par le relief du sol et par les courants aériens et océaniques, ces lignes s'élèvent et s'abaissent sans ordre en courbes extrêmement sinueuses.

2° La ligne, qui relie ensemble les lieux où la moyenne annuelle est la plus élevée sur tout le pourtour du globe, et que l'on appelle **équateur thermique**, est presque tout entière dans l'hémiphère boréal; la température moyenne y varie de 26 degrés (Pacifique) à 30 (Sahara). Cette ligne passe par l'isthme de Panama, longe la côte septentrionale de la Sud-Amérique jusqu'à l'embouchure de l'Orénoque, de là traverse l'Atlantique, puis l'Afrique, où elle se relève beaucoup vers le nord, du delta du Niger aux rivages de la mer Rouge, coupe ensuite l'extrémité sud-ouest de l'Arabie, la mer d'Oman, le Dekkan, le golfe du Bengale, la presqu'île de Malacca, l'extrémité nord-est de Bornéo, etc.

3° La **zone véritablement torride** au point de vue physique est comprise entre les isothermes de 20° : celle de l'hémisphère boréal passe au nord du Mexique et de la Floride, au sud de l'Atlas, de l'île de Chypre, de la Caspienne, de l'Himalaya et du Yang-tsé-Kiang; celle de l'hémisphère austral coupe obliquement l'Amérique du Sud du 16° (ouest) au 29° (est), l'Afrique du 28° (ouest) au 33° (est), et l'Australie du 29° au 31°.

4° On peut considérer comme appartenant aux **zones tempérées** les pays compris entre les isothermes de 20° et de 0°. Cette dernière ligne, dans l'hémisphère boréal, suit une courbe très capricieusement dessinée; elle coupe d'abord très obliquement l'Amérique du Nord, de la naissance de la presqu'île d'Alaska (60°) à l'extrémité méridionale du Labrador; à partir de là elle se relève brusquement vers le nord, coupe l'extrémité méridionale du Groënland, longe les côtes septentrionales de l'Islande. dépasse de trois ou quatre degrés la latitude du cap Nord, puis elle redescend plus brusquement encore vers le sud, suit pendant quelque temps la crête des Dofrines, remonte jusqu'à l'entrée de la mer Blanche, et traverse obliquement la Russie septentrionale et la Sibérie par Tobolsk, Irkoustk, etc.

111. Les lignes **isothermes annuelles** ne donnent qu'une idée inexacte du climat réel d'un pays par la raison que ce sont des moyennes annuelles, qui peuvent être la résultante de températures tout à fait différentes : ainsi, par exemple, on placera sous la même isotherme de 10° deux pays, dont l'un aura des étés très chauds. 18°, avec des hivers très froids, 2°, et l'autre une température à peu près égale, 12° en été, 8° en hiver. Or, ni la faune, ni la flore, ni les conditions de la vie humaine n'y seront semblables, parce que le plus ou moins d'écart entre la température de l'hiver et celle de l'été exerce une influence considérable sur les productions du sol : ainsi, en Irlande, les hivers sont assez doux pour permettre au myrte de croître en pleine terre, mais la chaleur y est si tempérée, en été, que les prunes et les poires y mûrissent à peine. De même la vigne résiste bien aux froids de l'hiver, mais elle a besoin d'une grande quantité de chaleur pour mûrir ses grappes ; voilà pourquoi les coteaux de la Hongrie, des bords du Rhin et de la Champagne ont d'excellents vignobles, tandis que la Normandie, avec une température moyenne supérieure, ne produit pas de vin.

On a donc été amené à imaginer de nouvelles lignes, les **isothermes mensuelles** ; les deux plus importantes sont celles du mois le plus chaud et du mois le plus froid. janvier et juillet. La comparaison entre ces moyennes extrêmes donnerait une idée assez juste du climat si les lignes étaient exactement tracées et ne reliaient ensemble que les lieux ayant réellement la même température moyenne durant les mois de janvier et de juillet. Mais, il n'en est pas ainsi ; pour éviter l'extrême complication qu'elles présenteraient dans les pays de montagnes, on a préalablement réduit les températures au niveau de la mer. Il en résulte que les isothermes, soit annuelles, soit mensuelles, assez exactes dans les plaines, sont très fautives dans les régions élevées ; ainsi les plateaux du Thibet sont traversés par l'isotherme de janvier 0°, alors qu'ils sont soumis à des froids de — 30°.

112. En général, les **variations annuelles** de la température, c'est-à-dire, la différence entre le mois le plus chaud et le mois le plus froid, augmentent avec la latitude et l'éloignement de la mer ; ainsi, à Singapour et à Batavia l'oscillation n'est que de 2° : en Irlande, 8° environ ; à Paris, moins de 16° ; à Saint-Pétersbourg, plus de 27° ; à Irkoutsk (Sibérie) plus de 61°.

Les **variations diurnes**, c'est-à-dire l'écart entre le moment le plus chaud de la journée (2 heures après midi) et le moment le plus froid (immédiatement après le lever du soleil), sont en général très faibles dans la zone torride ; plus fortes en été qu'en hiver dans les climats tempérés : énormes dans les déserts, où l'air, privé de vapeur d'eau n'oppose qu'une faible résistance au rayonnement nocturne.

La plus basse température observée, — 69° 8, l'a été à Verkhoiansk, dans la Sibérie ; c'est là que se trouve le *pôle du froid* de l'ancien continent : le minimum moyen y est de — 61° 9 : le maximum moyen + 30° 1 ; soit un écart moyen de 92°. — *Les températures les plus élevées* appartiennent aux déserts : des chaleurs de plus de 50° à l'ombre ont été observées sur divers points du Sahara, de l'Arabie et des déserts de l'Australie.

§ II. — Les vents.

113. **Théorie des vents**. — Nous avons vu (n° 108) que l'air est pesant, puisque le poids de l'atmosphère fait équilibre à une colonne de mercure d'environ 0ᵐ76. Mais il ne l'est pas également partout ni toujours ; car, l'air chaud est plus léger que l'air froid et l'air humide que l'air sec : et, comme la chaleur et l'humidité sont distri-

buées d'une manière très inégale à la surface du globe, il s'ensuit que, sur un point quelconque, la pression atmosphérique peut être tantôt supérieure tantôt inférieure à la normale. Or, on démontre en physique que, pour qu'une masse gazeuse demeure en équilibre, il faut que la densité soit la même pour tous les points d'une même couche horizontale. Si donc, ici ou là, la densité devient plus faible, l'équilibre se trouve rompu et les masses voisines s'ébranlent de proche en proche pour le rétablir ; de là, les courants atmosphériques ou vents, qui ne sont autre chose que de *l'air en mouvement*.

La circulation des vents est soumise aux deux lois suivantes : 1° les vents soufflent des zones de hautes pressions vers les zones de basses pressions ; — 2° leur vitesse est en raison directe de la différence des pressions entre les points où ils soufflent.

Pour relier ensemble les points du globe qui ont la même pression, on a imaginé de tracer sur les cartes des lignes isobares (*isos*, égal, *baros*, pesanteur), analogues aux isothermes, et qui présentent les mêmes avantages avec des inconvénients tout pareils.

Parmi les courants aériens, il y a lieu de distinguer les *vents* réguliers et constants (*alizés*), qui soufflent toujours dans la même direction ; les vents *périodiques*, qui se font sentir à des époques déterminées ; les vents *locaux*, propres à certaines régions ; et, enfin, les vents accidentels, comme les tempêtes et les *cyclones*.

114. Alizés. — Les vents alizés (d'un vieux mot qui signifie constance et uniformité) soufflent régulièrement durant toute l'année, dans les mers tropicales, au large des côtes ; leur direction est du nord-est au sud-ouest, dans l'hémisphère boréal, et du sud-est au nord-ouest dans l'hémisphère austral. Ils occupent, des deux côtés de l'équateur, deux zones larges de 28 à 30 degrés. Entre elles s'étend la zone des *calmes équatoriaux*, dont la largeur varie de 3 à 8 ou 10 degrés. Elle se déplace suivant les saisons, avec tout le système des alizés, et suit le soleil dans son mouvement apparent. Comme les

rayons solaires y tombent verticalement sur la surface des mers, l'air s'échauffe beaucoup, se charge de
vapeur d'eau; cet air, surchauffé et par conséquent plus
léger, s'élève en courants ascendants continus. Quand
il arrive dans les régions supérieures, il se refroidit et
la vapeur d'eau, dont il est chargé, se condense en gros
nuages; c'est le « pot au noir » des marins.

Il est facile de comprendre que le vide causé par l'air
ascendant doit être comblé par d'autres masses aérien-
nes: l'ébranlement, communiqué d'abord aux couches
voisines, se propage jusqu'aux extrémités de la terre,
sur lesquelles pèse un air plus froid, et par conséquent
plus dense; deux courants d'air froid s'établissent donc
à la surface des mers, des deux pôles vers l'équateur,
tandis que deux courants d'air chaud, les *contre-alizés,*
se dirigent dans les régions supérieures de l'atmosphère,
de l'équateur vers les pôles. Si la terre était immobile,
les deux courants polaires souffleraient du nord dans
l'hémisphère boréal, et du sud dans l'hémisphère austral:
c'est la rotation de la terre qui les fait dévier. En effet,
nous avons vu (n° 57) que la vitesse de rotation, nulle
aux pôles, augmente constamment jusqu'à l'équateur,
où elle atteint 28 kilomètres par minute; les courants
polaires traversent donc successivement des régions ani-
mées d'une vitesse de rotation supérieure à la leur; ils
sont donc sans cesse en retard de vitesse dans chacun
des lieux qu'ils traversent. Or, la terre tournant de
l'ouest à l'est, ce retard constant, combiné avec leur direction initiale, nord ou sud, doit donner les directions
intermédiaires du nord-est au sud-ouest et du sud-est
au nord-ouest. — Par la raison contraire, les courants
supérieurs ou contre-alizés soufflent en sens inverse, du
sud-ouest au nord-est dans l'hémisphère boréal, et du
nord-ouest au sud-est dans l'hémisphère austral.

115. Vents périodiques. — Les deux principaux
vents périodiques sont les *moussons* et les *brises.* Les
moussons (du mot arabe *moussin,* saison) sont des
vents particuliers à l'océan Indien et aux contrées qu'il
baigne; ils soufflent régulièrement, durant six mois, du

sud-ouest et, durant les six autres mois, du nord-est. — Pendant l'été, les plaines de l'Hindoustan et les plateaux de la haute Asie sont fortement échauffés: les couches d'air situées au-dessus, se dilatant sous l'action de la chaleur, deviennent plus légères, et, cédant aux lois de l'équilibre, appellent des masses d'air plus froides des régions méridionales. L'inverse se produit en hiver : des plateaux glacés de l'Asie descend un courant d'air froid vers l'océan Indien et l'Afrique méridionale, où règnent alors les ardeurs de l'été. — La mousson du sud-ouest commence en mai et finit au commencement d'octobre ; celle du nord-est commence en octobre et finit dans les premiers jours de mars. Depuis cette époque jusqu'au commencement de mai ou de juin, les vents sont irréguliers. — L'inflexion de la mousson vers l'est et vers l'ouest tient à la rotation du globe et s'explique comme celle des vents alizés. — Il y a aussi des moussons dans le Pacifique occidental.

Les **brises**, propres aux côtes maritimes, sont des vents dont la direction change deux fois par jour ; la *brise de mer* se fait sentir depuis dix heures du matin jusqu'au soir, et la *brise de terre* souffle durant la nuit. Ces alternatives sont dues à ce que l'air du rivage s'échauffe le jour plus que celui de la mer, et se refroidit plus vite la nuit. On observe les brises durant toute l'année dans les régions tropicales, et seulement en été dans les zones tempérées.

116. **Vents variables; vents locaux**. — En dehors des pays soumis aux alizés ou aux moussons, les vents changent fréquemment de direction : ce sont des régions à **vents variables** ; telle est l'Europe occidentale ; les vents humides et tièdes du sud-ouest, dérivés du contre-alizé nord, y sont cependant les plus fréquents : ce sont les *vents dominants*.

Parmi les **vents locaux**, propres à certaines contrées, nous citerons l'*harmattan*, le *simoun*, le *chamsin*, le *mistral*, le *solano*, etc. L'**harmattan**, qui souffle trois ou quatre fois par an des régions intérieures de l'Afrique sur le golfe de Guinée, est d'une sécheresse extrême ; les particules minérales dont il est chargé obscurcissent l'air comme un brouillard épais. — Le **simoun** (mot arabe qui signifie *poison*) souffle dans le Sahara, du sud au nord, et en Arabie ; il s'annonce par un nuage rouge formé de particules de sable tellement chaudes, qu'elles causent des picotements douloureux à la peau, et dessèchent quelquefois toute l'eau que les voyageurs emportent dans des outres. — Le **chamsin**, analogue au simoun, souffle en Égypte à l'équinoxe du printemps, et dure cinquante jours, comme l'indique son nom arabe. Le **mistral** (Provence), le **bora** (Istrie et Dalmatie) et le **bouran** (Russie méridionale et Tartarie) sont des vents du nord qui sont d'une violence extrême ; le **solano** (Andalousie), le **sirocco** (Italie) et le **fœhn** (Suisse) sont des vents chauds du midi.

117. **Cyclones.** — La **vitesse** du vent varie beaucoup, depuis le *zéphyr*, qui agite mollement le feuillage, jusqu'à l'*ouragan*, qui déracine les arbres et rase les maisons. Le *vent frais*, qui est le plus favorable à la marche d'un navire, parcourt de 6 à 10 mètres par seconde ; si la vitesse atteint 25 ou 30 mètres, il y a *tempête ;* dans l'*ouragan* elle est habituellement de 35 à 45 mètres ; elle dépasse 60 mètres et atteint exceptionnellement 75 mètres par seconde ou plus de 4 kilomètres par minute dans les *cyclones.*

Le nom de **cyclone** (du grec *cyclos*, cercle) s'applique aux grandes perturbations atmosphériques qui désolent assez souvent les régions maritimes de la zone intertropicale. Les cyclones sont animés de deux mouvements : un mouvement de *rotation* et un mouvement de *translation.* — La masse d'air ébranlée tourne en un immense tourbillon autour du centre du cyclone, de telle façon qu'aux deux extrémités d'un même diamètre le vent présente des directions complètement opposées. Au centre même, l'air est calme ; il y a une éclaircie qui laisse voir le bleu du ciel ; c'est ce qu'on appelle *l'œil de la tempête.* Cependant c'est sur le pourtour de cet espace que les vents se déchaînent avec le plus de violence, et leur force diminue à mesure qu'on s'éloigne du centre.

— Le météore une fois formé, au lieu de tourbillonner sur place, s'éloigne de l'équateur en s'avançant vers l'ouest d'abord, puis il s'infléchit vers le nord-est dans l'hémisphère boréal, vers le sud-est dans l'hémisphère austral. Toutefois les *typhons*, cyclones propres aux mers de Chine, prennent souvent une direction différente, se rapprochant de l'équateur et allant vers le nord-ouest et le sud-ouest. — La *vitesse de translation* est variable ; faible au début, elle croît à mesure que l'ouragan progresse ; elle peut atteindre et dépasser 54 kilomètres à l'heure. La *vitesse de rotation*, au contraire, va en diminuant. — Le *diamètre* du cyclone augmente en même temps que la vitesse de translation : de 100 à 200 kilomètres à l'origine, il atteint, dans certains ouragans d'une intensité exceptionnelle, jusqu'à 2.800 kilomètres.

— Quant à la *puissance destructive* des cyclones, elle dépasse ce qu'on peut imaginer : le cyclone de Calcutta, en 1864, fracassa plus de 150 gros navires : en 1876, plus de 200.000 personnes périrent sur les côtes du Bengale, englouties par les vagues de la mer, qu'un cyclone avait jetées, jusqu'à une grande hauteur, sur une étendue considérable de terres.

118. Action des vents. — Les tempêtes et les cyclones causent assurément de grands désastres : il y a aussi des vents, trop chauds ou trop froids, trop secs ou trop humides, qui peuvent influer d'une manière fâcheuse sur le développement de la végétation et sur la santé des hommes ou des animaux ; mais il en est d'autres, qui, pour des raisons opposées, ont un effet favorable. Sans s'arrêter à ces détails particuliers, et à voir les choses dans leur ensemble, on peut affirmer que l'action des vents est, en somme, éminemment bienfaisante.

D'abord, ils maintiennent sur tous les points du globe une certaine uniformité dans la composition de l'air. Si la masse atmosphérique était immobile, l'air des villes deviendrait irrespirable par suite de l'énorme accumulation d'acide carbonique, dégagé par la respiration des hommes et des animaux et par la combustion. D'un autre côté, les arbres des forêts ne tarderaient pas à périr, faute d'acide carbonique, dans une atmosphère que l'exhalation de leurs feuilles aurait surchargée d'oxygène. Les vents rétablissent l'équilibre ; ils portent aux villes l'oxygène des forêts et aux forêts l'acide carbonique des villes.

Là ne se borne pas leur action ; une énorme quantité de vapeur d'eau, empruntée à la mer, est emportée par les courants aériens jusqu'au cœur des continents, où elle se condense en nuages, pour tomber ensuite sous forme de brouillard, de pluie et de neige ; privées de cette humidité bienfaisante qu'apportent les vents, les terres desséchées se transformeraient bientôt en déserts arides et sans verdure, tandis qu'une lourde atmosphère de vapeurs aqueuses pèserait constamment sur l'Océan.

Enfin, les vents transportent au loin les graines légères et le pollen des fleurs, et favorisent ainsi la dissémination et la reproduction des plantes.

§ III. — Les Pluies.

119. Formation de la pluie. — *La pluie résulte de la condensation de la vapeur d'eau* contenue dans l'atmosphère. L'océan, les fleuves, les lacs, les terres humides et surtout les mers tropicales, exposées aux ardeurs d'un soleil brûlant, fournissent à l'atmosphère une énorme quantité de vapeur d'eau. Cette vapeur est entraînée, avec l'air échauffé, dans les régions supérieures et portée par les vents jusqu'au cœur des continents. Mais elle ne tarde pas à se refroidir, soit par l'effet de son élévation, soit par la rencontre de courants d'air froid. Ce refroidissement amène la condensation des vapeurs et la formation de la pluie. En effet, l'air ne peut pas contenir une quantité indéfinie de vapeur d'eau ; sa capacité hygrométrique varie en raison de sa température ; elle est d'autant plus grande qu'il est plus échauffé ; si donc une couche d'air saturée d'humidité vient à se refroidir, aussitôt une partie des vapeurs aqueuses qu'elle contient se condense, devient liquide ; les molécules, qui tout à l'heure se repoussaient, se rapprochent et se réunissent en gouttelettes d'une ténuité extrême, dont l'ensemble forme un *nuage*. Que la température baisse encore, et ces gouttelettes se souderont plusieurs ensemble et tomberont en gouttes de *pluie*, ou même en flocons de *neige* et en grains de *grêle*, si le froid est assez intense.

120. Distribution de la pluie. — Parmi les causes nombreuses qui influent sur la distribution des pluies à la surface du globe, les trois plus importantes sont la *latitude*, l'*altitude*, la *proximité* ou l'*éloignement* de la mer.

1° Toutes choses égales d'ailleurs, *l'abondance des pluies diminue graduellement des tropiques aux pôles*. Ainsi les deux calottes polaires n'en reçoivent presque pas ; il y tombe seulement un peu de neige en hiver. Au contraire, dans la zone intertropicale elles sont extrêmement abondantes, et reviennent périodiquement avec une grande régularité ; elles y sont rares en hiver ; mais pendant l'été d'épouvantables averses tombent chaque jour, habituellement le soir, durant quelques heures : après quoi le ciel redevient serein. Par un singulier contresens, cette saison pluvieuse s'appelle l'*hivernage*. Quelques chiffres sont ici nécessaires pour donner une idée de l'abondance des pluies dans ces régions : la moyenne annuelle est de 2^m57 à Bombay, 5 mètres à Aracan et 12^m50 à Chéra-Punji (Inde anglaise), 4^m80 à Sierra-Leone (Afrique), 4^m65 à la Vera-Cruz (Mexique), enfin 7^m11 à Maranhâo (Brésil). A Paris, il n'en tombe pas tout à fait 0^m55.

2° Toutes choses égales d'ailleurs, *les pluies sont plus abondantes dans les régions de montagnes que dans les plaines*. Ainsi la station de Chéra-Punji, la plus largement arrosée que l'on connaisse, est située dans les monts de l'Assam, à 1.300 mètres d'altitude. A Glascow (Écosse), la moyenne annuelle n'est que de 0^m54, tandis que, dans une localité distante seulement de 20 kilomètres, mais plus élevée de 125 mètres, elle est de

1ᵐ06. Coïmbre (Portugal), qui reçoit jusqu'à 3 mètres de pluie par an, est dominée par les crêtes de la sierra de Estrella.

3° Toutes choses égales d'ailleurs, *les côtes des continents sont arrosées par des pluies plus abondantes que l'intérieur, pourvu que les vents dominants y soufflent de la mer.* Tel est le cas des parties occidentales de l'Irlande, de l'Écosse, de la Norwège (Bergen, 2ᵐ25 de pluie) et du Chili (2ᵐ40 à 3ᵐ35), sur lesquelles soufflent les vents d'ouest.

121. Déserts. — Les déserts sont des **régions sans pluie,** que leur éloignement ou la direction des vents dominants privent de l'influence salutaire de la mer. Ainsi, au nord du Chili, si largement arrosé, s'étend l'aride *désert d'Atacama* et la côte, à peine moins aride, du Pérou ; ces contrées sont bien assises au bord du Pacifique ; mais les alizés, qui les traversent, soufflent de l'est, et comme « ils ont déposé toute leur humidité sur les pentes orientales des Cordillères, après avoir franchi leurs sommets ils n'ont plus même la quantité de vapeur nécessaire à la formation des nuages. Dans l'Amérique du Nord, les montagnes Rocheuses partagent le continent en deux régions qui ont un régime pluvial opposé : toute la côte occidentale de la partie septentrionale, orientée de la même façon que le nord-ouest de l'Europe, a, comme celui-ci, sa saison pluvieuse en automne. A l'est des montagnes Rocheuses, qui condensent et absorbent toute l'eau amenée par les vents du Pacifique, s'étend, au contraire, une région pauvre en pluies (*déserts de l'Arizona,* du *Colorado,* etc.) Les vastes régions sans pluies qui traversent l'ancien continent, depuis la côte occidentale du nord de l'Afrique jusqu'au centre de l'Asie, les *déserts du Sahara,* de la *haute Égypte,* de l'*Arabie,* les hautes terres de l'*Iran,* le plateau de *Gobi,* etc., doivent leur sécheresse exceptionnelle à leur éloignement de la mer et à la direction des vents régnants, qui soufflent sur ces régions désolées après s'être dépouillés de toute leur humidité originelle. » (Guillemin, *Le Monde physique.*) La même cause, à laquelle se joint d'ailleurs la faible élévation du sol, produit des effets analogues dans *l'intérieur de l'Australie.*

§ IV. — Les climats.

122. Classification des climats. — Le climat est l'ensemble des conditions atmosphériques qui affectent nos organes d'une manière sensible. La température et l'humidité en sont les deux éléments fondamentaux, mais de plus, pour apprécier un climat, il faut tenir compte de l'intensité et de la direction des vents dominants, de la pureté plus ou moins grande de l'air, du degré de transparence et de sérénité du ciel. — Malgré leur extrême diversité, les climats peuvent tous se ramener à deux grandes catégories; ils sont *maritimes* ou *continentaux.*

Les climats maritimes règnent là où les vents dominants sont les vents humides venus de la mer, on les appelle aussi et à juste titre, climats **constants**, parce que les écarts de température y sont relativement faibles. Cela est dû à l'influence modératrice de la mer, qui s'échauffe et se refroidit plus lentement que les continents : en été, les vents frais, qui soufflent du large, tempèrent la chaleur des régions, sur lesquelles ils passent; en hiver, les eaux marines envoient aux terres une partie du calorique qu'elles avaient emmagasiné durant la saison chaude. — Pour une raison contraire, les **climats continentaux** sont appelés **excessifs**, parce que, n'étant point soumis à l'influence modératrice des vents marins, la température y éprouve des écarts considérables : toutes choses égales, d'ailleurs, la chaleur y est beaucoup plus forte en été et le froid plus rigoureux en hiver. Les pluies y sont aussi moins fréquentes et moins abondantes.

Il ne sera pas hors de propos de faire remarquer que tous les pays voisins de la mer n'ont pas pour cela un climat maritime, ni toutes les régions centrales des terres un climat continental; car tout dépend de la nature des vents dominants. Ainsi, dans l'immense plaine de l'Amazone, le climat est maritime jusqu'au pied de la Cordillère et sur ses pentes orientales, tandis que, sur le versant opposé, baigné par le Pacifique, règne un climat continental, dont le domaine s'étend en mer jusqu'au delà des îles Galapagos.

123. Climats de la zone torride. — Parmi les régions voisines de l'équateur, l'Insulinde, la Guinée, la plaine de l'Amazone ont un **climat** franchement **maritime**; ses deux caractéristiques sont l'*égalité constante de la température* et une *humidité excessive*; par conséquent un splendide développement de la vie végétale, qui ne s'y repose jamais : il n'y a *pas de saisons*. Dans les parties de la zone torride qui se rapprochent des tropiques, on distingue *deux saisons*, l'une *sèche*, l'autre *humide*.

Le **climat continental** règne dans les déserts situés sous les tropiques : Sahara, Arabie, traversés par le tropique du Cancer; Kalahari (Afrique), Gran-Chaco (Amérique), Australie, traversés par le tropique du Capricorne. Le caractère saillant du climat de ces déserts est une *excessive sécheresse,* jointe à des *écarts énormes de température;* on y a signalé des différences de 60 à 80 degrés entre la température du jour et celle de la nuit.

124. Climats des zones tempérées. — Les climats des zones tempérées sont loin d'être aussi tranchés que ceux de la zone torride; le maritime et le continental s'y mêlent en proportions variées, suivant la nature, la fréquence et la durée des vents dominants.

1. On a donné le nom de **climat méditerranéen** à celui qu'on rencontre dans certaines parties de la zone subtropicale, parce que les pays baignés par la Méditerranée en offrent le type le plus parfait; c'est un mélange de continental et de maritime, avec prédominance du premier. Les *pluies* n'y sont pas abondantes et tombent *pendant l'hiver;* les *étés* sont *très secs;* les variations de la température ne dépassent pas 20 degrés. On retrouve ce climat au sud de l'Afrique et de l'Australie et dans certaines parties de la Californie et du Chili.

2. À mesure qu'on se rapproche du cercle polaire, le climat devient plus froid, à moins que des vents tièdes et humides ne détruisent en partie les effets de la latitude, comme dans le nord-ouest de l'Europe et dans la Colombie britannique, où prédomine le **climat maritime.** Les variations de la température n'y sont pas fortes; les *pluies* tombent *dans toutes les saisons.*

3. Ailleurs, le **climat continental** se fait sentir avec une intensité d'autant plus grande que l'influence de la mer est plus atténuée. Ainsi, l'Europe centrale et orientale, le Canada et la majeure partie des États-Unis ont des *pluies peu abondantes,* des *étés brûlants,* des *hivers rigoureux;* la moyenne des variations de la température atteint de 20 à 35 degrés. — Cette moyenne est bien dépassée dans certaines régions, comme le Thibet, la Mongolie, la Sibérie (N° 112) et l'extrême-nord de l'Amérique.

4. Le **climat polaire** est caractérisé par *un froid excessif et continu* et par *un air sec et vif.*

III°. — LES EAUX COURANTES

Toutes les eaux du globe, douces ou salées, ont leur origine première dans la mer; la surface surchauffée des mers tropicales émet d'énormes quantités de vapeurs aqueuses (n° 119), que les vents transportent jusqu'au centre des continents: elles s'y refroidissent, tombent en pluie ou en neige, et donnent naissance aux *sources,* aux *ruisseaux,* aux *fleuves* et aux *lacs.* Ainsi la mythologie ancienne, en appelant l'Océan *le Père des fleuves,* exprimait sous une forme poétique un fait physiquement vrai.

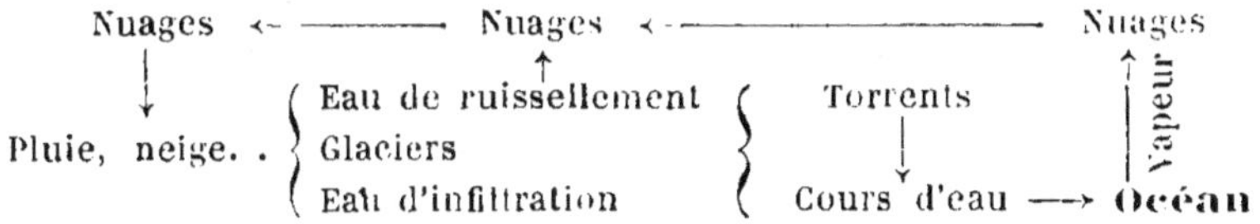

Nuages ←——— Nuages ←————————— Nuages		

Pluie, neige. . { Eau de ruissellement { Torrents | Vapeur
Glaciers
Eau d'infiltration { Cours d'eau ——→ Océan

§ I. — Neiges; glaciers; sources.

125. Neiges. — Au-dessus d'une certaine altitude, variable avec les régions, qui forme la limite des neiges perpétuelles (n° 109, 2°), la vapeur d'eau contenue dans l'air se solidifie sous l'action du froid et tombe en neige. Cette neige, constamment balayée des sommets par la violence des vents, s'amoncelle dans les cavités des pentes et dans les hautes vallées des montagnes, où elle forme des couches très épaisses assez compactes au fond, mais très mobiles à la surface; le moindre ébranlement du sol ou de l'air, la voix d'un homme ou la course d'un chamois, disent les montagnards, suffit pour détacher des hauteurs d'énormes masses neigeuses qui ne cessent de s'accroître encore dans leur chute vertigineuse; ce sont des **avalanches**. Entraînant parfois des milliers de mètres cubes de neige, elles abattent les arbres sur sur leur passage, et rasent des villages entiers; le vent, chassé violemment, mugit en tempête et déracine à droite et à gauche les arbres que l'avalanche elle-même n'a pas atteints. Les *avalanches de fond,* qui arrivent au printemps, sont moins redoutables; les assises neigeuses, ramollies graduellement par la chaleur du soleil, donnent naissance à des ruisseaux, qui, coulant au-dessous du champ de neige, le détachent du sol; il s'écroule alors dans les vallées, où il achève de fondre. Les accidents causés par les avalanches sont relativement rares parce qu'elles suivent ordinairement un chemin tracé d'avance sur les pentes des montagnes, à travers des lieux déserts.

126. Glaciers. — La majeure partie des neiges tombées sur les montagnes descend lentement le long des pentes et change peu à peu de nature. Sous l'influence des rayons solaires la couche superficielle éprouve une légère fusion, bientôt suivie d'un regel; les cristaux se soudent les uns aux autres et prennent une forme arrondie, c'est le *névé,* assez solide pour qu'on y puisse marcher.

En même temps, par suite de la pression, l'air se trouve chassé peu à peu des couches inférieures, qui se prennent en une masse compacte et translucide, d'un beau bleu verdâtre : c'est le *glacier.* À mesure qu'elle descend la pente de la vallée, où elle est encaissée, la glace devient de plus en plus compacte et homogène. C'est un véritable fleuve, soumis aux mêmes lois que les eaux courantes; ainsi, la vitesse de la descente s'accroît sur les points resserrés, elle est plus grande au milieu que sur les bords : des jalons plantés en ligne droite A B en travers du glacier fig. 33., forment plus bas, C D, E F., des lignes de plus en plus courbes. La marche des glaciers est d'ailleurs très lente, 100 à 150 mètres par an.

Comme la glace manque de plasticité, elle ne peut suivre sans se rompre les inégalités de son lit; de là des cassures ou *crevasses*, les unes transversales, d'autres longitudinales, d'autant plus dangereuses pour les alpinistes qu'elles se dissimulent assez souvent sous un fragile pont de neige ou de névé. — Les roches dénudées, qui dominent les glaciers, ne cessant pas de s'effriter et de se désagréger sous l'influence des agents atmosphériques, variations de température, pluies, vents, etc., leurs dé-

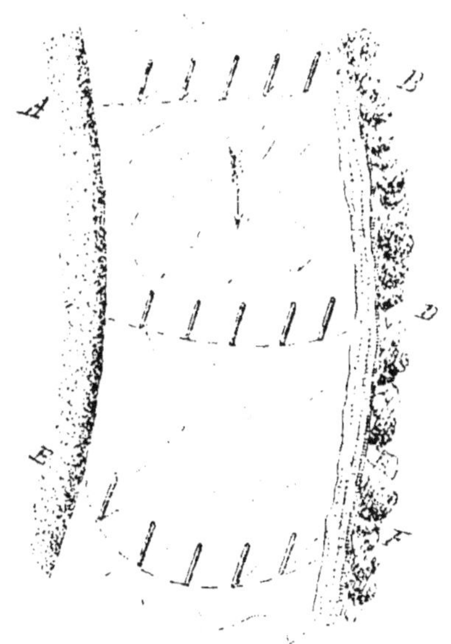

Fig. 33. — Marche des glaciers.

bris, sables et quartiers de rocher s'amoncellent sur les bords du glacier et y forment deux rangées chaotique; ce sont les *moraines latérales*. — Lorsque deux glaciers viennent à se réunir, il s'établit au-dessous du confluent une troisième moraine, appelée *moraine médiane,* parce que, formée de la réunion de deux moraines latérales contigues, elle occupe le milieu du glacier. Quand un glacier reçoit beaucoup d'affluents, il finit par se trouver couvert de débris, qu'il transporte jusqu'à son extrémité inférieure. — Là, à mesure que la glace fond, les blocs de pierres, les graviers, les sables et les

boues, que charriait le glacier, se déposent pêle-mêle sur
le sol en amas informes ; ce sont les *moraines frontales*
ou *terminales*. On y trouve des cailloux striés, qui
proviennent, non de la surface, mais du fond du glacier.
— En effet ces masses de glace, qui ont souvent plusieurs centaines de mètres d'épaisseur, exercent des
pressions énormes sur le fond et sur les bords de leur lit.
Semblables à de gigantesque rabots, elles en détachent
toutes les aspérités, le creusent et le polissent sans cesse.
Si un bloc de roche dure, encastré dans le glacier, est

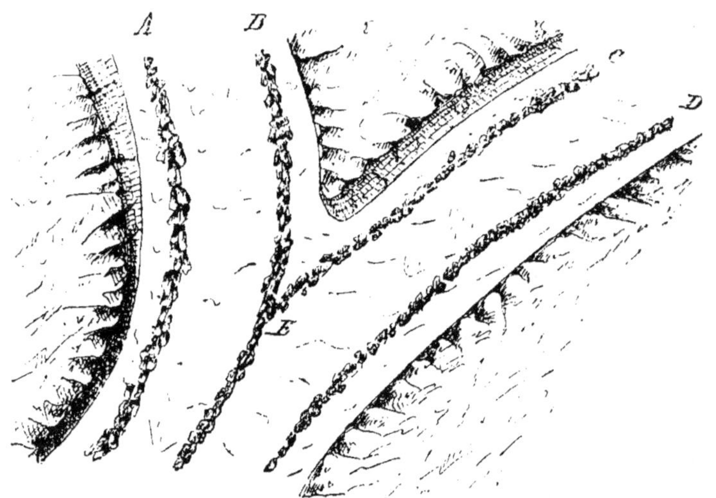

Fig. 34. — Moraines latérales, A, B, C, D ; moraine médiane, E.

mis en contact avec des pierres plus tendres formant le
lit, il agit sur elles à la façon d'un burin, et y creuse des
stries et des cannelures ; dans le cas contraire, c'est lui
qui est strié par son frottement sur des roches plus dures.
— Les vallées creusées par les glaciers ont une surface
unie, et sont encaissées profondément entre des roches
abruptes et polies. Tels sont les fiords de la Norwège,
qui, prétendent les savants, servaient naguère de lits à
des glaciers.

126 *bis*. Les glaciers sont distribués d'une manière très
inégale à la surface des terres ; ainsi, l'Afrique et l'O-
céanie n'en ont pas ; l'Amérique en compte un petit nom-

bre, qui sont d'ailleurs insignifiants : la limite des neiges persistantes est trop élevée dans la Cordillère, dont les plus hauts sommets sont situés dans la zone torride, et les monts Rocheux sont parcourus par des vents secs qui ne donnent que peu de neige. — En Europe, les glaciers des Pyrénées sont peu importants, si on les compare à ceux des Alpes; les massifs du mont Rosa, du mont Blanc, de l'Oberland bernois en renferment plus de 1.100 de première grandeur. Toutefois, les glaciers les plus puissants des régions tempérées sont ceux de l'Himalaya et du Karakoroum. — Les régions polaires sont, par excellence, le domaine des glaciers; ainsi, le Groenland ne présente qu'une étroite bande de terre libre, sur la côte sud-ouest; tout le reste est recouvert d'une épaisse calotte de glace, l'*Inlandsis*, dont l'étendue égale quatre fois celle de la France. Le Spitzberg et l'archipel François-Joseph ont aussi d'immenses glaciers, qui plongent dans la mer leur extrémité inférieure; elle se dresse au-dessus des flots en falaises, hautes de 30 à 40 mètres, sur un front de 5, 10, 20, 50, 100 kilomètres et plus. C'est de là que se détachent les icebergs (n° 99), qui s'en vont à la dérive se fondre dans des mers plus chaudes.

Dans les climats tempérés, les glaciers fondent partiellement sur place, durant l'été, sous l'action des rayons solaires; des ruisselets se forment à leur surface, se précipitent dans les crevasses, et atteignent ainsi le fond. Ces eaux, parvenues à l'extrémité du glacier, sourdent à travers les débris de la moraine frontale. Le Rhin, le Rhône, le Danube, etc., ont leur première origine dans ces sources estivales des glaciers.

127. Eaux de ruissellement et eaux d'infiltration. — Tantôt les eaux de pluie sont absorbées par le sol, tantôt elles ruissellent à sa surface; cela dépend de la nature des terrains, de leur déclivité et de la force des averses. — Le **ruissellement** se produit toujours sur les terrains imperméables (n° 84), puisqu'ils ne se laissent pas pénétrer par l'eau; et souvent aussi sur les terrains perméables, par exemple, lorsque la pente est rapide ou l'averse très forte. Les eaux de ruissellement ou *eaux sauvages* possèdent, dans certains cas, une puissance mécanique considérable, comme nous le verrons plus loin (n° 150). Dans les pays de montagnes, elles se réunissent pour former des torrents.

Les pluies, qui tombent doucement sur des terrains perméables de leur nature, comme les sables, ou sur des roches fissurées, comme les calcaires et les grès, donnent lieu aux **eaux d'infiltration**, qui pénètrent plus ou moins profondément dans les entrailles de la terre, y forment des ruisseaux, des rivières, des lacs, des nappes, pour reparaître à la surface du sol, souvent bien loin de leur lieu d'origine.

128. Sources. — 1° Les eaux d'infiltration descendent dans les profondeurs de la terre jusqu'à ce qu'elles rencontrent une couche imperméable ; chemin faisant, elles se chargent des sels solubles que renferment les terrains traversés, et prennent la température de ces terrains. L'eau, qui suit forcément toutes les sinuosités des couches imperméables, s'enfonce avec elles à des centaines et parfois des milliers de mètres, pour se relever ensuite jusqu'à la surface, et s'échapper en **sources**. Certaines sources, comme la Sorgues de Vaucluse, la Touvre d'Angoulême, donnent naissance à des cours d'eau considérables.

2° Les **sources froides**, c'est-à-dire dont la température est inférieure à celle du sol, descendent des hauteurs ; au contraire, les **sources thermales** ou chaudes remontent des couches profondes, à moins qu'elles ne soient près d'un volcan. La température s'élevant dans l'intérieur du globe d'un degré par 33 mètres en moyenne, il est facile de calculer approximativement la profondeur d'où les eaux thermales sont remontées ; il suffit pour cela de multiplier par 33 leur degré de chaleur : ainsi les sources de Plombières, dont la température est de 65°, remonteraient d'une profondeur de 2.145 mètres ; celles de Chaudes-Aigues (Cantal), 81°, de 2.673. Mais ces résultats sont assez problématiques, parce que, d'un côté, la température des couches profondes peut être modifiée par des causes locales, et que, d'un autre côté, les eaux thermales perdent une partie de leur calorique en traversant les couches superficielles qui sont plus froides.

3° Les **sources minérales** sont celles qui contiennent en dissolution une quantité notable de substances minérales, de l'acide carbonique (eaux gazeuses), du fer (eaux ferrugineuses), du soufre (eaux sulfureuses), du sel (eaux salines), etc. — On donne le nom de **fontaines incrustantes** ou **pétrifiantes** à des sources dont les eaux sont chargées de sels calcaires, de carbonate de chaux principalement, qu'elles déposent au contact de l'air. Les objets qu'on y plonge ne tardent pas à se couvrir d'une croûte pierreuse qui se moule exactement sur les contours; la plus célèbre fontaine incrustante que nous ayons en France est celle de Saint-Allyre, à Clermont (Puy-de-Dôme).

§ II. — Les fleuves.

129. **Définitions**. — Un *ruisseau* est un petit cours d'eau, toujours temporaire s'il est produit par des eaux de ruissellement, ordinairement permanent s'il provient d'une source. — Une *rivière* est un cours d'eau assez considérable, formé de la réunion de plusieurs ruisseaux, ou alimenté par une source puissante, comme la Touvre d'Angoulême. — Un *fleuve* est un cours d'eau très important, qui se jette dans la mer ou dans un lac fermé. — Les *affluents* d'un fleuve sont les rivières qui se jettent dans ce fleuve; le *confluent* est l'endroit où deux cours d'eau se réunissent. — Le *lit* d'un fleuve est l'espèce de fossé dans lequel il coule entre deux *rives;* la rive *droite* est celle qu'on a à sa droite quand on suit en bateau le fil de l'eau; la rive *gauche* celle qui est à gauche. De deux villes situées sur un même fleuve, la plus rapprochée de la source est *au-dessus* ou *en amont* de l'autre; la plus voisine de l'embouchure est *au-dessous* ou *en aval* de la première.

Le *bassin* d'un fleuve comprend tout le territoire dont

les eaux courantes vont se jeter dans ce fleuve; il est ordinairement séparé des bassins voisins par des montagnes ou des collines qui en forment la *ceinture*. Dans les plaines, les bassins contigus ne sont souvent séparés que par des accidents de terrains tout à fait insigniﬁants. Il arrive même que deux bassins se confondent dans des lacs ou des marais, qui envoient leurs eaux à deux fleuves différents; ailleurs, c'est un canal naturel qui unit ensemble deux cours d'eau; ainsi, le Cassiquiaré établit une communication permanente entre l'Orénoque et l'Amazone par le rio Negro, dans lequel il débouche.

130. **Régime des fleuves.** — L'importance d'un fleuve ne se mesure ni à la longueur de son cours, ni à la largeur ou à la profondeur de son lit, mais à la puissance de son débit, c'est-à-dire au *volume d'eau qu'il roule dans une section donnée durant un temps donné,* une seconde par exemple. Le débit est ordinairement très variable; on distingue le *débit moyen,* celui de l'*étiage* ou des basses eaux, et celui des *crues* ou des eaux les plus hautes.

Le régime d'un fleuve est caractérisé par la différence qui s'y produit entre l'étiage et les crues. Les ﬂeuves à *régime égal* sont ceux dans lesquels cette différence est relativement peu considérable : de ce nombre sont la plupart des cours d'eau des régions équatoriales; ainsi, le débit du Congo oscille entre 43.000 mètres cubes par seconde et 70.000. — Les ﬂeuves à *régime inégal* sont ceux où l'écart est très fort : c'est le cas de presque tous les ﬂeuves des régions tempérées; ils présentent d'ailleurs de grandes différences dans cette inégalité; ainsi, le débit du Volga varie de 2.000 mètres cubes à près de 32.000; celui de la Seine, de 43 mètres cubes à 1.650; celui de la Loire, à Orléans, de 25 mètres cubes à 7.500; enfin celui du bas Rhône, de 370 mètres cubes à 3.900.

131. Ces énormes inégalités, qui se produisent dans le débit des fleuves, tiennent à diverses causes, dont la principale est l'inégale répartition des pluies sur le bassin d'un fleuve dans le cours de l'année : de longues périodes de sécheresse ont évidemment pour résultat une

diminution proportionnée du débit; lorsqu'ensuite la saison pluvieuse amène, en même temps, sur tous les points d'un même bassin, des averses intenses et prolongées, le fleuve ne peut manquer de grossir beaucoup, surtout si son bassin est formé de terrains imperméables; car les eaux se précipitent alors de toutes parts et brusquement dans son lit. Si la crue est trop forte, le fleuve déborde et inonde les campagnes voisines. On sait quels ravages occasionnent les débordements de la Loire, de la Garonne, du Danube, etc. Mais, les débordements périodiques du Nil en Égypte, du Niger moyen dans le Soudan, sont une source de richesse pour ces pays.

Diverses **causes régulatrices** peuvent contribuer à rendre plus égal le débit des fleuves; les principales sont : 1° la *perméabilité des terrains* de son bassin : les eaux qu'ils ont laissé filtrer ne reparaissent en sources à la surface du sol que petit à petit et longtemps après l'averse. Le reboisement des pentes dénudées concourt efficacement à ce but; — 2° un *lac régulateur*, traversé par le fleuve : les eaux de crue s'y emmagasinent et n'en sortent que peu à peu; ainsi, à certaines époques, le lac de Genève reçoit du Rhône jusqu'à 1.100 mètres cubes par seconde et n'en verse que 575; — 3° un certain *balancement*, qui se produit quelquefois entre les affluents d'un fleuve; lorsqu'ils appartiennent à des régions climatériques différentes, il arrive que les uns sont à l'étiage, alors que les autres sont en crue. Ce phénomène se produit pour les deux maîtresses branches du Rhône : en hiver, lorsque les ruisseaux des glaciers alpins sont gelés, le haut Rhône n'a qu'un très faible débit, et la Saône coule alors à pleins bords; durant l'été, c'est l'inverse; la Saône ne roule qu'un mince filet d'eau, tandis que le Rhône est au plus haut, par suite de la fonte des neiges et des glaces dans son bassin supérieur.

132. Le **débit moyen** d'un fleuve dépend surtout de la quantité de pluie qui tombe dans son bassin, de l'étendue de ce bassin et de la nature des terrains dont il est formé. — De ces trois causes, la première est assuré-

ment la plus importante : ainsi le Missouri, qui coule dans une région à pluies rares et peu abondantes, n'est qu'un pauvre fleuve, malgré la longueur de son cours (4.857 kil. des sources au confluent) et l'étendue de son bassin (1.344.000 kil. c.), qui dépasse largement deux fois celle de la France ; tandis que, dans l'Amérique du Sud, l'Atrato, qui n'a qu'un développement infime (665 kil.) et un bassin peu étendu, déverse dans le golfe de Darien un volume d'eau (5.000 m. c.) au moins égal à celui des quatre principaux fleuves de la France : il draine une région extraordinairement pluvieuse. — Nous avons vu précédemment (n° 131) que la nature des terrains exerce une influence considérable sur le régime des cours d'eau ; elle agit aussi, mais dans une proportion plus faible sur leur débit moyen. Les terrains imperméables leur envoient directement toute l'eau qu'ils ont reçue, à l'exception seulement de celle qui s'évapore dans des flaques ou des mares. Au contraire, les eaux absorbées par les terrains perméables et qui ont pénétré dans les profondeurs du sol, ne reparaissent pas toutes à la surface pour alimenter les fleuves : une partie gagne directement la mer par des rivières souterraines. Ce phénomène se produit, sur une grande échelle, en plusieurs pays, notamment en Grèce. Dans le nord de l'Afrique, un grand fleuve, l'Igharghar, qui descendait des sommets de l'Ahaggar et traversait le Sahara, a ainsi complètement disparu, laissant à sec un lit immense, de 1.290 kilomètres de long ; l'eau se trouve au-dessous, à une profondeur souvent peu considérable.

133. Cours des fleuves. — Le point où un cours d'eau prend naissance se nomme sa **source**, bien que ce ne soit pas toujours une source au sens rigoureux du mot ; ainsi, certains fleuves, comme le Rhin et le Rhône, ont leur origine première dans les moraines frontales des glaciers ; et d'autres, comme le Nil, le Saint-Laurent, la Néva, sortent tout formés de quelque grand lac. Quoi qu'il en soit, la source d'un fleuve est ordinairement la source de celui des cours d'eau du bassin, qui prend naissance le plus loin de l'embouchure. Mais cette règle souffre des exceptions ; ainsi, la source du Missouri est beaucoup plus éloignée de l'embouchure que celle du Mississipi, qui a pourtant donné son nom au fleuve.

Les cours d'eau descendent constamment une pente inclinée, depuis leur source jusqu'à leur embouchure : c'est cette inclinaison qui seule détermine le courant et en règle en grande partie la vitesse ; plus la pente est considérable, plus les eaux se précipitent. — Le cours des fleuves se divise en trois parties : *cours supérieur*, *cours moyen* et *cours inférieur*.

Le **cours supérieur** d'un fleuve s'étend depuis sa source jusqu'à sa sortie de la région montagneuse ; il se distingue par la pente considérable du lit, la hauteur et l'escarpement des rives et la grande force du courant. Les cours d'eau des montagnes, impétueux comme des torrents, se précipitent en **cascades** chutes d'eau ou en *rapides,* selon l'inégalité plus ou moins grande de leur lit ; les chutes et les cascades des Alpes et des Pyrénées font l'admiration des touristes. Quelquefois les cours d'eau, contrariés par des masses rocheuses, se creusent au-dessous un lit souterrain pour reparaître de l'autre côté ; la Garonne est de ce nombre.

134. — Le **cours moyen** d'un fleuve s'étend depuis sa sortie des montagnes jusqu'aux plaines basses à pente peu sensible ; le courant y est moins rapide que dans le cours supérieur, la largeur du lit plus grande, les sinuosités ou *méandres* très nombreux. Il s'y trouve encore quelquefois des rapides, mais les chutes y sont rares ; il s'en présente pourtant en certains fleuves, qui forment alors des **cataractes,** chutes grandioses à cause de la masse des eaux tombantes. Les deux plus considérables sont la cataracte du **Niagara,** entre le lac Érié et le lac Ontario (Canada), et celle du **Zambèze** (Afrique australe). Le Niagara, divisé en deux branches, l'une de 600, l'autre de 270 mètres de largeur, tombe d'une hauteur de près de 50 mètres. Le Zambèze, également divisé en deux branches, dont la principale n'a pas moins de 1.700 mètres de large, se précipite, avec un bruit de tonnerre, à une profondeur de plus de 100 mètres.

Dans son **cours inférieur**, le fleuve coule lentement sur une pente insensible. Les bords en sont souvent indécis, et le lit se déplace à travers les marais vaseux, formés par des dépôts de sable et de limon (alluvions) que le fleuve entraîne dans son cours. Tantôt il se jette à la mer par plusieurs bouches, entre lesquelles s'étend le *delta* : tels sont le Rhône, le Pô, le Nil, le Mississipi, le Gange ; tantôt il s'élargit à son embouchure en un vaste *estuaire*, espèce de golfe allongé rempli d'eau salée : de ce nombre sont la Gironde, le Saint-Laurent, le Rio de la Plata, etc.

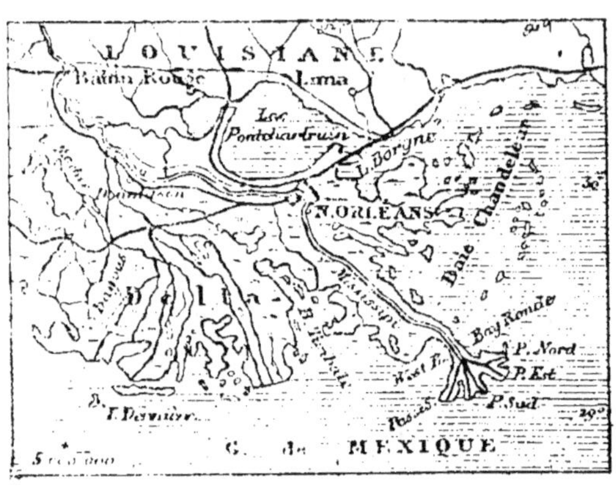

Fig. 35. — Delta du Mississipi.

Plusieurs fleuves présentent en travers de leur embouchure une sorte de digue de sable, de gravier ou de galets, nommée *barre*, qui en rend l'accès difficile aux navires d'un fort tirant d'eau.

Nota. — Cette division classique du cours des fleuves en trois parties convient assez bien au plus grand nombre, mais pas à tous. Ainsi, les fleuves de la Russie ont un cours uniforme ; leur débit varie naturellement avec les saisons ; mais, depuis la source jusqu'à l'embouchure, ils ne cessent de se traîner lentement au milieu de plaines monotones, à pente insensible. La plupart des fleuves de la péninsule ibérique, au contraire, présentent, à peu près exclusivement, les caractères des fleuves de montagnes ; ils sont rapides et profondément encaissés ; chez eux, le cours moyen est supprimé et le cour inférieur très réduit. En Afrique, le Congo développe son cours moyen sur le Plateau austral. En aval du Stanley-pool, il devient fleuve de montagnes et se précipite vers son estuaire par une série de chutes (32), espacées sur une longueur de 275 kilomètres, et d'une hauteur totale de 255 mètres.

135. **Utilité des fleuves.** — 1. On sait que certains

fleuves, comme le Mississipi, le Hoang-ho, la Loire, causent parfois de terribles ravages par leurs débordements ; que d'autres s'étendent en marais insalubres ; que tous enfin peuvent, à l'occasion, servir de véhicules aux germes des maladies épidémiques ; mais, en dépit de ces accidents locaux ou transitoires, les fleuves n'en sont pas moins l'un des auxiliaires les plus utiles de l'homme, dans les trois grands domaines de son activité économique : l'*agriculture*, l'*industrie* et le *commerce*.

2. Non seulement les cours d'eau entretiennent la fertilité des terres irriguées en leur fournissant l'humidité nécessaire, mais encore, en maint endroit, ils ont créé, pour ainsi dire, les terrains les plus productifs. Ainsi le sol des riches plaines de la Lombardie a été déposé grain à grain par le Pô, et on a pu dire, avec la plus exacte vérité, que l'Égypte est un présent du Nil.

3. La **force motrice**, que l'industrie moderne demande surtout à la houille, est fournie à moins de frais par les fleuves, surtout dans les pays de montagnes, où la pente plus rapide multiplie les chutes naturelles et permet d'en créer facilement d'artificielles. Cette « houille blanche », comme on l'appelle, qui n'a été employée durant longtemps qu'à faire tourner des roues de moulins ou de modestes usines, commence à être utilisée par la grande industrie, en Suisse, en Italie, en France. La force motrice de la cataracte du Niagara a été mise en actions par des compagnies américaines ; elle est maintenant captée en partie et se vend au détail.

4. Mais c'est surtout comme **moyens de transport** que les fleuves ont une importance capitale. Ces « chemins qui marchent » offrent, en effet, la voie la plus facile et la moins coûteuse pour la circulation des marchandises ; c'est la seule qui existe dans les pays neufs ; et, même dans ceux où les chemins de fer ont pris le plus de développement, c'est par les fleuves et les canaux qu'on achemine, toutes les fois qu'on le peut, les matériaux de construction, la houille, le minerai, etc..., en un mot les matières lourdes et encombrantes, pour le transport desquelles le bon marché prime la vitesse. — Aussi combien

de villes doivent leur naissance et la meilleure part de leur prospérité au fleuve qui les baigne! Le confluent de deux rivières puissantes semble tout particulièrement propice à l'éclosion des grands centres (Ex. : Lyon, Nijni-Novgorod, Khartoum, Hankéou, Saint-Louis); et plus encore l'embouchure, où se fait la jonction de la batellerie fluviale avec la navigation maritime (Ex. : Londres, Hambourg, Anvers, Le Havre, Bordeaux, etc...).

§ III. — Les lacs.

136. Les lacs sont de vastes étendues d'eau au milieu des terres, dont ils occupent les dépressions. Ils sont toujours plus ou moins intimement unis aux fleuves, et il est même parfois difficile de les en distinguer nettement : le Stanley-pool, par exemple, est-il un lac véritable ou une simple expansion du lit du Congo? Les uns comme le lac Victoria et les grands lacs canadiens, se trouvent à l'origine des fleuves; d'autres — et c'est le plus grand nombre — sont échelonnés le long de leur cours; d'autres enfin, comme la Caspienne, la mer d'Aral, etc. reçoivent et emmagasinent les eaux des fleuves, qui y viennent terminer leur cours. — Ces bassins fermés sont des **lacs salés**; certains ont pu l'être dès l'origine et d'autres le devenir avec le temps; en effet, les eaux terrestres, même les plus pures, sont toujours chargées d'une certaine quantité de sel : or, comme l'évaporation enlève l'eau et laisse le sel, la salinité ne peut manquer de s'accroître. Le lac Tchad est le seul qui fasse exception; ses eaux sont douces; E. Reclus se demande si cette anomalie ne s'expliquerait par le fait « que cette nappe lacustre était autrefois un simple bassin de passage et que sa masse liquide se déversait naguère dans la dépression du Bahr? C'est là, ajoute-t-il, qu'elle s'évaporait, laissant sur le sol des résidus salins ».

137. L'ancienne **classification des lacs** en lacs de montagnes, lacs de plateaux et lacs de plaines, qui ne paraissait pas suffisamment justifiée, a fait place à une

autre, plus savante, mais, qui pourrait elle-même n'être pas à l'abri de tout reproche : car elle est basée sur l'origine, plus ou moins problématique, des dépressions lacustres. — On distingue donc :

1° Les *lacs tectoniques* (du grec *tectoniké*, architecture , dus à l'action des forces intérieures, qui ont modelé les grandes formes du relief terrestre : ils correspondent à des dislocations et occupent des parties effondrées : ils sont généralement allongés suivant l'axe de la cassure, ont des bords élevés et atteignent souvent de grandes profondeurs. On range dans cette catégorie les lacs *Nyassa, Tanganyka, Albert-Édouard, Albert, Rodolphe*, etc, tous situés sur une ligne de fracture, qui se prolonge, par delà la fosse de la mer Rouge, jusqu'à la *mer Morte* et à la vallée du Jourdain ; le lac *Baïkal* et les *lochs* d'Écosse appartiennent à ce groupe :

2° Les *lacs résiduels*, restes ou résidus de mers étendues, dont l'évaporation a mis à sec les parties les moins profondes ; de ce nombre sont la *Caspienne*, la *mer d'Aral*, le lac *Balkach*, en Asie : les lacs *Balaton* et *Neusiedl*, dans la plaine hongroise ; les lacs *Wener, Wetter* et *Mœlar*, en Suède, qui remplacent un ancien détroit :

3° Les *lacs de barrage* ; les barrages, qui emprisonnent les eaux dans la cuvette lacustre, ont des origines très diverses : les uns sont d'anciennes moraines de glaciers (*lac de Constance*) ; — d'autres, des coulées de laves le *Pavin*, dans le massif central : — d'autres, des cordons littoraux (*étangs de Leucate, de Sigean, de Thau*, etc.) ; d'autres, des rangées de dunes *étangs de Cazau, de Lacanau, de Carcans*, dans les Landes ; — d'autres enfin, des éboulis de montagnes ;

4° Les *lacs d'érosion*, dont la cuvette a été creusée soit par les vents (*certains lacs australiens*) ; soit par l'action chimique de l'eau, qui décompose les calcaires (*lac de Zirchnitz* et autres de la Carniole) ; soit enfin par le frottement des glaciers (*lacs de la Finlande* ;

5° Les *lacs d'origine mixte*, à la formation desquels ont concouru plusieurs des causes, que nous venons de passer en revue. De ce nombre sont les *lacs alpins* de la Suisse et de l'Italie et les grands *lacs canadiens*, dont les cuvettes, primitivement façonnées par des forces tectoniques, ont été ensuite creusées plus profondément par les glaciers et surélevées, sur les bords, par des barrages morainiques.

CHAPITRE TROISIÈME

LES MODIFICATIONS ACTUELLES DE LA TERRE.

§ I. — MODIFICATIONS DUES AUX FORCES INTERNES.

138. Les volcans. — 1° Les volcans sont des espèces de soupiraux qui plongent, à travers l'écorce terrestre, jusqu'au noyau embrasé, et mettent le feu central en communication avec l'air atmosphérique. L'orifice supérieur, nommé **cratère**, présente une forme circulaire ou elliptique; il donne passage à des vapeurs et à des gaz de diverse nature, et vomit, dans les éruptions, des cendres, des eaux boueuses, et surtout des laves, matière formée de métaux et de roches fondus ensemble. Quelques cratères sont constamment remplis de ces laves bouillonnantes; tels sont : le *Stromboli* (Italie), l'*Isalco* (Amérique centrale), volcan né en 1793, et le **Kilauea** (îles Sandwich), l'un des plus grands et des plus curieux cratères que l'on connaisse. Il s'ouvre sur les pentes inférieures du Mauna-Loa, à 3.000 mètres plus bas que le cratère supérieur de ce dernier volcan; c'est une chaudière immense de six lieues de tour, entourée de parois à pic, qui semblent avoir été taillées au ciseau. Au fond de cet abîme, à 1.000 pieds environ au-dessous de la forêt voisine, on voit bouillonner les flots embrasés des matières fondues, dont les lueurs, d'un rouge de sang, illuminent, la nuit, tout le pourtour du bassin, et éclairent de reflets sinistres les noirs rochers qui l'environnent.

2° Presque tous les volcans sont situés ou dans des îles ou à proximité de la mer. Sur les 225 environ que l'on compte aujourd'hui, près de 200 s'élèvent sur le pourtour ou dans les îles de l'océan Pacifique. Ce **cercle de feu** comprend : les volcans de la Cordillère des Andes (*Aconcagua, Sangay, Cotopaxi, Pichincha*, etc.), de l'Amérique centrale (*Cosequina, Masaya*, etc.), du Mexique (*Jorullo, Popocatepetl*), de la presqu'île d'Alaska, des îles Aléoutiennes, du Kamtchatka, du Japon (*Fousi-Yama*), des Philippines, des îles de la Sonde (Java en renferme 28), etc.

3° En dehors du cercle de feu, on remarque : dans

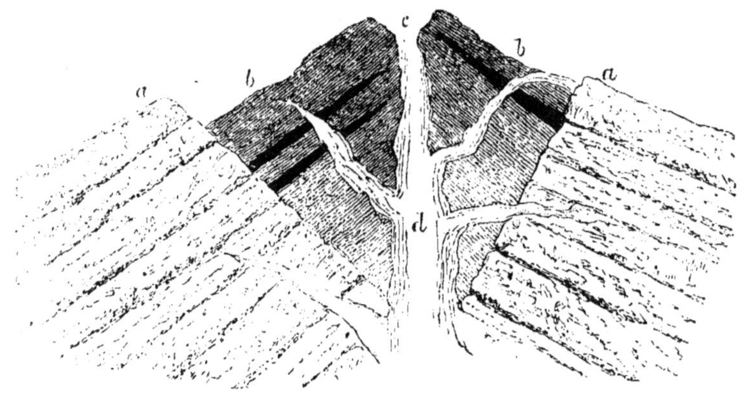

Fig. 36. — Coupe idéale d'un volcan : *a, a*, roches sédimentaires disloquées ; *bb*, cône de matières vomies par le volcan ; *c*, cratère ; *d*, cheminée communiquant avec la masse centrale en fusion.

l'Océan Atlantique, les volcans d'Islande (*Hécla*, etc.), des Açores, des Canaries (*Ténériffe*), des îles du Cap-Vert ; — dans la **dépression méditerranéenne** (n° 73, 3°), le *mont Pelé*, la *Soufrière* (Petites Antilles), le *Vésuve*, l'*Etna*, le *Stromboli* (Italie méridionale), *Santorin* (Archipel), *Ararat* (Arménie), les volcans de la Perse, etc.

139. Causes du vulcanisme. — La disposition si remarquable des volcans sur le pourtour des rivages et dans les îles a donné lieu de croire que les eaux marines ne sont pas étrangères à leur formation. D'après l'hypothèse de M. Fouqué, elles pénétreraient par des crevasses dans les assises profondes de l'écorce terrestre et

Fig. 37. — Le Vésuve : à droite du cratère actuel se dresse une partie de son ancien cratère, la *Somma*.

arriveraient jusqu'à l'océan embrasé du foyer central, dont la chaleur excessive les réduit en vapeurs. Ces vapeurs, d'une élasticité très considérable, cherchant à se faire jour au dehors, secouent violemment le sol par des tremblements de terre, et le font céder sur les points les plus faibles ; ainsi naquit le *Jorullo* (Mexique) en 1795, après soixante jours de tremblements qui cessèrent aussitôt après. Lorsque l'issue est ouverte, les vapeurs soulèvent les vagues de l'océan de feu et les précipitent par la bouche du volcan. — Mais, cette explication n'est pas valable pour les volcans situés à une distance un peu considérable de la mer ; et c'est le cas d'un grand nombre : plusieurs mêmes de ceux qui composent la ligne de feu du Pacifique, en sont éloignés de 200 à 300 kilomètres ; en Afrique, un volcan de la région des grands lacs, le *Kiroungo*, est à 1.200 kilomètres de l'océan Indien. Il est bien difficile d'admettre que les eaux de la mer s'infiltrent à de pareilles distances.

M. de Lapparent a proposé une autre hypothèse, d'après laquelle les volcans auraient pour cause première les dislocations et les plissements de l'écorce terrestre (n° 85). Ne sont-ils pas situés presque tous sur le bord de compartiments effondrés? On conçoit que les parties en voie d'affaissement, comprimant la masse liquide sous-jacente, la poussent et la font monter à travers les crevasses restées béantes. Quant aux paroxysmes de l'activité volcanique dans les éruptions, ils seraient dus aux « gaz emprisonnés à l'origine dans la masse fluide du globe ; longtemps maintenus en dissolution par sa haute température, ils tendent aujourd'hui à s'échapper par suite du refroidissement ». Il se passerait ainsi, sur certains points des couches superficielles du noyau incandescent, quelque chose d'analogue à ce qui se produit dans la coupelle où l'on affine le plomb argentifère : quand le métal en fusion commence à se refroidir et est déjà recouvert d'une mince enveloppe solide, il arrive souvent que l'air, qu'il tenait en dissolution, se dégage en crevant cette pellicule et en projetant au dehors une partie du noyau encore fondu.

140. Rien de grandiose et d'épouvantable en même temps comme une **éruption volcanique**. Des tremblements de terre l'annoncent ordinairement plusieurs jours à l'avance et permettent aux habitants menacés de chercher leur salut dans la fuite ; souvent des pluies de cendres, formées des débris de roches broyées ou de fines particules de lave, indiquent le commencement du phénomène ; ainsi, en 1835, le *Coseguina* (Amérique centrale) lança au loin les débris de son sommet réduit en poussière ; jusqu'à 20 kilomètres de distance, ces débris recouvrirent le sol d'une couche de cinq mètres d'épaisseur, et furent portés par les vents jusqu'à Quito, la Havane et Mexico ; d'autres fois c'est un déluge d'eaux boueuses, ordinairement salées, que vomit le cratère ; ces eaux proviennent de quelque lac souterrain et renferment souvent de petits poissons. Quelques volcans, nommés **salses** (*salsus*, salé), ne vomissent pas autre chose que de l'eau et de la boue ; mais, pour la plupart, les émissions de boue ne sont que le prélude de l'éruption proprement dite, qui consiste avant tout dans les laves rejetées par le cratère et se précipitant en torrents ou tombant en cascades de feu sur les flancs de la montagne.

141. Pour donner une idée plus complète des éruptions volcaniques, il ne sera pas inutile de rapporter ici, d'après le récit de deux témoins oculaires, Mgr Maigret et M. de Varigny, les détails de l'**éruption du Mauna--Loa** (îles Sandwich), en 1868 ; cette éruption est, sans contredit, l'une des plus remarquables des temps modernes. Plusieurs jours auparavant le sol de l'île fut agité de tremblements continuels ; on ne comptait pas moins de 300 secousses par jour. Sur le sommet de la montagne les oscillations étaient terribles. En se couchant sur le sol, l'oreille percevait distinctement les bouillonnements de la lave qui se heurtait contre les parois de l'enveloppe terrestre. On eût dit qu'on était sur le couvercle soudé d'une immense chaudière où l'eau, bouillonnant avec force, était projetée violemment tantôt dans un sens, tantôt dans un autre. Dans le voisinage du volcan le sol se soulève, puis s'affaisse, et se fend de tous côtés : les hauteurs sont balancées comme des mâts de navires ; les arbres sont brisés et tombent les uns sur les autres. Un flanc de montagne tout entier est lancé au loin avec la rapidité de l'éclair et couvre de ses débris un espace d'une lieue de long sur plus d'une demie de large. Après ces violentes convulsions, du cratère entr'ouvert jaillit une masse de

boue, d'eau et de pierres, qui fut lancée avec une violence telle, que du premier jet elle atteignit une distance de 5 kilomètres; ce fleuve de boue, large d'un kilomètre et épais de 10 mètres au centre, roula sans s'arrêter avec une vitesse supérieure à celle d'un boulet de canon. La mer vint unir sa fureur à cet affreux concert des éléments déchaînés; retirée à plus d'un kilomètre au large, elle bouillonne et se couvre d'une écume rouge; çà et là surgissent de son sein des colonnes d'eau soulevées par des volcans sous-marins. Bientôt elle se remet en marche vers la côte, roulant avec impétuosité ses flots rougis, dont la hauteur dépasse de plus de 10 mètres le niveau des marées les plus élevées. Le choc fut épouvantable: quand elle se retira, la plaine était complètement ravagée sur une longueur de 15 lieues. Cependant les secousses continuent toujours; une vapeur épaisse couvre l'île comme d'un voile funèbre; une pluie de pierres ponces pulvérisées jonche le sol; on s'attend à chaque instant à une catastrophe finale. Enfin des détonations terribles se font entendre; des colonnes de vapeur d'un rouge de feu s'élèvent vers les nues. On voit des roches énormes lancées comme des bombes à cinq ou six cents pieds en l'air; des torrents de matières en fusion s'échappent à la fois de plusieurs ouvertures; une rivière embrasée de 20 à 25 pieds de profondeur descend des flancs du Mauna-Loa et roule avec une vitesse de 30 kilomètres à l'heure. Du côté de la mer, à un kilomètre au large, un monticule de forme conique, haut de 400 pieds, sort tout à coup de l'abîme; l'espace qui le sépare du rivage se comble; les laves du torrent s'y précipitent, et ce qui était hier un lieu de pêche et de passage pour les navires est devenu terre ferme.

142. Volcans éteints (ou endormis?). — Les volcans éteints, dont le cratère ne communique plus avec le foyer où bouillonne le feu central, sont beaucoup plus nombreux que les volcans actifs; de ce nombre sont les puys de l'Auvergne, et plusieurs montagnes de l'Eifel (Prusse). Du reste rien n'assure que les volcans prétendus éteints ne se réveilleront pas; ils peuvent n'être qu'**endormis**. On sait comment le *Vésuve*, après un long sommeil, sortit soudain de son repos, l'an 79 après Jésus-Christ, ravagea les gracieux jardins et les riches villas qu'on avait construites sur ses flancs, et ensevelit, sous une épaisse couche de laves et de cendres les trois villes de Pompéi, Herculanum et Stabies. — Dans des temps plus rapprochés de nous, le *Krakatoa*, situé dans une petite île du détroit de la Sonde, après être resté en repos durant plus de deux siècles, commença à s'agiter, en mai 1883, faisant entendre de sourdes détonations et projetant des jets de fumée et de flamme; ce n'étaient là que les signes précurseurs du cataclysme, qui se produisit au mois d'août. Toute la partie septentrionale de la montagne plus de 800 mètres d'élévation fut broyée, pulvérisée par l'explosion et lancée dans les airs: à 15 kilomètres de là, la couche de cendres avait encore un mètre d'épaisseur, et 5 à 6 centimètres à 150 kilomètres. Sur la place occupée jadis par le volcan, la mer a une profondeur de 200 à 300 mètres. Le fracas de l'explosion se fit entendre dans toutes les îles de la Sonde et au delà. Elle détermina la formation d'une vague gigantesque, haute de 30 à 36 mètres, qui balaya les rivages des îles voisines, engloutit 40.000 personnes et se fit sentir jusque sur les côtes de l'Amérique du Sud. — Plus récemment encore, la *Montagne Pelée*, à la Martinique, était aussi un volcan endormi, qui n'avait pas donné signe de vie depuis plus de 50 ans : un petit lac s'était même logé dans un de ses cratères. En avril 1902, le réveil se manifeste par une série de violentes détonations, suivies bientôt après de pluies de cendres et de torrents de boue projetés par la montagne. Au matin du 8 mai, il en sortit une trombe de gaz enflammés, qui s'abattit tout d'un coup sur la ville de Saint-Pierre; les 30.000 habitants périrent au même instant, asphyxiés et brûlés. L'histoire n'a gardé le souvenir d'aucune catastrophe pareille.

143. Geysers. — 1° Un grand nombre de volcans éteints témoignent encore d'un reste d'activité par des *geysers*, des *fumerolles* ou jets de fumée et des sources thermales, qui se rencontrent également dans le voisinage des volcans actifs. Les geysers sont des jets, quelquefois continus, plus souvent intermittents, d'eau chaude ou même bouillante. Le *grand geyser d'Islande*, qui élève à 100 pieds une grosse colonne d'eau bouillante, est le mieux connu et le plus célèbre. Il s'en trouvait naguère un très grand nombre de fort curieux au centre de l'île septentrionale de la *Nouvelle-Zélande;* on pouvait, de certaines hauteurs, en découvrir jusqu'à 60 ou 80, les uns à jet continu, d'autres à jet intermittent. Leurs bassins, blancs comme le marbre, formés de silice lentement déposée par les eaux, présentaient un coup d'œil ravissant. Toutes ces merveilles ont été anéanties (1886) par l'éruption subite d'un volcan que l'on croyait éteint.

2° Le **Parc National** des États-Unis, qui forme un vaste rectangle, dans la région des monts Rocheux, aux sources de la Yellowstone, affluent du Missouri, en offre d'ailleurs de plus grandioses encore. Les geysers y sont, pour ainsi dire, innombrables; plusieurs élèvent d'énormes masses d'eau à des hauteurs de 100 et 200 pieds; l'un d'eux atteint même jusqu'à 500 pieds; de tous côtés retentit un grondement perpétuel, comme dans une usine en pleine activité. Pour donner quelque idée du spectacle que présente l'**éruption des geysers**, examinons comment les choses se passent chez la plus majestueuse fontaine du Parc National et sans doute du monde entier. Nous citons textuellement la relation de M. Langford, le premier savant qui ait exploré cette région (1870). « Quand une éruption approche, le bassin se remplit graduellement d'eau bouillante jusqu'à quelques pieds de sa surface; puis tout à coup des ébranlements violents se produisent, et d'immenses nuages de vapeur sont projetés à 500 pieds de haut. L'ensemble de la masse d'eau, de 20 à 25 pieds de large, s'élève en une seule colonne gigantesque jusqu'à 90 pieds; puis de son centre sortent cinq grands jets qui, appuyés légèrement les uns sur les autres, atteignent la hauteur sans égale de 500 pieds au-dessus du sol. La terre tremble sous ce déluge d'eau, qui s'écroule en poussant mille sifflements aigus; des arcs-en-ciel entourent les cimes de leurs rayonnements, et leur font une auréole diaprée. La chute des eaux creuse le cratère, en entraîne les couches, qui se soulèvent en larges écailles, et un flot bouillant descend jusqu'à la rivière. Après avoir joué ainsi pendant vingt minutes, le geyser s'affaisse graduellement, l'eau disparaît dans le cratère, les vapeurs cessent de sortir, et tout rentre dans le calme. »

3° Les bassins dans lesquels reposent ou bouillonnent toutes les eaux des geysers, ici claires et limpides, ailleurs épaisses et pré-

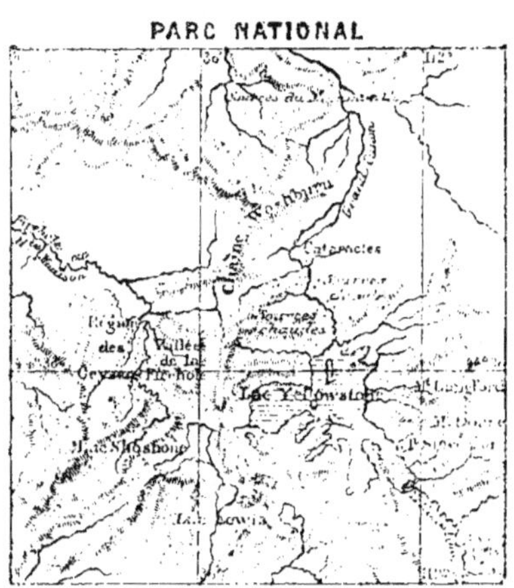

Fig. 38. — Le parc national des États-Unis.

sentant les couleurs les plus variées, sont formés de dépôts calcaires
ou siliceux, blancs, rouges, jaunes, verts et noirs, d'un effet splendide. Les bords en sont ornés de franges d'une délicatesse et d'un
coloris extraordinaires. « Ces dépôts, dit M. Langford, paraissent,
pour la texture comme pour le coloris, aussi délicats que le duvet de l'aile d'un papillon. Ceux qui ont vu, sur de grands théâtres, des représentations de la *Lampe merveilleuse* ou autres féeries
du même genre, peuvent se faire une idée de ces teintes merveilleuses; mais ce qui reste nouveau et inconnu, c'est la délicatesse de leurs broderies si légères et pourtant si solides, c'est
l'effet produit par toutes ces merveilles, apparaissant au milieu de
nuages de vapeurs et de pluies d'eaux bouillantes. La terre n'a
certainement rien de comparable à présenter à nos regards; c'est,
dans le monde inanimé, le plus séduisant spectacle qui existe. »
On remarque surtout une montagne blanche, haute de 200 mètres, du haut de laquelle descendent les sources du Mammouth;
cette montagne, formée de dépôts calcaires, ressemble à une immense cascade gelée, et « est certainement, dit la relation de
Langford, une des œuvres d'architecture naturelle les plus extraordinaires. Elle se compose dans son ensemble d'un vaste système
de terrasses superposées, rappelant les marches d'un immense es-
calier. A chaque degré se trouvent des vasques semi-circulaires,
dont les bords ont une hauteur qui varie de quelques pouces à six
ou huit pieds; ces bords sont si magnifiquement ornés de festons
et de dentelures en chapelet, que le spectateur reste abasourdi devant ce prodigieux travail. Ajoutez que, si la couleur de l'ensemble
est d'un blanc de neige, à cette teinte générale se mêlent, avec
toutes les variétés de nuances, des tons écarlates, verts, jaunes,
aussi éclatants que nos plus belles teintes d'aniline. Les vasques
sont de toutes les grandeurs; et comme l'eau coule des sources
placées en haut de la montagne, et tombe d'une vasque dans une
autre, elle se refroidit à mesure qu'elle descend, et le baigneur
peut choisir la température qui lui convient. »

144. Tremblements de terre. — La croûte terrestre que nous sommes habitués à regarder comme le
type même de la stabilité, n'est cependant jamais complètement immobile. « Si l'on pouvait avoir des nouvelles de l'état journalier de la surface terrestre, on serait
probablement bientôt convaincu que cette surface terrestre est toujours agitée par des secousses, en quelques-
uns de ses points et qu'elle est incessamment soumise
à la réaction de la masse intérieure. » (De Humboldt,
Cosmos.) L'expérience a démontré la justesse de cette
affirmation; car, il n'est pas de jour où les appareils

sismographiques (*séismos*, tremblement de terre), n'enregistrent des oscillations sur quelque point du globe.

Cette réaction des forces intérieures de la planète se manifeste tantôt par les *mouvements brusques et intermittents* des tremblements de terre, tantôt par des *mouvements lents et prolongés*, qui produisent ici des affaissements, là des soulèvements.

Les tremblements de terre consistent en secousses brusques, les unes verticales, d'autres horizontales et d'autres circulaires. Ces secousses sont ordinairement précédées ou suivies de *bruits* souterrains, tantôt sourds,

Fig. 39. — Crevasses produites par le tremblement
de terre de la Calabre.

tantôt éclatants. « La nature du bruit varie beaucoup : il roule, il gronde, il résonne comme un cliquetis de chaînes entre-choquées ; il est saccadé comme les éclats d'un tonnerre voisin, ou bien il retentit avec fracas comme si des masses de roches vitrifiées se brisaient dans les cavernes souterraines ». — Les *secousses verticales* sont capables de projeter assez haut des objets ou des personnes : ainsi, dans le tremblement de terre d'Ischia (1885), une jeune fille fut lancée sur un rocher de 20 mètres. Les *secousses horizontales* disloquent le sol et déterminent des crevasses, qui tantôt se referment, tantôt restent béantes : dans le tremblement de terre des Calabres (1783), il se produisit des fentes de 50 mètres de large sur 30 kilomètres de long. « Les *secousses circulaires* ou giratoires sont les plus rares; elles sont aussi les plus dangereuses. Des murs ont été retournés sans être renversés, des allées d'abord rectilignes ont été courbées, des champs couverts de cultures différentes ont glissé les uns sur les autres, lors du grand tremblement de Riobamba; ces singuliers effets s'étaient déjà produits dans la Calabre. »

145. Les grands tremblements de terre, qui se produisent dans le voisinage de la mer, y déterminent ordinairement des *raz de marée* (n° 100). Leurs secousses se transmettent à d'immenses distances; mais, la vitesse de propagation de l'onde sismique est très variable, de 130 à 900 mètres par seconde, suivant la nature des terrains qu'elle parcourt.

Parmi les plus célèbres tremblements de terre, il convient de citer : celui *de l'an 526*, qui ravagea le littoral de la Méditerranée et fit périr 120.000 personnes; — celui *de Lisbonne* (1755), qui détruisit la ville presque entièrement; — celui *des Calabres* (1783), où 60.000 hommes trouvèrent la mort; — enfin celui *de Riobamba* (1797), moins désastreux, puisqu'il ne fit que 30.000 victimes, mais accompagné de phénomènes extraordinaires, que de Humboldt rapporte en ces termes : « Des fentes s'ouvrirent et se refermèrent de telle façon, que des hommes purent se sauver en étendant les deux bras. Des troupes de cavaliers ou de mulets chargés disparurent dans des crevasses qui s'ouvrirent en travers sous leurs pas. La surface du sol fut successivement exhaussée ou abaissée par des oscillations irrégulières, qui déposèrent sans secousse, sur le pavé de la rue, des personnes placées plus de douze pieds plus haut, dans le chœur de l'église. De vastes maisons s'enfoncèrent dans la terre avec si peu de dégâts, que les habitants sains et saufs purent ouvrir les portes à l'intérieur, et attendirent deux jours qu'on les dégageât. Ils allèrent d'une chambre dans l'autre, allumèrent des flambeaux, se nourrirent de provisions qu'ils avaient par hasard, et s'entretinrent des chances de salut qui leur restaient. » — Il est bon de remarquer que de pareilles catastrophes sont heureusement assez rares. En revanche, certains pays éprouvent très fréquemment des secousses inoffensives. « Grâce à une longue habitude et à l'opinion très répandue qu'il y a seulement deux ou trois secousses désastreuses à craindre par siècle, les tremblements de terre n'inquiètent guère plus à Lima que la chute de la grêle dans la zone tempérée. » Les régions où les tremblements de terre sont le plus fréquents sont celles qui sont situées au bord des compartiments affaissés de l'écorce terrestre : Amérique Andine, Antilles, îles de l'Archipel et Asie Mineure; ils sont particulièrement fréquents au Japon, où ils occasionnent assez souvent de grands désastres.

146. Causes des tremblements de terre. — Lorsque le tremblement n'affecte qu'une région peu étendue, la cause en peut être attribuée à l'*effondrement de cavernes* que les eaux souterraines ont creusées dans l'intérieur de la terre ; ou, si le phénomène se produit dans un pays volcanique, ils sont dus sans doute à la *force élastique des gaz* et des vapeurs du feu central ; c'est de ceux-là qu'on peut dire qu'ils ne sont que le résultat d'une éruption entravée. Mais il n'en peut être de même des tremblements qui affectent une très grande étendue de pays, comme celui de Lisbonne (1755), par exemple, dont les effets se sont fait sentir sur une superficie d'au moins trois millions de kilomètres carrés. Il faut donc leur chercher une autre cause. Nous avons vu, en étudiant la structure du globe (n° 72*), que l'écorce terrestre est disloquée sur certains points et divisée en compartiments juxtaposés. Or, « on a reconnu d'abord que les foyers d'impulsion, toujours situés à une faible profondeur, se rencontrent constamment dans des régions où le sol est bouleversé, et que leur situation coïncide avec celle des lignes de dislocation déjà connues. En outre, il a été prouvé que si, dans une région donnée, une série de tremblements de terre se succèdent, le foyer des secousses se déplace progressivement, *en avançant suivant la ligne de dislocation*. Sous l'action

des pressions latérales, l'écorce solide est, surtout dans
ses parties superficielles, soumise à des efforts de tension
et de compression qui ne peuvent manquer de provoquer
de temps à autre des ruptures d'équilibre ; de là des
plissements, parfois des cassures, avec déplacement et
glissement des parois, qui déterminent dans le sol un
ébranlement capable de se propager à une distance plus
ou moins grande. » De Lapparent. L'interprétation raisonnée des faits observés a ainsi amené divers savants à
conclure que « *les grands tremblements de terre constituent l'un des phénomènes de la formation des montagnes* ».

147. Soulèvements et affaissements. — La
croûte terrestre n'est pas seulement agitée par les violentes secousses des tremblements de terre ; on peut
dire avec vérité qu'elle est partout dans un état constant
de mobilité, s'abaissant en certains endroits, se soule-
vant en d'autres, sur des espaces extrêmement considérables. Mais, comme ce travail des forces intérieures
s'accomplit lentement, les changements de niveau qui
en résultent sont difficiles à constater, et ne peuvent
même l'être avec certitude qu'au bord de la mer, où ils
se manifestent par le déplacement des lignes de rivages :
des amas de coquilles modernes dans les plaines, des lignes superposées d'anciens rivages sur les parois des
falaises, témoignent évidemment d'un exhaussement du
sol ; au contraire, des forêts et des tourbières submer-
gées, des œuvres humaines recouvertes par les flots
attestent que la terre s'est peu à peu enfoncée. — Les
principales **aires de soulèvement** sont : 1º les **régions circumpolaires**; la *presqu'île scandinave*
émerge de $1^m,60$ par siècle, à l'embouchure de la Tornéa ;
au *Spitzberg*, on trouve, jusqu'à une hauteur de 45
mètres, des os de baleine et des coquillages de l'époque
actuelle ; la *Sibérie,* et probablement les autres terres
voisines du pôle nord sont lentement soulevées ; —
2º toute la **région méditerranéenne,** des montagnes
de l'Auvergne aux plaines sablonneuses du Sahara, et
des côtes d'Espagne aux steppes de la Tartarie ; le sou-

lèvement est particulièrement sensible sur les côtes de la
Sicile, de la *Tunisie*, de la *Syrie*, et dans les *steppes de
la Russie méridionale;* — 3° les **côtes du Chili et
du Pérou**, où l'on observe plusieurs lignes de niveau
marin à des hauteurs de 100, 200 et jusqu'à près de 400
mètres; — 4° les *côtes septentrionales* du golfe du Mexique, etc. — Les principales **aires d'affaissement** sont :
1° les **côtes de la Manche et de la mer du Nord;**
ainsi au viii° siècle, le monastère du *mont Saint-Michel,*
situé aujourd'hui sur un îlot, fut bâti en pleine forêt; une
partie de la *Hollande* serait aussi depuis longtemps en-
vahie par les flots, si les habitants ne protégaient leur
pays par des digues; sur les *côtes du Schleswig,* on a
retrouvé sous les eaux les restes d'un vieux château fort; .
— 2° les *grandes plaines* (pampas et selvas) *de la Sud-
Amérique;* — 3° les *rivages de la Nouvelle-Angleterre*
(États-Unis). Il arrive d'ailleurs qu'un affaissement se
produit dans la même région après un soulèvement, et
vice versâ, comme on le constate pour l'isthme de Suez
et les pampas de la Plata.

§ II. — MODIFICATIONS DUES AUX FORCES EXTERNES

148. L'action des forces intérieures, qui se manifestent
par les dislocations du sol, les tremblements de terre,
les éruptions volcaniques, tend, dans son ensemble, à
accentuer le relief, en creusant ici des dépressions, et là
en élevant des hauteurs. Ces forces agissent habituellement par brusques soubresauts. Tout au contraire, les
agents extérieurs, que la chaleur solaire met en jeu,
température et mouvements de l'atmosphère, glaciers et
fleuves, courants et marées, agissent toujours et partout,
avec une intensité variable, il est vrai, mais d'une
manière continue; et leur travail tend, dans son ensemble, à *diminuer le relief* en comblant les parties basses
avec les débris arrachés aux parties élevées; s'ils l'augmentent, sur certains points, par la formation des dunes,

ce n'est là qu'un phénomène exceptionnel et sans grande importance.

149. Action de l'atmosphère. — L'atmosphère agit sur les parties solides de l'écorce terrestre par sa *température* et par ses *mouvements*.

1° La **température** désagrège les parties superficielles des roches, soit par dessication et retrait sous l'influence de la chaleur, soit par fendillement sous l'influence du froid. Les brusques alternatives de chaud et de froid qui se traduisent parfois, dans les pays tropicaux, par des différences de près de 100 degrés en vingt-quatre heures, suffisent à faire éclater les roches en morceaux. L'action de la gelée est rendue plus efficace par l'eau, dont la plupart des roches sont imbibées. En se congelant, cette eau fait l'effet d'un coin, et sépare les parties entre lesquelles elle s'est glissée.

2° Les **vents**, s'emparant des poussières et des débris qui se trouvent sur leur passage, les transportent souvent à de grandes distances : ainsi, en 1875, les cendres des volcans de l'Islande vinrent tomber à Stockholm, à 1.900 kilomètres de leur point de départ. — Dans les ouragans, la puissance destructive du vent s'augmente du poids des matières qu'il entraîne dans ses tourbillons ; même quand il est moins violent, les particules solides dont il est chargé suffisent, par leur choc, à polir les pierres dures et à en sculpter d'autres de capricieuses moulures. — Mais c'est surtout comme agent de transport que le vent travaille efficacement à modifier le relief du sol par la création des dunes.

3° Les **dunes** sont des hauteurs, formées de sables mobiles, que le vent a accumulés et qu'il déplace sans cesse, si l'on n'est pas arrivé à les fixer. Les grands déserts sont recouverts, par places, de dunes dont l'élévation atteint jusqu'à 150 mètres et davantage ; on trouve dans le Sahara des chaînes de dunes de 50 kilom. de long sur 4 de large. Sur les côtes sablonneuses, les dunes acquièrent une élévation d'autant plus grande que l'amplitude de la marée, — c'est-à-dire la différence de niveau entre la pleine mer et la basse mer, — est plus forte ; ainsi, sur les côtes de la Méditerranée, où la marée se fait à peine sentir, la hauteur des dunes ne dépasse guère 6 à 7 mètres ; elle atteint jusqu'à 75 sur la côte landaise, et 120 à 180 sur la côte occidentale du Sahara. — Il est assez facile de se rendre compte du mode de formation des dunes : le sable, laissé par le flot sur la plage et devenu, en séchant, moins adhérent et plus léger, est entraîné par le vent du large et poussé dans les terres. Si celles-ci avaient une surface bien plane, il continuerait sa marche et s'étendrait en nappe uniforme ; mais le moindre obstacle, un caillou, une touffe d'herbe, suffit à l'arrêter et à constituer le noyau d'une petite dune, qui grandit peu à peu. Lorsque la dune a dépassé la hauteur de l'obstacle, le sommet s'éboule et le sable reprend sa

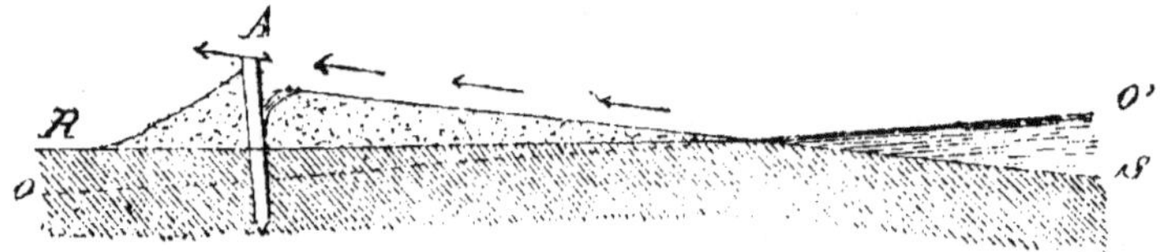

Fig. 40. — Mode de formation des dunes.

marche vers l'intérieur jusqu'à ce qu'il rencontre un nouvel obstacle, où se formera une nouvelle dune. Ces monticules se présentent donc échelonnés les uns derrière les autres. Il est à remarquer d'ailleurs qu'ils ne sont pas stables, mais se déplacent aisément, et que les plus éloignés du rivage sont aussi les plus élevés. On sait comment les dunes landaises, après avoir englouti des villages entiers, menaçaient d'envahir le midi de la France, lorsque Brémontier eut l'idée de les fixer par des plantations.

150. **Action des eaux courantes.** — Au point de vue de l'action exercée sur le globe par les eaux courantes, il y a lieu d'établir une distinction entre les *eaux sauvages*, les *torrents* et les *fleuves*.

1° On appelle **eaux sauvages** les eaux de pluie, qui ruissellent à la surface du sol. Leur action dépend évidemment de leur masse et de leur vitesse, celle-ci étant d'autant plus grande que la pente est plus forte. Elles rongent peu à peu et entraînent les parties moins résistantes du sol et le dégradent, en certains endroits, au point d'en changer complètement la configuration. Si, comme il arrive souvent, des blocs plus durs sont noyés dans des roches tendres, celles-ci disparaissent par l'effet de l'érosion, et ceux-là restent isolés présentant les formes les plus bizarres : *cheminées des fées, pyramides, aiguilles, arches,* etc.. dont l'élévation témoigne de la grandeur de l'œuvre accom-

Fig. 41. — Colonnes de grès découpées par les eaux.

plie. On trouve ainsi, au Colorado, dans le bassin du Rio-Grande, des séries de pyramides, qui ont 20 à 25 mètres de haut et même, exceptionnellement, 100 mètres.

2° Dans les montagnes, où le ruissellement atteint son maximum d'intensité, à cause de l'abondance des averses et de la rapidité des pentes, les eaux sauvages finissent par se rassembler dans des dépressions, qu'on appelle *bassins de réception* ou *cirques,* et forment alors des **torrents.** Les torrents sont des cours d'eau temporaires, produits par les averses. Ils se précipitent avec une rapidité extraordinaire, entraînant dans leur course folle du sable, des cailloux, des quartiers de roches arrachés à leur lit, qu'ils creusent et élargissent sans cesse. Puis, arrivés dans une vallée à pente plus douce, ils y déposent ces matériaux, qui forment un *cône de déjection*. Il n'est pas rare de trouver, dans le lit des torrents, des trous cylindriques, appelés *marmites de géants;* ces trous sont creusés par des cailloux, que l'eau fait tournoyer, au fond, avec une très grande vitesse.

Les cours d'eau permanents, **fleuves** et **rivières**, sont aussi de puissants *agents d'érosion;* ce sont eux qui ont creusé, non seulement les lits dans lesquels ils coulent maintenant, mais, en maint endroit, les vallées elles-mêmes qui furent leurs lits, à une époque où ils étaient plus considérables. La correspondance des couches géologiques, sur les deux versants opposés de

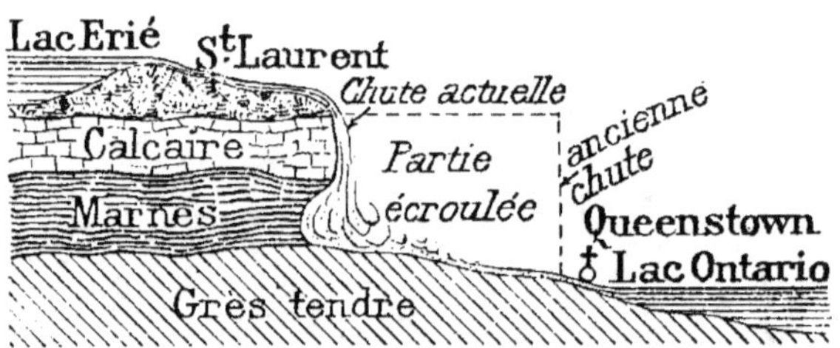

Fig. 42. — Cascade du Niagara.

ces *vallées d'érosion*, témoigne que la partie centrale a été enlevée par les eaux. — Si le fleuve rencontre une roche tendre en aval d'une roche dure, il l'usera plus vite; de là une différence de niveau qui produit des *chutes*, des *cascades*, des *cataractes*. — Quand il traverse un lac, il y dépose en arrivant les matériaux qu'il charrie, et ces *dépôts lacustres* tendent à combler le lac. — Dans les grandes crues, les fleuves débordés inondent leurs vallées, et y déposent les graviers, les sables, les vases dont ils sont chargés. Ces dépôts ou alluvions constituent une source de richesse pour certains pays, comme l'Égypte et le Soudan central, où l'inondation se produit périodiquement; mais les débordements de la Loire et de la Garonne sont un épouvantable fléau. — Tant que les cours d'eau suivent une ligne à peu près droite, ils ne font à leurs rives que des modifications insignifiantes; mais dans les courbes et les méandres, ils rongent plus ou moins fortement la rive concave et forment des dépôts sur la rive convexe.

Les fleuves débouchent dans la mer par une échancrure ou **estuaire**, dont la forme, la largeur et la profondeur résultent du travail même de l'eau courante, à l'époque où elle avait un régime torrentiel : ce qui explique pourquoi l'estuaire est beaucoup plus considérable qu'il n'est besoin aujourd'hui. En entrant dans la mer, l'eau du fleuve, dont le courant est de moins en moins rapide, y dépose les matières terreuses qu'elle tient en suspension; et cela d'autant plus facilement que les troubles se précipitent quinze fois plus vite dans l'eau salée que dans l'eau douce. Ces matériaux s'accumulent, au point où s'établit l'équilibre entre la force du courant et celle de la mer; là, joints aux pierres entraînées par le courant, ils constituent une *barre*, rempart mobile, qui est un sérieux obstacle à l'entrée des grands fleuves. — Sur les côtes, où la marée est peu sensible et où ne règnent pas de courants littoraux, les estuaires se comblent peu à peu et forment des **deltas**. C'est le cas pour le Rhône, le Pô, le Nil. Le delta du Mississipi a une longueur totale de 320 kilomètres, et son front un développement de 500 kilomètres; il avance de 100 mètres par an.

151. Action des eaux souterraines. — Les eaux souterraines proviennent de l'infiltration des eaux de pluie ou de neige dans les terrains perméables; et leur action est différente suivant que le terrain est *perméable par sa nature même* ou *à cause des fissures dont il est criblé*.

Les **terrains perméables de leur nature**, comme les **sables**, se laissent imbiber dans leur masse, se saturent d'humidité, et, à une certaine profondeur, où l'évaporation ne se fait plus sentir, deviennent des réservoirs d'eau, des *nappes d'infiltration*. Quand le niveau de ces nappes est atteint par une dépression, les eaux se répandent au dehors par des *suintements* ou des *sources*. Le mouvement de l'eau, étant très lent dans les nappes d'infiltration, n'exerce pas d'action mécanique bien ap-

préciable. — Supposons maintenant une couche de sable
située entre deux couches d'argile, disposées en cuvettes : l'eau, tombée sur le sable aux points où il affleure, se trouve emprisonnée entre les deux couches imperméables et descend au fond de la cuvette. Si l'on
perce un puits au-dessus, elle jaillira d'autant plus haut
que les bords de la cuvette, où commence la nappe,
sont eux-mêmes plus élevés; car, en vertu d'une loi
physique bien connue, un liquide, contenu dans des vases
qui communiquent, tend toujours à s'y mettre au même
niveau. Ces puits à eau jaillissante sont nommés **puits**

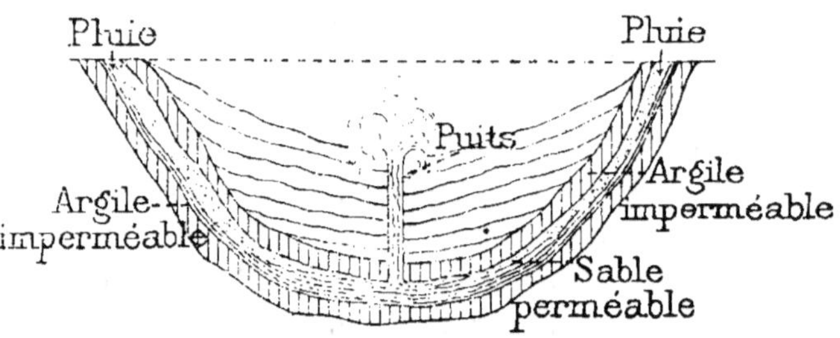

Fig. 43. — Puits artésiens.

artésiens, parce que les premiers furent forés dans
l'Artois dès le XIIe siècle.

152. Dans les **terrains fissurés**, comme les **calcaires** et les **grès,** les eaux souterraines exercent une
action mécanique considérable. Lorsque l'eau, qui remplit les crevasses superficielles, vient à geler, elle fait
éclater les roches par l'effet de sa dilatation. Quand elle
pénètre en assez grande abondance dans des couches
argileuses, elle délaye l'argile et la transforme en une
masse boueuse; si cette couche d'argile sert de base à
une montagne, celle-ci, privée de son point d'appui, est
exposée à glisser et à aller s'ébouler plus bas. C'est ce
qui est arrivé à une montagne de Suisse, le Rossberg :
le sommet s'écroula (1806) tout d'un coup sur 1.500
mètres de longueur, 320 de largeur et 32 d'épaisseur;
trois villages et 457 personnes furent ensevelis sous ses
débris. Le même fait s'est renouvelé récemment à Saint-
Gervais, dans les Alpes françaises.

153. Quelque fendillées et crevassées que soient les **parties superficielles** des calcaires et des grès. les couches profondes sont généralement compactes : l'eau

Fig. 44. — Stalactites et stalagmites.

n'y peut donc former de nappes continues, mais elle se concentre dans les poches et les fissures, qui séparent les blocs. Ces vides communiquant entre eux, il en résulte un *réseau de canaux tortueux*, que les eaux tendent sans cesse à élargir par leur mouvement qui use les roches, par l'action chimique du gaz carbonique qu'elles contiennent, qui dissout le calcaire, et enfin par sa pression, lorsqu'elle s'accumule dans des chambres élevées. Ainsi se sont formées, dans l'intérieur de la terre, une multitude de **grottes** et de **cavernes**, dont plusieurs ont des proportions gigantesques : *la caverne du Mammouth,* au Kentucky, est la plus vaste que l'on connaisse : la partie explorée a 15 kilomètres depuis l'entrée jusqu'au fond ; c'est un véritable monde souterrain, avec son système de lacs et de rivières, son réseau de galeries et de chambres. — Le travail d'érosion, qui a créé les grottes et les rivières souterraines, remonte à une époque où les précipitations atmosphériques étaient incomparablement plus abondantes que de nos jours. Depuis que les eaux ont abandonné les cavernes qu'elles emplissaient autrefois, un nouveau travail s'est accompli à l'intérieur. L'eau, chargée de calcaire, qui suinte du plafond, abandonne une partie de son acide carbonique, et le calcaire se dépose en cônes allongés ou *stalactites,* qui pendent de la voûte, tandis que les gouttes tombées sur le sol y produisent d'autres cônes ou *stalagmites,* qui montent à la rencontre des premiers ; en se réunissant, ils forment de belles colonnes d'un blanc mat. La grotte de *l'aven Armand,* dans la région des causses, renferme plus de deux cents de ces colonnes d'une ravissante beauté (fig. 44).

Il arrive que les cavernes s'effondrent, la voûte ayant une portée trop grande pour le poids qu'elle supporte, et il se forme à la surface du sol des *gouffres* ou *entonnoirs,* connus sous le nom d'*avens* dans les causses, de *creux* et *emposieux* dans le Jura. Les terres voisines y envoient leurs eaux et se dessèchent de plus en plus. La Grèce doit en grande partie sa stérilité aux *catavothra* dont son sol est criblé.

154. Action de la mer. — La mer exerce sur les côtes une double action : elle ronge les rivages et en dépose les débris à un niveau inférieur.

1° La puissance d'*érosion* que possèdent les marées est très considérable ; les vagues, qui, en pleine mer, par gros temps, ne dépassent pas habituellement 4 à 6 mètres, s'élèvent parfois à des hauteurs de 50, 60 mètres et plus devant les obstacles que leur présentent les rivages; aussi n'est-il pas rare de les voir, dans les tempêtes, remuer des blocs de 40 mètres cubes. Cette force énorme est encore accrue par les galets et les pierres que les flots entraînent dans leurs remous, et dont ils se servent pour battre en brèche les côtes élevées. Celles qui sont formées de roches dures et compactes, résistent: mais celles qui présentent au flot des assises moins solides, sont incessamment rongées en dessous et s'éboulent, par larges pans, au moment des grandes tempêtes.

2° Le choc des vagues, des courants et des marées contre les rivages a pour effet de modifier continuellement la forme des côtes: ici la mer démolit les falaises, ronge les caps et les presqu'îles, dont elle broie les débris dans le mouvement incessant de ses ondes: puis ces débris pulvérisés sont repris par les courants et transportés sur d'autres points, où ils comblent des golfes, forment des *dunes,* des *flèches de sables,* des *bas-fonds.* — En somme, l'action des vagues tend à supprimer les accidents des côtes, en détruisant les parties saillantes et en comblant de leurs débris les parties rentrantes, jusqu'à ce que « le rivage présente une succession de criques doucement infléchies de promontoire en promontoire. En·effet, le profil des côtes. qui offre la plus grande résistance aux assauts de la mer, n'est pas une ligne droite, comme on pourrait le supposer, mais une série de courbes régulières et rythmiques, comparable à celle d'une chaîne attachée de distance en distance ». (E. Reclus.)

155. Les **falaises** surtout sont exposées à l'action destructive des flots; celles qui bordent les deux rives de la Manche reculent d'année en année. Depuis le IX° siècle, la mer a gagné 1.400 mètres sur la terre, en face de la pointe de la Hève; on l'y a vue, de nos jours, arracher 15 mètres de falaise dans une seule tempête; les falaises crayeuses de la côte anglaise, minées peu à peu par les

vagues, s'effondrent également. Dans la mer du Nord, Helgoland, bordée de falaises de 60 mètres de hauteur, n'est plus aujourd'hui qu'un petit îlot, large de 600 mètres et long de deux kilomètres à peine ; or on prétend qu'il s'étendait, au xie siècle, sur un espace de 900 kilomètres carrés ; il n'en reste plus que le noyau, qui diminue sans cesse.

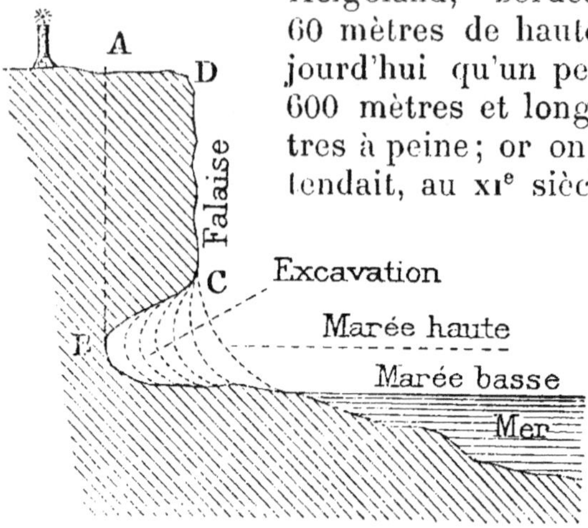

Mais, si la mer détruit certaines côtes, elle en construit d'au-

Fig. 45. — Érosion des falaises.

tres avec leurs débris. Il est des baies qui s'ensablent peu à peu, et la mer recule devant un nouveau rivage ; ailleurs, les courants déposent le sable en longs cordons à quelques distances des côtes ; c'est d'abord un *bas-fond* dont la surface émerge à marée basse, et qui, grandissant sans cesse, finit par dépasser le niveau des hautes marées ; puis des plantes et des arbres viennent ensuite consolider cette jetée naturelle ; telles sont les **flèches** qui ferment les lagunes (haf) des côtes prussiennes de la Baltique, et celles, beaucoup plus nombreuses et plus longues, qui bordent la Floride et la Caroline du Nord (États-Unis).

Fig. 46. — Flèches de la Caroline.

La mer ne rejette pas sur le rivage tous les matériaux solides qu'elle a absorbés; parmi les débris des roches qu'elle a triturées, et dans les troubles que les fleuves ont versés dans son sein, il existe une grande quantité de matières que leur dimension exiguë condamne à flotter dans des eaux agitées. Ces particules vont se déposer plus loin, dans des eaux profondes, où l'agitation des flots cesse à peu de distance de la surface: elles tombent lentement au fond et s'y accumulent. Ces *dépôts littoraux* entourent les continents et les iles d'une ceinture continue, dont la largeur moyenne est d'environ 250 kilomètres. Ce sont les assises de nouvelles roches sédimentaires, qui émergeront peut-être un jour.

Variations du climat et de la végétation.

156. Il est hors de doute que le climat s'est profondément modifié pendant la durée des temps géologiques : nous avons vu précédemment que, durant les ères primaire et secondaire, une chaleur uniforme se répartissait de l'équateur jusqu'aux pôles, et qu'au milieu même de l'ère tertiaire le Groënland avait la végétation qui caractérise aujourd'hui les pays chauds. Mais il est impossible d'affirmer, preuves en main, que le climat et, par suite, la végétation, qui lui est liée comme l'effet à la cause, aient subi des modifications sensibles durant la période historique.

2. D'après Arago, qui a fait une étude spéciale de cette question, il ne semblerait pas que le climat de l'Asie occidentale ait changé depuis Moïse. D'autres savants sont arrivés à la même conclusion pour le midi et le centre de l'Europe. — D'autre part cependant, lorsque les Normands, au ixe siècle, établissaient des colonies dans le pays nommé par eux Groënland, *Terre Verte*, ce pays, couvert maintenant d'un immense glacier, devait avoir alors un tout autre climat. Arago n'est pas éloigné de penser que la température de l'Europe occidentale s'est aussi refroidie. En effet, des textes précis, datant

du ιv^e siècle, vantent la richesse en *vignes* de la Bretagne
et de l'Angleterre, où le raisin ne mûrit plus qu'exceptionnellement. De même, l'*olivier* et l'*oranger* ont rétrogradé vers le sud dans plusieurs cantons du Midi de la
France. Mais il en est qui pensent, avec de Candolle,
que ce retrait provient d'une plus grande facilité des
échanges ; on aurait renoncé à cultiver des arbres qui
ne donnaient que des produits médiocres ou inférieurs,
quand on a pu facilement s'en procurer de meilleure
qualité.

3. En résumé, la question est indécise et le sera sans
doute longtemps encore ; pour la trancher, il faudrait
pouvoir comparer les phénomènes météorologiques
actuels avec ceux du passé, et, malheureusement, les
premières observations, dûment recueillies et enregis-
trées, sont de date toute récente.

CHAPITRE QUATRIÈME

LES TROIS RÈGNES DE LA NATURE.

§ I. — LES MINÉRAUX

157. La distribution des minéraux à la surface du globe
dépend uniquement de la constitution géologique du sol,
dont l'étude n'est point de notre ressort : nous nous contenterons donc d'indiquer brièvement ici les **ressources minérales des divers terrains**. — 1° Les
roches éruptives, *granite*, *porphyre* et *basalte*,
fournissent des matériaux de construction doués d'une
grande force de résistance, mais difficiles à travailler.
Le *kaolin*, employé dans la fabrication de la porcelaine,
provient de la décomposition du granite. La *pierre ponce*,
poreuse et légère, dont on se sert pour polir le marbre
et le bois, est d'origine volcanique.

2° Le **terrain primitif** ou **archéen** se compose
surtout de *gneiss* et de *micaschistes*, matériaux de construction que leur structure feuilletée rend faciles à exploiter. On y trouve du *fer magnétique*, qui fournit un
bon minerai ; de grandes plaques de *mica*, employées
comme vitres ; du *talc*, qui donne une poudre onctueuse,
utilisée par les tailleurs et par les gantiers ; de l'*amiante*,
dont les fibres servent à faire des tissus incombustibles ;
du *graphite*, employé dans la fabrication des crayons ;
des **minerais d'or** et **d'argent**, déposés en filons dans
le quartz ; enfin de nombreuses **pierres précieuses** :
rubis, émeraudes, saphirs, améthystes, grenats, topazes.

3° Les **terrains primaires** renferment en abondance
des *minerais* de fer, de cuivre, de plomb, de zinc, dis-

tribués en veines et en filons dans les masses **rocheuses**; des *marbres*, des *ardoises* et de la **houille**. Celle-ci se

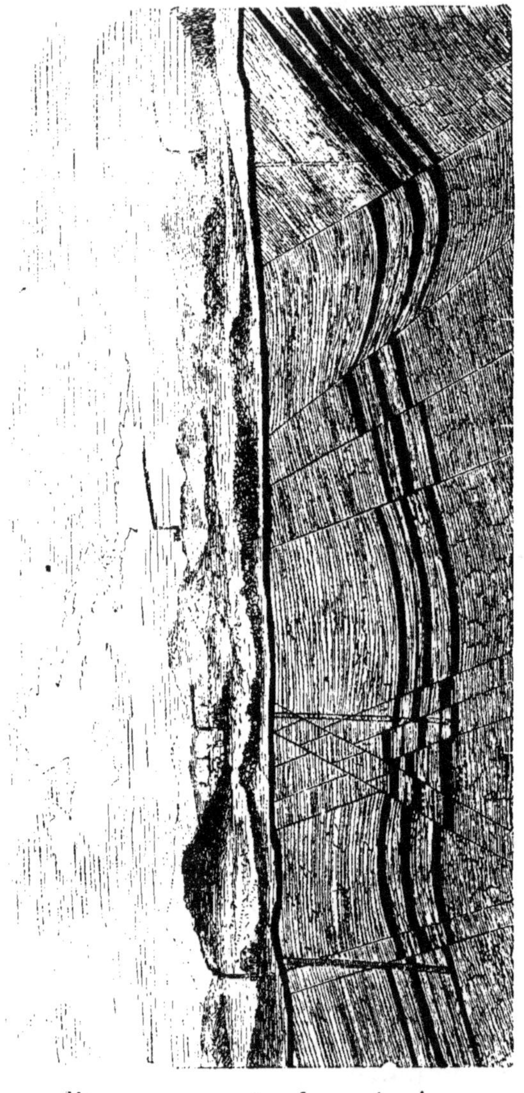

Fig. 47. — Coupe verticale d'une houillère.

présente en lits superposés; leur épaisseur varie beaucoup : depuis quelques centimètres jusqu'à deux mètres; ils sont séparés par des schistes ou des grès : dans certaines carrières on trouve plus de 150 lits, étagés ainsi les uns au-dessus des autres.

158. 4° Les **terrains secondaires** présentent les plus riches gisements de *minerais* de fer, exploités en France (au Creusot, dans la Lorraine) et dans le Luxembourg; des minerais de cuivre; de la houille: des *argiles*, employées à faire des briques, des poteries, des creusets; l'*argile à foulon*, dont on se sert pour dégraisser les laines; des *phosphates de chaux*, exploités pour l'amendement des terres; le *sel gemme* et le *gypse* en Lorraine, en Souabe, en Franconie, en Angleterre: mais surtout des **matériaux de construction** : *grès bigarré*, *pierres calcaires* de Caen, de Commercy, calcaire oolithique; *marbre de Carrare; calcaire marneux*, pour la fabrication de la chaux et du ciment; *craie, pierre lithographique*, etc.

5° Les **terrains tertiaires** ont aussi d'excellents matériaux de construction : des **roches calcaires** : *calcaire grossier*, avec lequel ont été bâties tant de grandes villes, Paris, Londres, Bruxelles, etc.; *pierre de Château-Landon*, tendre au sortir de la carrière et durcissant à l'air, employée dans la construction de l'Arc de triomphe et de l'église du Sacré-Cœur; — des **roches siliceuses**, comprenant le *grès* (Fontainebleau), exploité pour le pavage des rues; les *sables;* les *meulières*, employées, les unes pour la fabrication des meules de moulin, les autres pour les soubassements des édifices. Ces terrains renferment encore des *argiles plastiques* et de puissants lits de *gypse*, ou pierre à plâtre.

6° Les placers, où l'on recueille l'**or** à l'état pur, en paillettes ou en grains (pépites), se rencontrent dans les alluvions du **terrain quaternaire**, qui proviennent de la destruction d'anciens filons de quartz aurifère. Les mines de *diamant* appartiennent aussi à ces terrains.

§ II. — LES VÉGÉTAUX [1]

159. **Objet de la géographie botanique.** — La **flore** d'un pays est *l'ensemble des espèces végétales qui*

---

1. Voir, à la fin du volume, la carte climatologique.

y vivent et s'y reproduisent. L'étude de ces différentes espèces, la détermination de leurs propriétés et de leurs caractères spécifiques, leur classification sont du ressort des botanistes. Le géographe se place à un autre point de vue : il ne se propose ni de décrire minutieusement ni de classer les végétaux, mais de montrer les rapports des flores avec le milieu géographique. La géographie botanique est l'*explication rationnelle de la distribution des végétaux à la surface du globe.* Elle s'attache moins aux espèces végétales qu'à la végétation elle-même, aux formes diverses qu'elle revêt par ses groupements naturels, forêts, prairies. savanes, etc, enfin, au développement de la vie végétale, qui est indépendant du nombre des espèces ; car, la végétation peut être luxuriante dans un pays dont la flore est très pauvre.

160. **Conditions du développement de la végétation.** — Le développement de la vie végétale dépend essentiellement du milieu où vivent les plantes, c'est-à-dire, du *sol* et du *climat.*

1. Le **sol**, dans lequel la plante est fixée, et où elle puise les sucs dont elle a besoin, influe sur elle de deux manières : 1° *par son état de perméabilité :* les terrains un peu meubles, où l'eau et l'air circulent librement, sont beaucoup plus favorables au développement et au bon fonctionnement des racines que les terres compactes ; — 2° *par sa composition chimique :* certains végétaux réussissent mieux dans des terrains calcaires, d'autres dans des terres siliceuses. Les agriculteurs n'ignorent pas ces préférences et ils en tiennent compte.

2. Quelle que puisse être l'influence du sol sur la végétation, elle est loin d'égaler celle du **climat**, qui est ici tout à fait prépondérante ; car, la végétation dépend principalement de l'*humidité,* de la *chaleur* et de la *lumière.* — **L'humidité** est indispensable à la vie des plantes ; les racines la puisent dans le sol, elle circule dans tout l'organisme et les feuilles la restituent à l'air par leur transpiration. Lorsque l'absorption de l'eau par les racines ne compense pas les pertes dues à la **transpiration** des feuilles, le végétal se flétrit et finit par mourir.

— Dans les déserts, où l'air est sec, les pluies rares et peu abondantes, la flore présente un caractère tout particulier; les végétaux, assez rares d'ailleurs, qu'on y rencontre, ont des racines nombreuses, démesurément allongées et grossies, souvent garnies de renflements: des feuilles rabougries, coriaces, de teinte effacée, parfois couvertes d'un enduit mucilagineux; ce sont là autant de précautions prises par la nature, en vue de diminuer l'évaporation, d'accroître la puissance d'absorption et d'en régulariser les effets. — Au contraire, dans les régions de grande humidité, les plantes ont des racines relativement petites et peu nombreuses, avec des feuilles vertes, bien développées, parfois énormes, qui sont le siège d'une transpiration abondante.

3. La **chaleur** n'est pas moins nécessaire que l'humidité à la vie végétale, et c'est principalement aux différences de température que sont dues les différences des flores. Il n'existe point d'espèces végétales cosmopolites; chacune a son habitat, plus ou moins étendu, mais toujours limité par le climat : ainsi, certaines plantes arctiques végètent dans une température très basse et meurent sous un climat tempéré; les plantes équatoriales, au contraire, ne peuvent vivre que dans une atmosphère chaude. La classification géographique des végétaux est donc basée, en premier lieu, sur la température.

4. La **lumière** peut, jusqu'à un certain point, suppléer à l'insuffisance de la chaleur: ainsi, l'orge mûrit plus vite en Laponie, où le soleil est presque constamment sur l'horizon pendant deux mois, que dans le sud de la Suède, où la durée de plus longs jours est d'environ dix-huit heures. Si certaines plantes aiment une lumière atténuée et recherchent l'ombre, la plupart ne se développent bien qu'en plein soleil.

161. Dispersion des végétaux. — Comme les flores des diverses parties du monde sont différentes, même là où elles se trouvent dans les mêmes conditions climatériques, on est porté à croire qu'il y eut plusieurs centres de création, indépendants les uns des autres; mais, par suite d'échanges mutuels, les flores se sont modifiées et se modifient toujours. Ces échanges se font, les uns par l'intermédiaire des *vents,* qui transportent, souvent à de grandes distances, les graines légères et celles qui sont pourvues d'aigrettes ou d'ailettes ; d'autres, par les *courants marins :* c'est ainsi que des noix, transportées par eux, ont germé sur les bords de certaines îles coralliennes du Pacifique, qui leur sont ainsi redevables de leur gracieuse ceinture de cocotiers. Toutefois, les principaux **agents de dispersion** sont les *animaux* et *l'homme.*

1° Les **animaux** qui concourent le plus efficacement à la dissémination des plantes sont les *oiseaux migrateurs :* ils transportent d'un pays à l'autre des graines munies de poils ou de crochets, qui s'attachent à leurs plumes ; et les oiseaux *frugivores :* les graines, qu'ils avalent avec les fruits, germent là où elles tombent.

2° Toutefois, leur rôle, dans la dissémination des espèces végétales, est moins important que celui de **l'homme.** Tantôt c'est inconsciemment qu'il introduit des plantes étrangères ; ainsi, des graines apportées dans des ballots de laines, de cuirs, etc, ont doté les environs de certains ports d'une flore exotique. Il paraît qu'on s'aperçut, après le passage des armées allemandes, en 1871, que le plateau de Belleville s'était enrichi d'une centaine d'espèces nouvelles. — Souvent aussi, c'est à dessein que l'homme s'efforce d'acclimater des végétaux étrangers, en vue d'en tirer parti pour son agrément ou son utilité. Ses cultures empiètent d'ailleurs sur la flore locale, et se développent à ses dépens ; certaines espèces sauvages finissent ainsi par disparaître.

162. Acclimatation. — De quelque manière qu'ils aient été introduits dans un nouvel habitat, les végétaux ne peuvent y vivre s'ils y trouvent des conditions trop défavorables, surtout de la part du climat. L'acclimatement sera d'autant plus difficile qu'il y aura plus de différence entre le nouveau climat et le climat d'origine. Il y a ici une remarque importante à faire : les plantes habituées à supporter les extrêmes de chaleur et de froid, d'humidité et de sécheresse des climats excessifs s'accommodent assez aisément des climats maritimes; par contre, les végétaux des pays à climat maritime ont plus de peine à supporter les rigueurs des climats continentaux.

163. Flores de la zone torride. — Dans les régions intertropicales, où la température est très élevée durant tout le cours de l'année, le développement de la végétation dépend surtout de l'humidité. Selon que les pluies sont plus ou moins abondantes et constantes, la flore revêt des aspects différents; et on passe des *forêts vierges* aux *savanes* et aux *déserts* par des transitions presque insensibles.

La région équatoriale, à pluies constantes, est, par excellence, le domaine des forêts. Bien que peuplées d'essences différentes, variant avec les pays, les **forêts vierges** ont cependant nombre de caractères communs. La végétation y est comme étagée; de grands arbres, parmi lesquels d'innombrables espèces de *palmiers*, y dressent leurs têtes à une hauteur de 50 à 60 mètres; au-dessous de leurs dômes toujours verts (ils ne perdent jamais leur feuillage), des arbres moins élevés, des *fougères arborescentes*, abritent de petits arbustes. Des *lianes* gigantesques courent d'un arbre à l'autre, enlacent les troncs et s'élèvent, d'étage en étage, jusqu'aux plus hautes cimes. C'est un fouillis inextricable; on ne s'y fraie un passage que la hache à la main. Le dôme de verdure est si épais et si continu qu'on peut voyager des mois entiers dans la forêt sans jamais apercevoir le soleil. — L'Amérique renferme la plus grande des forêts vierges, les *selvas* du bassin de l'Amazone; il y en a d'autres le long des côtes du Brésil, dans les Guyanes, dans la Floride, etc. Il en existe deux grandes en Afrique, l'une située entre le golfe de Guinée et le Soudan, l'autre, à l'est, dans les bassins de l'Arrouhimi et du haut Nil. Ceylan, la presqu'île de Malacca et l'Insulinde possèdent aussi de magnifiques forêts vierges.

Dans celles des régions intertropicales qui sont soumises à des alternatives de sécheresse et d'humidité, la forêt, là où elle existe, présente un aspect différent. Elle est moins touffue; les arbres s'y dépouillent de leurs feuilles dans la saison sèche ; souvent, on voit se développer sur leur tronc et sur leurs branches une brillante végétation de plantes parasites, parmi lesquelles les *orchidées* se font remarquer par l'étrangeté de leurs formes et l'éclat de leurs couleurs. Ces forêts vont en s'éclaircissant à mesure que l'humidité se fait plus rare, et finissent par se confondre avec les savanes. — Dans cette catégorie se rangent les *sertaos* du Brésil, les *brousses* de l'Afrique tropicale, etc. Les *jungles* de l'Inde et l'Indo-Chine se rapprochent davantage de la forêt vierge.

164. On donne le nom de **Savanes** à de *vastes étendues herbeuses parsemées d'arbres;* ceux-ci sont tantôt isolés, tantôt réunis en bouquets (*parcs*), souvent disposés en rideaux de verdure le long des cours d'eau. Les savanes se rencontrent sur les points de la zone intertropicale qui n'ont pas un climat franchement maritime; car, les alternatives d'humidité et de sécheresse, qui s'y reproduisent périodiquement, se prêtent mal à la formation des forêts et sont au contraire favorables au développement des plantes herbacées annuelles, surtout des *graminées,* qui dominent dans la flore des savanes. Elles germent après les premières pluies, croissent rapidement et couvrent le sol d'un tapis de 2 à 3 mètres d'épaisseur; puis, elles se dessèchent et meurent pendant la saison sèche. — Les arbres, qui se dressent au-dessus des hautes herbes, diffèrent avec les savanes et donnent à chacune un cachet spécial; ainsi, dans les *llanos* du Vénézuéla, ce sont des *palmiers,* autour desquels s'enlacent des lianes; dans les *campos* du Brésil, des *mimosées* et des plantes grasses, des *cierges géants ;* dans les savanes africaines du Soudan et des pays compris entre le Congo et le Zambèze, des *baobabs,* arbres énormes, dont le tronc atteint jusqu'à 25 mètres de tour; dans celles de la région des grands lacs, des *euphorbes géantes,* des *acacias,* et, sur certains points, des bouquets de *sycomores* et de *tamariniers ;* l'arbre caractéristique des savanes australiennes est l'*eucalyptus.* — La végétation des savanes devenant de plus en plus maigre à mesure que les pluies sont moins abondantes ou plus incertaines, elles finissent souvent

par se confondre avec les déserts, qui leur sont contigus : c'est ainsi qu'il est impossible de tracer la limite qui sépare le Sahara des savanes soudaniennes.

165. Les **déserts**, dont il a déjà été question (n° 121) représentent le terme extrême des climats continentaux : la sécheresse persistante de l'air, due à l'absence ou à l'insuffisance des pluies, s'y oppose au développement normal de la végétation : par suite, les rares espèces végétales, qui ont réussi à s'y acclimater, ont dû prendre des formes caractéristiques, que nous avons précédemment signalées (141, 2°). La flore des déserts est d'ailleurs très pauvre en espèces et les individus y sont clairsemés : *buissons épineux*, *herbes coriaces*, voilà à quoi se réduit habituellement la végétation dans les **déserts du Sahara**, de **la Syrie**, de **l'Arabie** et de **la Perse**, là où elle ne fait pas complètement défaut, ce qui arrive fréquemment : ajoutons quelques *tamarix* et *acacias*, groupés le long du lit de cours d'eau temporaires et dans les creux où se conserve un peu d'humidité. — Sur les points où une nappe souterraine affleure et permet un arrosage abondant, se développe la riche végétation des **oasis** : à l'ombre des grands *palmiers* poussent des *citronniers*, des *orangers*, des *figuiers*, etc., qui abritent eux-mêmes des *céréales* et des *légumes*. — Le désert de **Kalahari**, dans l'Afrique australe, ne renferme point de ces belles oasis ; mais, comme il est moins sec que le Sahara, il a aussi une végétation moins pauvre : on y trouve des *plantes grasses* et des *arbustes épineux*, parmi lesquels un curieux acacia : sa tige se développe en terre et les feuilles, qui la surmontent, s'étalent sur le sol. — Les **déserts australiens** sont parsemés de buissons d'*acacias* et d'*eucalyptus;* parmi les végétaux étranges qu'on y rencontre, nous citerons l' « arbre-bouteille », au tronc renflé et spongieux ; et l' « herbe porc-épic », armée partout de pointes rigides et de crochets acérés. — Remarquons ici, pour n'avoir pas à y revenir, que la flore désertique des régions tempérées est, avec certaines différences dans les espèces, semblable à celle de la zone torride : des *buissons épineux*, des *herbes coriaces,*

quelques *plantes grasses* en constituent le fond. Les plantes caractéristiques des **déserts du Grand-Bassin, du Nouveau-Mexique** et du **Colorado,** dans l'Amérique du Nord, sont des *yuccas* et des *cactées,* parmi lesquelles les *cierges géants,* qui atteignent de 10 à 15 mètres d'élévation.

166. Flore des régions tempérées. — La flore primitive des régions tempérées a été profondément modifiée, par le fait de l'homme, dans sa composition et plus encore dans sa distribution. L'aire des plantes domestiques s'y est largement étendue aux dépens des espèces sauvages. Les vastes forêts et les steppes, qui les couvraient au début des temps historiques, n'ont pas cessé de reculer devant l'envahissement des cultures. La végétation y présente d'ailleurs une grande variété, produite par la diversité des climats ; et il y a de grandes différences entre la flore des *contrées tempérées chaudes,* celle des *contrées tempérées froides à climat maritime* et celle des contrées *tempérées froides à climat continental.*

Contrées tempérées chaudes. — La **région méditerranéenne,** par son climat (n° 124, 137, 1°) et par sa flore autant que par sa situation, sert de transition entre les déserts brûlants de l'Afrique et les terres plus froides du reste de l'Europe. Certains végétaux de la zone torride s'y sont acclimatés le *palmier* lui-même y pousse en pleine terre ; il est vrai qu'il ne donne de fruits que sur quelques rares points de la péninsule ibérique). Ils s'y rencontrent avec des arbres des climats froids. Pourtant, la flore méditerranéenne, qui est très riche, se compose en majeure partie (60 pour 100) de végétaux qui lui sont propres. Parmi les espèces les plus caractéristiques, nous citerons le *chêne-liège,* le *chêne-vert,* le *pin-parasol,* le *pin d'Alep,* l'*olivier,* l'*oranger,* le *citronnier,* etc. La sécheresse, persistante durant la saison chaude, est cause que les forêts y sont généralement assez maigres, souvent même remplacées par des buissons (mâquis de la Corse, garrigues du midi de la France, etc.). Les essences ligneuses sont à feuillage persistant. Dans les espaces découverts et au milieu des buissons, des touffes de *gra-*

minées poussent à côté d'autres herbes vivaces, *plantes bulbeuses, labiées* odorantes, mais ne forment pas de tapis continu comme dans les prairies. Les steppes d'*alfa* des hauts plateaux de l'Atlas sont dépourvues d'arbres.

167. Sur les côtes de la **Californie** et du **Chili central**, la végétation a beaucoup d'analogie avec celle de la région méditerranéenne. — Les **pampas** de l'Argentine sont couvertes de hautes graminées : les hivers y sont secs et les étés pluvieux. — De l'autre côté de la Cordillère, dans le **Chili méridional**, où l'air est constamment humide et la température toujours douce, se développe une épaisse **forêt**, qui rappelle les forêts vierges des régions équatoriales. Parmi les grands arbres dominent les *hêtres*, les *araucarias* et autres *conifères;* dans le sous-bois, on remarque les *fougères arborescentes*, de grands *fuchsias*, etc. On trouve une végétation analogue sur les côtes sud-orientales de l'Australie et à l'ouest de la Nouvelle-Zélande.

Contrées tempérées froides à climat maritime. — La flore des contrées tempérées froides à climat maritime (n° **124**, 2°) est caractérisée par l'abondance de la végétation ligneuse : le nord-ouest de l'Europe et de l'Amérique et le nord-est de l'Asie sont donc des **régions forestières** de leur nature. Dans les parties les moins froides, le *chêne*, le *hêtre* et le *bouleau* sont, avec des *conifères*, les principales essences des forêts. En Suède et en Norvège, où le climat est plus froid, dans le nord de la Russie, où il est en même temps moins maritime, les essences dominantes sont les *sapins*, les *mélèzes*, les *bouleaux*. On les retrouve, plus chétifs et plus clairs dans les forêts sibériennes, qui passent peu à peu à la végétation arctique.

Contrées tempérées froides à climat continental. — La végétation herbacée prédomine dans les contrées tempérées froides à climat continental (n° **124**, 3° , où l'insuffisance de l'humidité ne se prête pas à la formation des forêts. C'est le domaine des **steppes**, vastes étendues herbeuses, dépourvues d'arbres; comme les savanes de la zone torride, elles confinent souvent à des déserts, dans lesquels elles se fondent par des transitions insensibles.

— Les principales steppes sont : en Europe, la plaine de la Hongrie ou *puszta magyare* et les *steppes des Cosaques* dans la Russie méridionale; dans l'Asie centrale, les *steppes des Kirghiz* et *des Turcomans;* dans l'Amérique du Nord, la *grande Prairie,* qui, comme la puszta magyare, est, en grande partie, livrée à la culture.

168. Flore arctique. — Les contrées les plus septentrionales de l'Ancien et du Nouveau Monde ont une végétation à peu près identique; comme le sol n'y dégèle, durant l'été, qu'à une très faible profondeur, les plantes ligneuses, représentées surtout par des *saules* et des *bouleaux,* sont rares et chétives : il en est peu qui atteignent un mètre et la plupart ne dépassent pas quelques centimètres. Les fleurs sont rares, mais ont un vif éclat. La majeure partie de la flore se compose de *mousses* dans les endroits marécageux, et de *lichens* dans les parties sèches et pierreuses.

169. Flore des hautes montagnes. — La flore des montagnes varie à l'infini, suivant la contrée, l'exposition, la latitude et l'altitude, qui modifient le climat. On peut dire que les hautes montagnes de la zone torride portent, échelonnés de leur base à leur sommet, des spécimens de toutes les flores, depuis les végétaux des régions intertropicales jusqu'aux plantes naines de la végétation arctique.

§ III. — LES ANIMAUX

170. — Objet de la géographie zoologique. — *L'ensemble des espèces animales,* qui vivent dans un pays et s'y reproduisent, constitue la **faune** de ce pays. Le but du géographe n'est pas d'étudier ces espèces elles-mêmes, mais de déterminer, s'il est possible, les rapports des diverses faunes avec leur milieu géographique. La géographie zoologique devrait donc être *l'explication rationnelle de la distribution des espèces animales à la surface du globe.* Mais, il s'en faut que ce but soit atteint. La géographie zoologique, science toute récente, n'existe encore qu'à l'état d'ébauche. C'est pourquoi, nous nous contenterons, après quelques remarques sur les *conditions de la vie animale*, d'exposer brièvement la *classification des faunes*, qui est aujourd'hui le plus en faveur.

171. Conditions de la vie animale. — Il n'y a pas d'animal cosmopolite, à l'exception du chien domestique : chaque espèce a son habitat, plus ou moins étendu, où elle reste confinée : c'est, avant tout, une question de **température** : ainsi, les reptiles, qui foisonnent dans la zone torride, diminuent dans les régions tempérées à mesure qu'on s'éloigne de l'équateur, et on n'en trouve pas dans les pays froids ; les crocodiles et les grands serpents ne dépassent guère les tropiques. — Certaines espèces animales habitent pourtant des climats très différents, mais c'est à condition de subir certains changements accidentels, imposés par le milieu ; ainsi, les moutons du Sahara central sont couverts d'un duvet de poils courts, tandis que le tigre de Mandchourie est revêtu d'une fourrure épaisse.

Pour n'être pas fixés au **sol**, comme les plantes, les animaux en dépendent cependant d'une certaine manière, puisque le plus grand nombre vit des végétaux qui en sont le produit direct ; il est des animaux, les chenilles, en particulier, qui tirent exclusivement leur nourriture d'une ou de plusieurs espèces végétales strictement déterminées. — Les formes mêmes de la végétation ont leur influence : les animaux grimpeurs habitent surtout les *forêts ;* les coureurs et les fouisseurs préfèrent les *savanes* et les *steppes*.

Enfin, la **lumière** exerce aussi son action sur la faune. Les animaux des cavernes obscures sont aveugles, et de teintes effacées ; ceux des régions équatoriales, où la lumière est très vive, les oiseaux et les insectes surtout, sont parés des plus brillantes couleurs. Dans les régions polaires, où la nuit est si longue, et la lumière de l'été si terne, les animaux portent une livrée blanche.

La **dispersion** des animaux en dehors de leur pays d'origine est subordonnée aux conditions climatériques.

et dépend de leurs moyens de locomotion. Les oiseaux au vol puissant sont les plus favorisés sous ce rapport ; ils traversent sans peine les grands fleuves, les déserts, les mers, qui opposent des barrières infranchissables aux gros mammifères. Toutefois, les migrations de certaines espèces d'oiseaux et des insectes ailés peuvent être rendues impossibles par de hautes chaînes de montagnes, où ils ne trouveraient pas de quoi vivre ; c'est ainsi que les deux versants de la Cordillère ont des faunes différentes.

172. Classification des faunes. — Divers essais de classification des faunes ont été tentés à la fin du siècle dernier. sans grand succès d'ailleurs : le problème est trop complexe et l'extrême variété de la vie animale se prête mal à des généralisations ; elle déborde partout les cadres géographiques dans lesquels on prétend l'enfermer. On a donc été obligé de se contenter d'à peu près pour définir les **régions zoologiques**. La règle adoptée est la suivante : *Dès que la moitié des espèces rencontrées dans une région lui est propre, celle-ci est constituée en région distincte.* Comme il serait impossible de tenir compte de toutes les espèces, les naturalistes en sont réduits à prendre pour base telle ou telle classe d'animaux supérieurs ; les uns ont choisi les mammifères, d'autres les oiseaux, d'autres les reptiles. On voit tout de suite ce que cette manière de procéder présente d'arbitraire.

La classification la plus généralement adoptée est celle de Sclatter, modifiée par Wallace. La surface des terres est divisée en **sept régions zoologiques** : *arctique, paléarctique, néarctique, néotropicale, éthiopienne, indienne* ou *orientale* et *australienne,* subdivisées elles-même en *sous-régions.*

1. La **région arctique** a peu d'espèces animales : les quadrupèdes y sont représentés par le *renne* (Ancien monde), le *bœuf musqué* (Nouveau monde), l'*ours blanc* et des animaux à fourrures, *renards, lièvres, hermines,* etc. ; les oiseaux par *l'eider,* la *perdrix blanche,* etc. ; il n'y a pas de reptiles.

2. La **région paléarctique** comprend les parties

tempérées septentrionales de l'Ancien (*palaios*) continent. Elle se subdivise en quatre sous-régions : la *sous-
région européenne*, au nord des Pyrénées, des Alpes et
des Balkans, dont la faune est remarquable par le nombre
des espèces herbivores, *cerf, chevreuil, élan* au nord ,
lièvres, etc ; les carnassiers y sont représentés par l'*ours
brun*, le *loup*, etc. ; — la *sous-région méditerranéenne :*
elle s'étend, au sud de la précédente jusqu'au Sahara et
aux déserts de l'Arabie et de la Perse; dans ces pays au
climat sec et chaud, où dominent les formes buisson-
neuses, et les maigres pacages, on rencontre le *lion*, la
panthère, l'*hyène*, le *chacal*, et nombre d'animaux coureurs, les *antilopes*, les *gazelles*, les *chameaux;* — la
sous-région sibérienne, qui va de l'Oural au Kamtchatka :
ses steppes et ses forêts humides et froides sont surtout
peuplées d'*animaux fouisseurs;* au nord, la faune est.
en majeure partie, arctique et se compose surtout d'animaux à fourrures ; il y a des *antilopes* au sud ; — la
sous-région mandchourienne, qui comprend les arides
plateaux de l'Asie centrale, la Chine jusqu'au Yang-tsé
et le Japon ; malgré l'âpreté de leur climat, les solitudes
du Thibet sont peuplées de grands herbivores, *yacks,
antilopes, ânes* et *moutons sauvages*, et de carnassiers,
ours, loups, chiens sauvages; le *tigre* se rencontre en
Mandchourie et en Corée.

173. 3° La **région néarctique** comprend les parties
tempérées septentrionales du Nouveau (*néos*) Monde.
c'est-à-dire les États-Unis et le Canada. — La *sous-
région canadienne* a des *animaux à fourrures* et de
nombreux herbivores, *bœufs musqués, élans, cerfs*, etc.
— Dans le sud de la *sous-région des Alléghanys*, commencent à paraître des types de la faune tropicale,
perruches, serpents, alligators. — Les *bisons*, qui par-
couraient autrefois la *sous-région centrale* en troupeaux
innombrables, ont été exterminés: mais le *chien des
prairies* continue toujours d'y bâtir ses curieux villages.
— La faune de la *sous-région californienne*, avec ses
nombreux *reptiles*, ses *colibris* et ses *oiseaux-mouches*,
se rapproche beaucoup de la faune tropicale.

4° La **région néotropicale** comprend toute l'Amérique du Sud, les Antilles et le Mexique. On n'y rencontre point de grands herbivores, et les animaux y sont généralement plus petits que leurs congénères de l'Ancien Continent; ainsi en est-il du *jaguar* et du *cougouar*, qui remplacent le tigre et le lion; du *lama*, apparenté au chameau; du *nandou*, autruche américaine. La faune néotropicale comprend un grand nombre d'espèces d'*édentés* et surtout de *singes à longue queue*, qui lui appartiennent en propre, avec une grande variété d'*oiseaux* et d'*insectes*, parés des plus riches couleurs.

5° La **région éthiopienne** comprend les parties de l'Afrique situées au sud du Sahara. La faune de la *sous-région orientale et centrale* est des plus riches en grands herbivores : *éléphants, hippopotames, rhinocéros, girafes, zèbres, antilopes*, etc., et en grands carnassiers : *lions, léopards, hyènes.* — Les espèces caractéristiques de la *sous-région occidentale* sont : de grands singes, parmi lesquels on remarque le *gorille* et le *chimpanzé;* des *perroquets*, d'énormes *boas;* — celles de la *sous-région malgache*, la plus nettement tranchée, des *lémuriens*, sortes de singes; l'île en possède vingt-cinq qui lui sont propres, et sa faune est d'ailleurs tout à fait différente de la faune africaine.

174. 6° La **région indienne** ou **orientale** a une faune au moins aussi riche que la région éthiopienne; c'est le pays de l'*éléphant*, du *tigre*, du *zébu* ou bœuf à bosse; les *reptiles* petits et grands, souvent venimeux, y foisonnent; de même les insectes, parmi lesquels de merveilleux *papillons* et *coléoptères*. Elle se divise en quatre *sous-régions, indienne, ceylanaise, indochinoise* et *malaise.* — Les forêts de cette dernière renferment des espèces que ne possèdent pas les autres : le *rhinocéros*, l'*orang-outang*, le *tapir*, etc.

La **région australienne** comprend l'Australie et la plupart des îles du Pacifique. — L'*Australie* forme une *sous-région :* la faune australienne est remarquable par sa pauvreté et par ses types archaïques, qui rappellent ceux des âges géologiques antérieurs; les principaux quadrupèdes indigènes sont les *kangourous* (cinquante espèces), pourvus d'une poche abdominale, où ils logent leurs petits : l'*ornithorhynque*, espèce de loutre à bec de canard ; l'*échidné*, couvert de piquants ; parmi les oiseaux, on remarque l'*émeu*, espèce d'autruche. l'*oiseau-lyre*, des *perroquets* et des *perruches* ondulées. — La *sous-région papoue* (Nouvelle-Guinée et îles voisines) est beaucoup plus riche : là se rencontrent les *oiseaux de paradis*, les *casoars* (espèce d'autruches), de magnifiques *papillons* et *coléoptères*. — Dans la *sous-région polynésienne*, les seuls mammifères sont les *rats* et les *chauves-souris* ; les *pigeons* et les *perroquets* y sont généralement nombreux. Dans la Nouvelle-Zélande, on trouve un curieux oiseau. l'*aptéryx*, qui est dépourvu d'ailes.

QUATRIÈME PARTIE

GÉOGRAPHIE ANTHROPOLOGIQUE

§ I. — PLACE DE L'HOMME DANS L'HISTOIRE DE LA TERRE

175. Ancienneté de l'espèce humaine. — 1° *L'homme est le dernier venu des êtres animés* qui peuplent la Terre; voilà ce que la géologie, d'accord sur ce point avec la Bible, permet d'affirmer. Mais *la date de son apparition dans le monde est incertaine*. La chronologie biblique flotte indécise : le texte hébreu, le texte latin de la Vulgate et le texte grec des Septante, qui jouissent d'une égale autorité, ne concordent pas pour la période antédiluvienne; de sorte que les calculs, qui s'appuient sur la Bible pour déterminer la date de la création, diffèrent d'environ 3.000 ans. D'un autre côté, les documents les plus anciens de l'histoire profane nous reportent à une distance de 4 à 5.000 ans, tout au plus, avant l'ère chrétienne.

2° Les savants, qui ont la prétention de lire la *préhistoire* de l'humanité dans les documents géologiques, ne sont pas plus d'accord que les historiens et les exégètes. Quelques-uns font remonter l'apparition de l'homme à la fin ou même au milieu de l'ère tertiaire; mais cette opinion n'a plus guère de partisans. Tous sont d'accord, au contraire, pour reconnaître que *l'homme a vécu, en Europe, à l'époque quaternaire à la fin de la période glaciaire;* car les terrains de cette époque renferment non seulement des produits authentiques de son industrie : silex taillés et polis, dessins gravés, etc., mais encore des crânes, des ossements, des squelettes humains ; on a retrouvé ces débris sur divers points de la France, en Belgique, en Allemagne, mêlés à ceux de divers animaux, dont les uns, comme le mammouth, n'existent plus, et les autres, comme le renne, l'élan, l'hippopotame, ont émigré en d'autres contrées. — Mais le désaccord des savants reparaît, quand il s'agit d'évaluer en siècles le temps écoulé depuis cette époque : les calculs qu'ils ont déduits des données géologiques sont si peu sérieux, que les résultats varient de 10.000 à 1.000.000 d'années et plus. Le problème paraît d'ailleurs scientifiquement insoluble ; on peut bien, en effet, mesurer exactement l'épaisseur des couches d'argile, de sable, de tourbe, etc., qui recouvrent des ossements humains ou des instruments fabriqués de main d'homme ; mais, pour savoir à quelle époque ces débris se trouvaient encore à la surface du sol, il faudrait pouvoir calculer combien de temps ces couches ont mis à se former, et cela est impossible ; car *la science ne possède pas de chronomètre géologique*. Prétendre faire servir à cet usage le temps que mettent à se former les dépôts actuels n'est pas faire œuvre sérieuse, puisque nous ignorons dans quelles conditions se sont formés les dépôts fossilifères, et que nous savons seulement qu'elles devaient être très différentes de celles d'aujourd'hui, à cause de l'humidité excessive qui caractérise l'époque glaciaire et les temps qui suivirent. — Ajoutons encore que le désir de mettre la Bible en défaut, beaucoup plus que l'amour sincère de la science, a porté nombre de savants impies à rejeter, contre toute raison, dans une antiquité fabuleuse, l'apparition de l'homme sur la Terre.

176. Son rang dans la nature. — Si l'homme est le dernier venu des êtres animés, il est incontestablement *le premier par sa perfection*. Sans doute, il est soumis aux mêmes lois physiques que les autres animaux, attaché comme eux à la surface de la planète, entraîné dans ses mouvements, recevant d'elle l'air et la nourriture dont il a besoin pour entretenir sa vie. Mais il les domine tous de son évidente supériorité. A ne considérer que son corps seul, l'homme est au plus haut sommet du règne animal : l'harmonieuse proportion de ses organes, son attitude verticale, la conformation de ses mains, la beauté de son visage, le volume de son cerveau lui méritent cette distinction. Mais, ce qui le met *hors de pair*, c'est sa raison ; seul de tous les êtres visibles, il est intelligent, libre et par conséquent responsable de ses actes. Sa nature, disait Buffon, est « si supérieure à celle des bêtes, qu'il faudrait être aussi peu éclairé qu'elles le sont pour pouvoir les confondre ». On l'a fait pourtant, en rangeant l'homme, à côté du singe, dans l'ordre des primates. Aristote dans l'antiquité, et, de nos jours, les deux Geoffroy et de Quatrefages ont fait preuve de plus de discernement, en soutenant que l'homme forme un règne à part, aussi distinct de l'animal que celui-ci l'est du végétal.

177. Son origine. — Cette tendance à ravaler l'homme au niveau des bêtes se manifeste encore plus ouvertement chez certains savants, à propos de son **origine**. D'après les théories de Darwin, complétées et plus ou moins modifiées par une pléiade de zélés disciples, l'homme ne serait qu'un produit perfectionné de la vie animale ; il aurait pour ancêtre immédiat quelque bête, un peu supérieure aux singes actuels. Personne, il est vrai, ne l'a vue ; l'espèce en est, sans doute, éteinte depuis longtemps. Mais, comme l'animal a dû laisser ses os quelque part, on arrivera bien un jour à les retrouver, et, en attendant, on l'a appelé *anthropopithèque* ou *pythécanthrope* (homme-singe ou singe-homme). Cette parenté n'a rien, d'ailleurs, dit-on, de blessant pour notre dignité, tout au contraire : « Ne vaut-il pas mieux, dit Vogt, être un singe perfectionné qu'un Adam dégénéré ? » « C'est là, ajoute É. Reclus, une doctrine qui, loin d'être humiliante pour l'homme, serait au contraire de nature à l'enorgueillir : nos immenses progrès justifieraient un immense espoir. » Il est permis de ne pas partager cet avis ; au surplus, le sentiment, d'un côté comme de l'autre, n'a pas qualité pour résoudre les questions scientifiques ou pour en contrôler les solutions ;

il s'agit uniquement de savoir si la doctrine repose sur des principes certains ou suffisamment probables, si elle s'appuie sur des faits bien vérifiés et si elle tire des uns et des autres des conclusions légitimes. Or tel ne paraît pas être le cas en ce qui concerne la doctrine de l'évolution.

178. Note sur l'évolutionisme. — On a donné le nom d'**évolutionisme** à une théorie suivant laquelle les êtres, par leurs propres forces et sous l'action naturelle du milieu où ils sont placés, transforment leur nature en développant peu à peu leurs facultés. Ainsi, dans un milieu favorable, la matière brute devient un être vivant, le végétal un animal, l'animal un homme pensant. — Comme ce n'est pas ici le lieu d'exposer plus au long la doctrine de l'évolution, nous nous contenterons des remarques suivantes :

A. Que la matière inorganique puisse, d'elle-même, acquérir la vie, c'est une supposition non seulement gratuite, mais absolument contraire à l'axiome jusqu'ici admis par les naturalistes : Tout vivant vient d'un autre vivant, *omne vivum ex vivo* ou *ex ovo*, axiome qui a acquis un nouveau degré d'évidence, depuis que les expériences de Pasteur ont ruiné de fond en comble la théorie des générations spontanées. C'est pourtant à la génération spontanée que les évolutionistes sont condamnés à avoir recours ; car la vie n'a pas toujours existé sur la Terre : elle fut impossible, de l'aveu de tous, avant un refroidissement suffisant de la planète. Pour échapper à cette difficulté, il s'est rencontré des savants, et non des moins qualifiés, qui ont supposé que des germes vivants, détachés d'une autre planète, avaient pu tomber sur la Terre et y déposer la vie. Toutes les suppositions sont permises, pourvu qu'on exclue l'action du Créateur !

B. Une fois en possession d'une parcelle de matière vivante, qu'il nomme *monère*, Hæckel se met à l'œuvre, étudie ce produit de son imagination, et, en le considérant avec des yeux attentifs, il le voit se transformer successivement, par sa propre vertu, en larve ciliée, en ver informe, en lamproie, en salamandre, etc. ;

il le suit ainsi, avec un amour paternel, gravissant lentement les vingt-deux degrés qu'il a, d'après lui, à franchir avant de devenir un homme. Ce n'est plus ici œuvre de savant, mais divagations d'esprit malade. — Sans aller aussi loin que son disciple, Darwin lui avait cependant frayé la voie en essayant de montrer, dans son livre sur l'*Origine des espèces*, que les espèces animales et végétales ne sont pas stables ; qu'elles évoluent et constituent, dans des circonstances favorables, de nouvelles espèces, complètement différentes des espèces mères, et susceptibles de se perfectionner ainsi indéfiniment. Cette conception n'a rien d'absurde en soi et pourrait se concilier avec le dogme de la création. Mais les choses se sont-elles passées ainsi? Voilà ce que Darwin, malgré l'étendue de sa science, n'est pas arrivé à démontrer. L'expérience est absolument négative : les espèces sont susceptibles de certaines modifications limitées, qui constituent les variétés. On peut même, par le croisement de deux espèces du même genre, obtenir des hybrides: mais ces hybrides sont ordinairement stériles, et les produits de ceux qui sont féconds font invariablement retour aux espèces mères, après un certain nombre de générations. Jamais on n'a constaté la transformation d'une seule espèce. Il est donc improbable que le fait soit arrivé dans les âges préhistoriques et pour l'ensemble des espèces.

C. L'évolutionisme de Darwin semble donc manquer des caractères qui rendent une hypothèse plausible, et cependant il a séduit beaucoup d'esprits. Sans doute, la haute valeur scientifique de son auteur, la nouveauté de ses aperçus ingénieux, la grandiose simplicité du système qui embrasse, dans une vaste synthèse, l'histoire naturelle de tous les êtres passés, présents et futurs, ont contribué à son succès; mais cela ne suffit pas à expliquer la vogue qui l'a accueilli dès son apparition. Il la doit surtout aux conséquences qui découlent des prémisses qu'il pose. En effet, si la matière animée est capable de se transformer d'elle-même et de produire ainsi toutes les espèces animales et végétales, pourquoi la matière brute ne pourrait-elle pas s'organiser et devenir vivante? Ce pas a été, nous l'avons dit, franchi par Hæckel, qui a été suivi par les autres évolutionistes, et finalement par Darwin lui-même. Or il est évident qu'avec une matière éternelle et créatrice, le miracle de la création se trouve supprimé, et Dieu n'a plus de place dans le monde. Le rêve matérialiste avait trouvé sa base scientifique; base croulante, il est vrai, mais dont on se contente faute de mieux. C'est pour cela que Darwin est salué par Hæckel comme un nouveau Copernic, un nouveau Newton, et par Strauss comme l'un « des plus grands bienfaiteurs de l'humanité », parce qu'il « fait rentrer d'un seul coup dans le néant le dogme de la création, la doctrine mystique et dualiste d'une création isolée de diverses espèces ». (Hæckel. Ajoutons, en terminant, que les savants français les mieux posés, sans excepter Littré lui-même, se sont toujours refusés à voir dans le darwinisme autre chose qu'un système tout conjectural, démenti par l'expérience et l'observation.

§ II. — LES POPULATIONS HUMAINES

179. Nombre des hommes. — On évalue la population totale du globe à environ 1.600 millions d'êtres humains, soit à peu près onze habitants par kilomètre carré. Cette population se répartit de la manière suivante :

Europe,	400 millions	40	habitants par kilom. car.
Asie,	800 —	19	—
Afrique,	200 —	7	—
Amérique,	145 —	32	—
Océanie et Insulinde,	45 —	17	—

180. Natalité et mortalité. — 1° On entend par le mot **natalité** le rapport qui existe entre le nombre des naissances annuelles et le chiffre de la population totale. Ce rapport, impossible à établir, faute de données suffisantes, pour l'ensemble de l'humanité, est assez

exactement connu dans les pays où les registres de
l'état-civil sont régulièrement tenus. Il varie beaucoup
avec les contrées, comme l'indique le tableau suivant :

NAISSANCES

	Par 1000 habitants.		1900	
	1865-1884	1890	Total.	Par 1000 h.
Russie...............	49		1.800.000	49
Autriche-Hongrie.....	40	39	1.760.000	39
Allemagne...........	39	36	2.060.000	36
Italie	37	36	1.113.000	34
Angleterre...........	35	29	1.160.000	28
France...............	25	22	866.000	22

Nulle part le taux de la natalité ne s'élève à 50 par
1.000 et ne descend à 20. La Russie occupe le premier
rang, et la France le dernier. — On remarquera que la
natalité est en décroissance sensible dans tous les pays
européens.

2° La **mortalité** est le rapport entre le nombre des
décès annuels et le chiffre de la population totale. Le
tableau suivant indique la mortalité, à diverses époques,
dans les principaux pays de l'Europe :

DÉCÈS

	Par 1000 habitants.		1900	
	1865-1883	1890	Total.	Par 1000 h.
Russie...............	36		3.200.000	31
Autriche-Hongrie	31	31	1.161.000	26
Allemagne...........	27	24	1.300.000	23
Italie	29	26	815.000	25
Angleterre...........	21	19	758.000	18
France...............	21	23	892.000	23

On remarquera que les pays qui ont la plus forte natalité sont aussi ceux où la mortalité est la plus élevée,
et que celle-ci est également en décroissance en Europe.

181. L'excédent des naissances sur les décès a pour
conséquence l'**accroissement de la population**. Le

tableau suivant indique l'accroissement à diverses époques, dans les grandes nations européennes :

ACCROISSEMENT

	Par million d'habitants.	Global.	
	1865-1883	1890	1900
Russie	13.700		1.600.000
Autriche-Hongrie	6.500	330.000	500.000
Allemagne	12.100	560.000	760.000
Italie	7.700	287.000	300.000
Angleterre	13.700	370.000	100.000
France	1.600	— 38.000	— 26.000

La France, ayant la plus faible natalité, ne peut manquer de venir au dernier rang pour le taux d'accroissement : la population y est aujourd'hui à peu près stationnaire ; elle a même diminué en 1890 et en 1900. Chez les autres peuples, l'accroissement se ralentit aussi, mais dans des proportions bien moindres.

Si l'on compare l'accroissement de la population dans les grands États d'Europe durant le siècle dernier, on arrive à des constatations intéressantes, quoique pénibles pour notre amour-propre national. La population totale de l'Europe était d'environ 175 millions, au début du siècle ; et, comme elle atteignait, à la fin, 400 millions, elle a donc plus que doublé, malgré les guerres et l'émigration. Il s'en faut d'ailleurs beaucoup que les divers pays aient participé également à cet accroissement. Vers l'an 1800, la *Russie* comptait 35 millions d'hommes, la *France* (dans ses limites actuelles) 27, l'*Autriche* 25, l'*Angleterre* 16, l'*Allemagne* (Prusse, Saxe, Hanovre, Bavière, Wurtemberg et Bade) 14. Cent ans après, la Russie (116 millions) et l'Allemagne (56) avaient plus que triplé leur population : celle de l'Angleterre (42) était deux fois et demie plus forte ; celle de la France (39) n'avait pas même augmenté d'un tiers. En 1800, les Français entraient pour 15.4 % dans la population totale de l'Europe ; ils n'y figurent plus que pour 9.7. La Russie représente actuellement 29 %, l'Allemagne un peu plus de 14, l'Autriche 11.7 et l'Angleterre 10.3.

182. Répartition : principaux centres de peuplement. — Il s'en faut beaucoup que les 1.600 millions d'hommes qui peuplent le globe soient répartis d'une manière uniforme sur la surface des terres. Il est d'immenses **contrées inhabitées,** comme les *déserts* (n° 121), les *deux calottes polaires* et les *régions circonvoisines;* ainsi, toute la moitié septentrionale de la *Sibérie* n'a pas même 15 habitants par 100 kilom. carrés; et les immenses *Territoires* de la Puissance du Canada pas même 20 par 1.000 kilom. Les pays dont l'altitude est trop élevée sont également privés d'habitants.

Les principaux **centres de peuplement,** tous situés dans les contrées tempérées et tropicales de l'hémisphère du Nord, sont :

1. La **Chine,** qui renferme de 320 à 350 millions d'habitants, soit 60 à 65 par kilom. carré ; sur ses 18 provinces, une dizaine comptent de 100 à plus de 220 habitants par kilom. carré ; le *Japon* présente à peu près la même densité.

2. L'**Inde,** peuplée de 295 millions d'hommes, soit 59 en moyenne par kilom. carré; mais les provinces du Bengale, du Nord-Ouest et de Madras (ensemble 160 millions), en comptent de 104 à 186.

3. Les pays de l'**Europe centrale et occidentale** (y compris l'Italie), dont voici la population absolue et relative :

Allemagne.	56 millions,	101 habitants par kilom. carré.
Angleterre.	42 —	132 — —
Autriche-Hongrie.	45 —	72 — —
Belgique.	6.8 —	231 — —
France.	39 —	72 — —
Italie.	32	113 —
Pays-Bas.	5	157 —
Suisse	3	80 —

4. La **Russie** a un chiffre énorme de population absolue, 130 millions; mais la densité en est faible, sauf en Pologne, où elle atteint le chiffre de 74 habitants par kilom. carré.

5. Il faut en dire autant des **États-Unis** d'Amérique, dont la population est d'environ 80 millions; les territoires et les États du centre, du sud et de l'ouest n'ont encore qu'une population très restreinte, mais qui augmente rapidement.

183. Points de groupements des populations. —

Pour savoir où les populations se groupent de préférence, il suffit de se demander quels sont les points où on peut se procurer le plus facilement les choses nécessaires à la vie et au bien-être; de ce nombre sont : les *bords de la mer*, les *vallées* et les *plaines*, les *rives des fleuves*, les *régions minières* et *industrielles*, surtout dans les *pays chauds* ou *tempérés*.

1º Les **bords de la mer**, lorsqu'ils ne sont pas insalubres ou stériles, présentent de grands avantages : ici le varech, là la tangue (boue marine, spéciale à certaines baies, comme celle du mont Saint-Michel), fournissent de bons *engrais* aux terres voisines; partout, la *pêche* suffit à nourrir de nombreuses familles; le *commerce* attire dans les ports, non seulement des négociants, des armateurs, des voyageurs, des matelots, mais encore d'innombrables équipes d'ouvriers; enfin des plages, de plus en plus multipliées, sont envahies, à certaines époques, par de nombreuses familles de *baigneurs*, qui dépassent souvent, de beaucoup, le chiffre de la population fixe. — Les *bords des lacs*, qui offrent quelques-uns de ces avantages, sont aussi des centres d'attraction.

2º Les **vallées** et les **plaines** possèdent ordinairement des terrains fertiles, provenant d'alluvions fluviales ou marines; l'agriculture y est donc productive et suffit à nourrir des populations très denses. Aussi n'est-il point de pays plus peuplés que la vallée du Nil, les plaines de la Lombardie, du Bengale, de la Chine orientale. — Mais les points où se porte de préférence la population, et où s'élèvent les grandes villes, sont situés sur les **rives des fleuves**, et principalement aux *confluents* des grands cours d'eau, à cause des facilités qu'ils offrent pour les communications et les échanges.

184. 3º Les **pays miniers** sont aussi à ranger parmi ceux où la population forme des groupes plus compacts; car le travail des mines exige de nombreux ouvriers; et ceux-ci affluent, à cause de l'élévation relative des salaires. Des agglomérations considérables se forment, comme par enchantement, là où il n'y avait, avant l'ouverture de la mine, que de misérables hameaux.

4° Le plus souvent, les pays miniers sont en même temps des **pays industriels**, parce qu'il y a avantage à traiter le minerai ou à utiliser le combustible sur place, afin d'éviter les frais de transport. La grande industrie établit ses usines dans les lieux qui lui fournissent, à meilleur compte, les matières premières qu'elle transforme, ou la force motrice dont elle a besoin, et qui lui procurent en même temps les meilleurs débouchés pour l'écoulement des produits fabriqués. Tels sont, avec les centres miniers, les ports de mer et les grandes villes, dans lesquelles viennent converger de nombreuses *voies ferrées*, ou mieux encore des *canaux* et des *rivières* navigables.

5° Les **pays chauds** ou **tempérés**, qui ont un climat sain et une humidité suffisante, sont particulièrement propices à l'établissement de populations nombreuses, à cause de l'abondance des substances alimentaires qu'on y peut tirer du sol. Tel est le cas du Bengale et des provinces du Nord-Ouest (Inde), de Java (218 hab. par kilom. car.), qui appartiennent à la zone torride, du Japon central (178) et occidental (183), des provinces orientales de la Chine, de l'Europe du nord-ouest et des États-Unis d'Amérique, dans la zone tempérée du nord. — Au contraire, les **pays froids**, comme les hauts plateaux, les régions polaires et subpolaires, ne peuvent avoir que des populations très clairsemées, faute de substances alimentaires. Il en est de même des pays qui ne reçoivent que des pluies insuffisantes.

§ III. — LES RACES HUMAINES ET LES LANGUES [1]

185. L'espèce humaine. — L'homme, appelé à juste titre le roi de la création, est le seul être visible doué de raison et de sentiments moraux et religieux; il doit donc être rangé dans un groupe à part, supérieur au règne animal : il forme à lui seul le **règne humain.**

1. Voir, à la fin du volume, la carte des races humaines.

L'homme est cosmopolite : citoyen de la terre entière, il n'a pas, comme les espèces animales, un habitat limité à certaines régions, mais il est répandu sur toute la surface du globe ; en effet, on trouve des hommes dans les pays glacés qui avoisinent le pôle, dans les contrées brûlantes de la zone torride, dans les plaines et sur les montagnes ; seulement ce n'est que dans les climats tempérés qu'il arrive au développement complet et harmonieux de ses facultés.

Malgré les différences physiques, intellectuelles et morales que présentent les diverses races humaines, tous les hommes, issus d'Adam, appartiennent à la même famille naturelle. « L'humanité, dit M. de Quatrefages, ne forme qu'une seule espèce ; les groupes qu'on y reconnaît ne sont que des races de cette espèce. »

186. Les races humaines. — Toutes les variétés que présente l'espèce humaine se groupent autour de trois types principaux : le *type blanc*, le *type jaune* et le *type noir*. Les caractères qui servent à faire classer une race dans l'un ou l'autre type sont, en premier lieu, la forme des os du crâne et de la face, puis la couleur de la peau, et enfin la nature du système pileux. Quant aux différences de taille qui existent entre les diverses races, elles sont renfermées dans des limites beaucoup plus étroites qu'on ne le croit généralement ; ainsi, entre les Boschimans ($1^m,37$, en moyenne), qui sont les plus petits des hommes, et les Patagons ($1^m,72$), qui passent pour les plus grands, il n'y a qu'une différence de 35 centimètres.

1° Les races appartenant **au type blanc** se font remarquer par la beauté de l'ovale que forme la tête et par la position horizontale des yeux ; elles ont des cheveux longs et soyeux, une barbe bien fournie, et la peau blanche, au moins dans les climats tempérés. Ce sont elles qui marchent, depuis l'origine des temps historiques, à la tête de la civilisation et du progrès. — Le type blanc comprend : 1° la *race indo-européenne* ou *caucasique* (Hindous, Afghans, Persans, Slaves, Germains, Anglo-Saxons, Latins et Grecs) ; originaire de l'Asie cen-

trale, elle s'est répandue dans l'Inde, la Perse, l'Europe
entière, et peuple de ses colonies l'Amérique et l'Océanie;
— 2° la *race sémitique* (Juifs, Arabes, etc.), en Arabie et
dans toute l'Afrique septentrionale; — 3° enfin, diverses
*races, sorties originairement de nations appartenant
au type jaune,* mais modifiées par le climat (Basques,
Magyars ou Hongrois).

2° Le **type jaune** a pour caractères distinctifs un
visage élargi au milieu par des pommettes saillantes,
resserré vers le haut en un front fuyant, un nez large et
épaté, des yeux petits, bridés et relevés du côté de l'angle
externe, des cheveux rudes, grossiers et droits; la couleur de la peau varie du jaune au brun et au rouge cuivré.
Quelques peuples de race jaune, comme les Chinois, ont
une civilisation très ancienne; mais ils sont restés stationnaires depuis des siècles, et n'ont eu aucune influence
sur le développement intellectuel et moral de l'humanité.
— Les principales races appartenant au type jaune sont :
1° la *race finnoise* (Lapons, Finlandais, Samoyèdes,
Ostiaks, Esquimaux); 2° la *race tartare* (Turcs, Turcomans, Tartares, Mongols, Mandchoux, Kirghiz, Bachkirs);
3° la *race chinoise* (Chinois, Coréens, Japonais, Thibétains, Annamites, Siamois); 4° la *race malaise* (Malais,
Kanaks de la Polynésie, Hovas de Madagascar); et 5° les
race américaines (Peaux-Rouges, Aztèques, Toltèques,
Quichuas, Guaranis, Patagons, Fuégiens).

3° Les caractères les plus remarquables du **type noir**
sont : un front déprimé et arrondi, des mâchoires saillantes, de grosses lèvres, des cheveux laineux et crépus,
et une peau plus ou moins noire. — Livrés à eux-mêmes,
les nègres n'ont produit aucun monument littéraire ou
artistique, et ne sont pas sortis de la barbarie. Les
principales races appartenant à ce type sont : 1° la *race
nègre proprement dite* ou *nigritienne* (Soudan, Guinée
et Sénégambie); 2° la *race bantoue* ou *cafre* (plateau de
l'Afrique australe), au teint plutôt brun ou cuivré que
noir; 3° la *race éthiopienne,* qui se rapproche assez du
type blanc pour que certains auteurs en aient fait une
division de la race sémitique (Gallas, Abyssins, Nubiens,

Nyams-Nyams, Peuls ou Fellatahs, Coptes d'Égypte, Berbères de l'Atlas;) 4° les *Hottentots* et les *Boschimans* de l'Afrique sud-occidentale : 5° les *nègres de la Mélanésie* (Australie, Fidji; Papous de la Nouvelle-Guinée ; 6° les *négrilles* de l'Afrique et les *négritos* de la Malaisie.

187. Les langues. — Le nombre des langues, qui sont aujourd'hui parlées dans le monde entier, est évalué par Balbi, à 860, divisées en 5.000 dialectes. De ces 860 langues, 53 appartiennent à l'Europe, 153 à l'Asie, 115 à l'Afrique, 117 à l'Océanie, et 442 à l'Amérique. — Les linguistes les ramènent toutes à trois grands types : *langues monosyllabiques, langues agglutinantes, langues à flexion.*

1° Les **langues monosyllabiques** n'ont que des mots d'une seule syllabe, isolés et invariables : le même son (ou le même caractère, dans la langue écrite) peut signifier un nom, un adjectif, un verbe au présent, au passé ou au futur; la place que le mot occupe dans la phrase suffisant à déterminer ces acceptions diverses. — Le *vieux chinois*, le *thibétain* et l'*annamite* appartiennent à cette catégorie.

2° Dans les **langues agglutinantes**, les diverses relations de temps, nombre, sujet, régime, etc., s'expriment par des particules qui se collent à la fin des mots; elles servent ainsi de transition entre les langues monosyllabiques et les langues à flexion. — Les principales langues agglutinantes sont les langues DRAVIDIENNES (Inde centrale, Dekkan et Ceylan), les *langues de l'Indo-Chine*, le *chinois moderne*, le *japonais*, le *mongol*, le *turc*, le *hongrois*, le *lapon*, le *basque*, le *malais*, et les *idiomes* des *nègres*, des *Indiens* de l'Amérique et des *Kanaks* de l'Océanie.

3° Les **langues à flexion**, qui sont les plus parfaites, sont pourvues de déclinaisons et de conjugaisons. — Ces idiomes, propres aux races blanches, se subdivisent en deux grands groupes, le groupe *sémitique* et le groupe *indo-européen*. — Les principales branches de la **souche sémitique** sont l'*hébreu*, l'*arabe*, le *syriaque* et l'*éthiopien*. — Les rameaux de la **souche indo-euro-**

péenne constituent les langues ARYENNES OU JAPÉTIQUES, dérivées du SANSCRIT; les principales sont : le *bengali,* l'*hindoustani,* le *mahrâti* (Inde septentrionale); — le *tzigane,* langue des Bohémiens, qui est un idiome hindou; — le *persan* et le *zend* (Perse); — l'*arménien,* le *grec;* — le *français,* l'*italien,* l'*espagnol,* le *portugais* et le *roumain,* qui sont dérivés du LATIN; — les LANGUES SLAVES, *russe, polonais, tchèque* ou *bohéme, ruthène, bulgare;* — les IDIOMES GERMAINS, *haut et bas allemand, islandais, danois, suédois, flamand* et *anglais;* — enfin, le *celte,* qui s'est conservé à l'extrémité de la Bretagne, dans la partie occidentale de la Grande-Bretagne et en Irlande.

L'anglais, qui est aujourd'hui la langue du commerce, est le plus répandu des idiomes européens. Le français est la langue de la politique; les traités des peuples civilisés sont toujours rédigés en français.

§ IV. — LES RELIGIONS [1]

188. Monothéisme et polythéisme. — Le sentiment religieux est si naturel à l'homme, que l'athéisme ne se montre dans aucun peuple qu'à l'état de monstruosité exceptionnelle. « Partout et toujours, dit M. de Quatrefages, la masse des populations lui a échappé; nulle part, ni une des grandes races humaines ni une division quelque peu importante de ces races n'est athée. » Les diverses religions qui se partagent les croyances de l'humanité se ramènent toutes à deux grands groupes, savoir : le **monothéisme** (culte d'un seul Dieu), qui comprend le *christianisme,* le *judaïsme* et l'*islamisme;* — et le **polythéisme** (culte de plusieurs dieux), dont les principales formes sont le *zoroastrisme,* le *bouddhisme,* le *confucianisme,* le *taoïsme* et le *fétichisme.* — En général, on peut dire que les peuples de race blanche sont seules monothéistes, mais ils ne le sont pas tous.

1. Voir, à la fin du volume, la carte des religions, n° 4.

189. Christianisme. — Catholicisme. — 1° Le **christianisme**, qui est la seule vraie religion, reconnaît pour fondateur Notre-Seigneur Jésus-Christ, le Fils de Dieu fait homme ; il compte environ 550 millions de fidèles et est professé par la masse des populations européennes et américaines, qui dominent aujourd'hui le monde, et il compte de nombreux adhérents en Asie, en Afrique et en Océanie. C'est la seule religion qui repose sur des preuves évidentes et soit en mesure de démontrer son origine divine par des arguments sans réplique : la seule qui présente un corps de doctrines complet et harmonieux, accessible aux plus faibles intelligences, malgré l'obscurité nécessaire de ses mystères, et en même temps si sublime que les plus grands génies ne peuvent en mesurer les ineffables profondeurs.

2° Le **catholicisme**, qui est la seule forme primitive et parfaite du christianisme, reconnaît pour son chef infaillible le Pape, dont le siège est à Rome ; ce qui lui a fait donner le nom d'*Église romaine*. Environ 1.250 évêques, dispersés par tout l'univers, gouvernent chacun la portion du peuple chrétien, que le Pape a confiée à son zèle. Le nombre des catholiques dépasse 265 millions. Sont à peu près exclusivement catholiques les *peuples latins* (Italiens, Français, Belges, Espagnols, Portugais) et leurs colonies d'Amérique (Mexique, Brésil, républiques de la Sud-Amérique) : les *Allemands* du sud (Badois, Bavarois, Autrichiens) ; les *Hongrois* et les *Slaves occidentaux* (Polonais, Tchèques, Moraves, etc.). Dans l'Empire allemand, la Hollande, l'Angleterre et la Suisse, les catholiques forment environ le tiers de la population ; ils sont très nombreux au Canada et aux États-Unis.

3° Les **missions catholiques** dans les pays infidèles se mouraient d'inanition au commencement du xix° siècle : mais l'établissement de l'œuvre de la Propagation de la foi leur a imprimé un nouvel élan, et elles sont aujourd'hui plus nombreuses et plus florissantes que jamais. C'est la France qui y prend la plus large part, non seulement en envoyant ses missionnaires et ses sœurs de charité, qui forment plus des deux tiers des phalanges apostoliques, mais aussi en donnant son or, qui leur permet de vivre et de fonder des œuvres sérieuses. Les îles les plus lointaines de l'Océanie, les provinces les moins accessibles de l'extrême Orient, les régions les plus froides de l'extrême Nord américain, les parties centrales de l'Afrique, dont l'exploration n'est pas encore achevée, ont été divisées en diocèses ; des évêques et des prêtres en poursuivent l'évangélisation avec un dévouement surhumain ; les postes les plus périlleux y sont les plus recherchés.

190. **Sectes chrétiennes dissidentes.** — 1° Un grand nombre de sectes se sont séparées, à diverses époques, de l'unité catholique. Toutes les hérésies des premiers siècles se sont éteintes, à l'exception de deux : le *nestorianisme* (v⁰ siècle) est encore vivace dans l'Asie occidentale, et l'*eutychianisme* (vᵉ siècle) chez les Coptes d'Égypte, les Abyssins et les Arméniens. Nous ne parlons pas ici des gnostiques et des manichéens, dont les dégradantes doctrines ont été transmises par les Albigeois et les Templiers à la secte maçonnique, sur laquelle nous reviendrons à la fin de ce paragraphe (n° 195 *bis*). — Les sectes dissidentes, qui comptent le plus grand nombre d'adhérents à notre époque, sont le *schisme grec* et l'*hérésie protestante*.

2° Le **schisme grec**, qui s'intitule pompeusement église orthodoxe, a eu pour auteur Photius, patriarche de Constantinople, qui vivait au ixᵉ siècle. L'immense majorité des *populations grecques et slaves de l'Europe orientale* (Russie, États danubiens, Turquie et Grèce), environ 110 millions d'hommes, marchent sous sa bannière. Les grecs schismatiques rejettent l'autorité du souverain pontife, mais ils ont conservé le reste de la hiérarchie sacrée, les sacrements, les dogmes chrétiens et la discipline ecclésiastique qui était en vigueur au moment de la séparation. Longtemps les successeurs de Photius maintinrent l'unité dans cette branche détachée du tronc catholique ; mais aujourd'hui cette unité n'existe plus ; il s'est produit des schismes particuliers dans le grand schisme, et chaque État orthodoxe forme une église *autocéphale* (*autos*, soi-même, *képhalé*, tête) qu'aucun lien hiérarchique ne rattache au patriarche de Constantinople.

3° Le **protestantisme**, fondé au commencement du XVIe siècle par Luther, Calvin et autres apostats, a supprimé tous les sacrements, à l'exception du baptême, et la hiérarchie ecclésiastique, sauf dans l'église épiscopalienne d'Angleterre. Les protestants, divisés sur tout le reste, s'accordent seulement en un point : tous sont unanimes à n'admettre, en matière de foi, que l'autorité de la Bible, avec le droit rigoureux, pour chaque fidèle. de l'interpréter à son gré. Cette absence complète d'une autorité doctrinale vivante a été cause que le protestantisme s'est divisé, dès sa naissance, en mille sectes diverses, dans lesquelles on remarque aujourd'hui trois tendances principales : les *ritualistes*, nombreux en Angleterre, se rapprochent de l'Église catholique, surtout dans le culte extérieur; les *orthodoxes* voudraient conserver le surnaturel et les principaux dogmes; mais les *libéraux*, qui gagnent chaque jour du terrain, surtout en Allemagne, rejettent le surnaturel, les mystères, la plupart des dogmes; on trouve même des ministres qui vont jusqu'à nier la divinité de Jésus-Christ et la personnalité de Dieu. — On compte environ 165 millions de protestants, parmi lesquels la population presque entière des *États scandinaves* et les deux tiers de celle de l'*Allemagne*, de la *Hollande*, de l'*Angleterre*, des *États-Unis* et des *colonies anglaises* d'Amérique et d'Océanie.

191. **Judaïsme.** — Les Juifs d'aujourd'hui suivent encore la loi de Moïse, mais complétée ou plutôt défigurée par les prescriptions et les commentaires du Talmud. Peu importe d'ailleurs; car, comme ils ne cherchent pas à faire de prosélytes, c'est moins sous le rapport religieux qu'au point de vue ethnographique et social qu'ils ont si souvent attiré l'attention des peuples chrétiens, au milieu desquels ils vivent dispersés. S'ils ne se sont fondus nulle part avec le reste de la population, en revanche, quel que soit le pays qu'ils habitent, ils restent unis entre eux, d'un bout du monde à l'autre, par les

liens d'une étroite solidarité. L'agriculture leur répugne, l'industrie les tente peu ; c'est généralement au commerce, surtout au commerce de l'argent, à l'usure, qu'ils demandent les moyens de vivre et de s'enrichir. Plusieurs d'entre eux ont ainsi réalisé des fortunes colossales ; les grandes banques de Paris, de Londres, de Francfort, de Berlin et de Vienne, sont entre leurs mains ; le crédit des États modernes et la fortune de beaucoup de particuliers sont à la merci de ces financiers cosmopolites. Les usuriers juifs ont ruiné un nombre incalculable de familles polonaises, roumaines, hongroises, qui comptaient naguère parmi les plus riches. On trouve des Juifs dans tous les pays et sous toutes les latitudes, mais la majeure partie réside en Europe, principalement en Russie (5 millions), en Autriche-Hongrie (2 millions), en Roumanie, en Allemagne et en France ; ils pullulent, à Paris, surtout depuis 1870. En dehors de l'Europe, les pays qui en renferment le plus, sont l'Abyssinie, la Turquie d'Asie, la Berbérie et les États-Unis. Quoiqu'on n'en connaisse pas exactement le nombre, on peut affirmer qu'il n'est ni inférieur à 10 millions ni supérieur à 12.

192. **Islamisme.** — L'islamisme (du mot arabe *Islam*, résignation à la volonté de Dieu), institué par Mahomet au commencement du viiᵉ siècle et propagé, le cimeterre à la main, par les Arabes compatriotes du faux prophète, est un mélange de doctrines chrétiennes et juives, auxquelles Mahomet ajouta le dogme absurde de la fatalité. Grâce à ses succès militaires, à son fanatisme cruel et à la tendance sensualiste de son enseignement, il gagna, dès le début, à l'Islam, des populations nombreuses. Si celui-ci recule depuis plusieurs siècles en Europe, d'où il est sur le point de disparaître, en revanche, il ne cesse de faire des conquêtes en Afrique. Il règne aujourd'hui sur 200 millions d'hommes environ. Ses sectateurs connus sous le nom de musulmans, se divisent en deux sectes : les *sunnites,* hommes de la tradition, peuplent l'empire turc et le nord de l'Afrique ; ils reconnaissent pour chef spirituel le sultan de Constantinople. Les *schiites* ou schismatiques, répandus dans la Perse, l'Af-

ghanistan et l'Hindoustan, tout en admettant le Coran, comme les premiers, attendent une révélation nouvelle, que doit apporter le Mahdi (prophète).

193. Religions polythéistes. — 1° Le **zoroastrisme**, ou culte du feu, fondé par Zoroastre, qui vivait à une époque inconnue, ne compte plus qu'un petit nombre de sectateurs, appelés *Guèbres*, ou *Parsis*; ils composent la majorité des habitants de Bombay (Hindoustan) et conservent précieusement dans cette ville le feu sacré que leurs ancêtres y avaient apporté, il y a 1.200 ans. — D'après Zoroastre, il y a deux principes des choses : Ormuzd, principe du bien et de la lumière, qui doit être adoré sous le symbole du feu, et Ahriman, principe du mal et des ténèbres. La lutte de ces deux divinités entre elles se terminera par la défaite d'Ahriman, qui sera précipité en enfer avec les Dévas, ses acolytes.

2° Le **brahmanisme**, qui est la religion de 210 millions d'Hindous, remonte à une haute antiquité ; il reconnaît trois dieux principaux, Brahma, Civa et Vichnou, avec une foule de divinités secondaires. La doctrine brahmanique est contenue dans des livres sacrés nommés Védas. — Un nouveau culte, le *Brahma-Somaj* fondé dans l'Inde au commencement de ce siècle, n'est qu'une doctrine philosophique, qui ne paraît pas avoir chance de se répandre.

194. — 3° Le **bouddhisme**, réforme du Brahmanisme antique, fut prêché dans l'Inde, au vi° ou au v° siècle avant Jésus-Christ, par le Bouddha (savant parfait) Cakya-Mouni. Le nombre des Bouddhistes paraît être d'environ 120 millions ; ils composent la majeure partie de la population de l'île de Ceylan, de l'Indo-Chine et sont nombreux en Chine. Ils se divisent en 25 ou 30 sectes, dont la principale est celle qui reconnaît pour chef le *Talaï-lama*, souverain du Thibet. — La morale du bouddhisme est pure et élevée, mais ses dogmes sont absurdes. Il fait consister la perfection dans la pratique de six vertus transcendantes : l'aumône, la moralité, la science, l'énergie, la patience et la charité. Celui qui possède la perfection dans un degré éminent obtiendra pour récompense, après sa mort, l'anéantissement (nirvâna), et ne sera pas condamné, comme les autres êtres intelligents, hommes ou dieux, à passer par une série de transmigrations successives dans des corps d'hommes ou d'animaux. Toutefois il n'y a que les religieux mendiants qui puissent prétendre à ce bonheur suprême, s'ils observent fidèlement leurs vœux de pauvreté et de chasteté; ces religieux, qui vivent dans des monastères, se nomment *talapoins* dans l'Indo-Chine, *lamas* au Thibet et en Mongolie, *bonzes* en Chine; leurs vœux ne durent que le temps qu'ils veulent; ils perdent leur qualité de religieux en en laissant l'habit.

195. — 4° Outre le bouddhisme, deux autres religions, le taoïsme et le confucianisme, prennent place parmi les cultes officiels de l'empire chinois. — Le **taoïsme** se prétend basé sur la doctrine du philosophe Lao-Tseu, qui vivait au VI° siècle avant Jésus-Christ. — Le **confucianisme** (250 millions de sectateurs), est une doctrine philosophique plutôt qu'une religion. Confucius, qui vivait à la même époque que Lao-Tseu, a enseigné une morale pure, mais sans élévation. Il recommande la charité, la justice, le respect des lois et de l'étiquette, et par-dessus tout la piété filiale; il reconnaît l'unité de Dieu et le dogme de la Providence. Les lettrés chinois, qui se font tous gloire d'être les disciples de Confucius, joignent au culte de leur maître celui des ancêtres, des génies et du ciel, le tout assaisonné de nombreuses superstitions.

5° Le **shintoïsme**, ou culte des esprits (khamis), est la religion nationale des Japonais.

6° Le **fétichisme**, la plus dégradée des formes que puisse revêtir le sentiment religieux, consiste essentiellement dans l'adoration d'objets bruts ou inintelligents, tels que pierres, arbres, animaux, etc., auxquels l'homme attribue une puissance et une intelligence supérieures aux siennes. Les fétichistes comprennent la majeure partie des populations de l'Afrique méridionale et des sauvages des deux continents. Leur culte consiste en jongleries ridicules et souvent cruelles.

inscrivant sur son drapeau les grands mots de liberté, égalité, fraternité, la maçonnerie n'admet dans son sein que des hommes appartenant à la classe aisée. Elle a d'ailleurs des moyens d'action très efficaces pour diriger de haut les masses populaires et les faire entrer dans son courant d'idées : la presse, d'une part, dont une bonne partie est aux mains des francs-maçons et des Juifs; de l'autre, une foule d'associations philanthropiques, patriotiques, scientifiques, littéraires, artistiques, etc., créées par la secte ou exploitées à son profit. Ne la voit-on pas, dans le Portugal et le Brésil, peupler de ses membres, à l'exclusion de tous autres, les confréries de charité fondées par les catholiques et jusqu'aux conseils de fabrique des paroisses?

§ V. — LE TRAVAIL ET LA CIVILISATION

196. Considérations préliminaires. — La satisfaction des besoins corporels, la seule que réclament les animaux, s'impose également à l'homme, mais ne lui suffit pas. Comme il est naturellement sociable, il ne peut vivre isolé sans en souffrir et se diminuer. Le besoin qu'il a de ses semblables, pour son utilité ou son agrément, a amené le groupement des familles en tribus, des tribus en nations, en États. Ces grandes sociétés, régies par des lois, qui déterminent les droits et les devoirs de chacun vis-à-vis des autres, sont très favorables au développement complet des facultés humaines; car, d'un côté, l'extrême division du travail permet à chacun de se choisir une carrière en rapport avec ses goûts et ses aptitudes, tandis que, de l'autre, les fruits accumulés du labeur des générations précédentes procurent aux générations nouvelles de puissants moyens d'instruction, de perfectionnement et de bien-être. Toutefois, la jouissance de ces avantages est soumise à une condition, l'observation de la loi morale, dont les lois civiles ne doivent être que des applications particulières.

Car, toute société souffre et dépérit également, soit que les subsistances y soient insuffisantes ou précaires, soit que la loi morale y soit violée.

D'ailleurs, même au point de vue plus restreint de l'économie sociale, il est hors de doute que la vertu produit le bien-être, tandis que le vice enfante la misère, et cela est vrai des nations comme des individus. — La richesse est le fruit du *travail* qui produit, et de l'*épargne* qui conserve les produits du travail; elle repose donc en dernière analyse sur l'effort volontaire et sur la modération dans la jouissance, vertus que commande la loi morale. Au contraire, la misère est fille de la *paresse*, qui consomme sans produire, du *luxe* et de la *gourmandise*, qui consomment au delà du besoin, et surtout de la *débauche*, qui ruine la richesse dans sa source même, je veux dire dans l'homme, en détendant peu à peu les ressorts de la volonté et en usant les forces du corps. Les vices que nous venons de nommer sont donc anti-sociaux au premier chef.

Le travail, source première du bien-être des sociétés, se diversifie à l'infini, pour satisfaire, non seulement aux nécessités de la vie matérielle et aux besoins plus nobles de l'intelligence et du cœur, mais aussi trop souvent aux exigences du luxe et de la vanité. Sans tenir compte de cette multiplicité de professions, on peut classer les populations humaines, d'après le genre de travail auquel elles s'appliquent, en quatre grands groupes : les sauvages, les pasteurs, les agriculteurs et les industriels.

197. La vie sauvage. — 1° Les sauvages vivent, isolés dans les bois, de la chasse, de la pêche ou de la cueillette des fruits spontanés du sol. Ils ont en horreur tout travail régulier et suivi. Ce qui caractérise essentiellement le sauvage, c'est le manque *habituel et obstiné de prévoyance :* vivre au jour le jour, sans songer au lendemain, consommer en un jour les provisions d'une semaine, supporter ensuite stoïquement des jeûnes prolongés, demeurer étranger à toute pensée élevée, et confiné fatalement dans la sphère étroite des intérêts matériels immédiats, telle est la vie du sauvage. Non seulement il ne possède rien que ses engins de chasse et de pêche avec les haillons qui le couvrent à peine, mais il est incapable de rien posséder, parce qu'il ne peut rien épargner. — La *férocité*, si développée chez certains sauvages, n'est pas un trait caractéristique de cet état, car on la retrouve chez des peuples relativement civilisés, et il est des races sauvages de mœurs douces et paisibles. Le *manque de capital*, triste fruit de l'imprévoyance et de la gloutonnerie, voilà le caractère distinctif de l'état sauvage.

2º Le domaine de la sauvagerie ne cesse de reculer devant l'envahissement, tantôt bienfaisant, tantôt meurtrier, de la civilisation; et s'il occupe encore sur le globe d'immenses espaces, le nombre des individus qui méritent le titre de sauvages est fort restreint. Dans les contrées tempérées, il n'en existe plus d'autres que les vagabonds et maraudeurs, qui vivent au jour le jour, sans travailler, aux dépens des civilisés, et dont le nombre augmente d'ailleurs d'une manière inquiétante.

3º Les sauvages ne se trouvent à l'état de peuplades distinctes que sous des climats très chauds ou très froids. Les trois quarts de l'**Amérique du Sud** ne sont encore peuplés que de sauvages, les *Indios bravos* des Espagnols. Les forêts de l'**Afrique tropicale** et des **îles malaises** cachent des *négrilles*, dispersés çà et là en petites communautés; les *San* ou *Boschimans* du désert de Kalahari appartiennent à cette famille. Les *nègres de* l'**Australie** *et des* **îles mélanésiennes** sont encore, pour la plupart, à ranger parmi les sauvages. La nature leur fournissant spontanément ce dont ils ont besoin, les sauvages des pays chauds ne prennent pas la peine de travailler; la paresse les maintient dans leur misérable état. — Tout autre est la condition des habitants des régions glacées; comme la terre où ils vivent ne produit à peu près aucun comestible, c'est uniquement de la chasse et de la pêche qu'ils doivent tirer leur subsistance. Tels sont, au nord de l'**Amérique**, les *Esquimaux* des terres boréales; au sud, les *Fuégiens* de la Terre de-Feu; en **Sibérie**, les *Ostiaks*, les *Iakoutes*, etc.

198. La vie pastorale. — Les peuples pasteurs possèdent des troupeaux, qui leur fournissent, sans grand travail, le lait et la chair dont ils se nourrissent, la laine et les peaux dont ils se font des vêtements. Une vie réglée, des moyens de subsistance assurés, constituent les peuples **pasteurs**, dans un état social relativement élevé et qui ne rappelle en rien la misère des sauvages. Les soins à donner aux troupeaux leur laissent de longues heures de loisir, durant lesquelles ils peuvent méditer à leur aise; il n'est pas rare de trouver, sous la tente des nomades, de véritables poètes qui aiment à redire, dans leurs chants rustiques, les grandeurs de Dieu, les beautés de la nature ou la gloire des héros. — L'état pastoral, qui fut celui des anciens patriarches, existe encore en **Asie**, chez les *Mongols*, les *Tartares*, les *Turcomans*, les *Kirghiz* et les *Arabes;* et, en **Afrique**, chez les *Arabes*, les *Touareg*, les *Cafres* et les *Masaïs*.

Les *colons* de l'**Australie** et de la **Nouvelle-Zélande**, et les *éleveurs* de l'**Argentine** et de l'**Uruguay**, possesseurs d'innombrables troupeaux, mènent aussi la vie pastorale, mais dans des conditions toutes spéciales. Ils sont sédentaires, fixés sur d'immenses domaines, tandis que les peuples pasteurs sont forcément nomades, obligés sans cesse de se transporter de steppe en steppe, à la recherche de maigres herbages, où la végétation est souvent temporaire. De plus, tandis que ceux-ci consomment sur place presque tous les produits de leurs troupeaux, les autres produisent uniquement en vue du commerce; ils exportent des animaux vivants, la viande des animaux tués, du lait, du suif, enfin la laine et les peaux qui viennent alimenter les fabriques de draps et les mégisseries européennes.

198 *bis*. La vie agricole. — Là où le sol et le climat offrent des conditions favorables, les forêts et les steppes, qui couvraient primitivement la terre, ont été défrichées; à leur place croissent maintenant des moissons, des arbres fruitiers ou des herbes de choix. Ce travail d'appropriation est terminé dans l'Europe occidentale et centrale, en Chine, au Japon, dans l'Inde; il se poursuit activement dans l'Amérique du Nord; mais il est peu avancé dans les républiques espagnoles de l'Amérique, et à peine commencé dans les bassins de l'Amazone et de l'Orénoque, dans l'Afrique intertropicale, dans les îles Sumatra, Bornéo, la Nouvelle-Guinée. Ces pays, qui constituent les dernières réserves agricoles de l'humanité future, sont situés dans la zone torride; ils ont un climat humide et chaud, très énervant, qui ne permet pas aux blancs de s'y livrer à la culture; mais, d'autres races pourraient y prospérer. L'île de Java, qui se trouve dans les mêmes conditions climatériques, en est une preuve convaincante : non seulement elle nourrit une des populations les plus denses du globe (218 hab. par kilom. car.), mais encore elle exporte une quantité considérable de produits agricoles, sucre, tabac, café, poivre, quinquina, thé, riz, etc.

La vie agricole comporte tous les métiers usuels à outillage peu compliqué, avec l'emploi de machines mues par les animaux, par le vent ou par les eaux courantes. Plus des trois quarts du genre humain mènent cette vie, qui est éminemment propre à la vertu, parce qu'elle développe tout à la fois le goût du travail et celui de l'épargne.

199. La vie industrielle. — L'industrie, dans son acception la plus générale, est aussi ancienne que l'humanité et se rencontre partout où il y a des êtres humains : l'homme préhistorique se façonnait des haches et des couteaux de pierre; le sauvage se fabrique des engins de chasse et de pêche; les pasteurs savent tisser la laine et s'en faire des vêtements; les peuples agricoles ont parmi eux des ouvriers, qui travaillent les métaux, le bois, la pierre, les textiles, etc.; mais, ce qu'on nomme la grande industrie n'a commencé qu'au xixe siècle, lorsqu'on a remplacé les anciens moteurs par la *vapeur* et l'*électricité*. Elle s'est développée, d'abord dans l'Ancien Monde, principalement en **Angleterre**, en **Belgique**, en **Allemagne** et en **France**, puis aux **États-Unis** et au **Japon**. Sur l'Océan, l'ancienne vitesse a été triplée par les *bateaux à vapeur;* elle a été décuplée sur les continents par les *chemins de fer;* partout, sur mer comme sur la terre, elle a été centuplée pour les idées par le *télégraphe* électrique et le *téléphone.*

La brusque invasion des machines à vapeur et la création des grandes usines ont profondément modifié les conditions de la vie ouvrière. La plupart des ateliers domestiques de la petite industrie ont disparu, parce qu'ils ne pouvaient soutenir la concurrence, et les ouvriers des campagnes ont dû aller chercher du travail dans les villes industrielles. Là, ces déracinés du sol familial, sont plus accessibles à la corruption, qui les guette dans les cabarets et les maisons de débauche. et aussi plus exposés à la misère : le plus grand nombre ayant pris l'habitude de vivre au jour le jour, sans se mettre en peine d'économiser en vue de l'avenir, s'il survient un chômage ou une maladie, ils tombent dans la plus grande détresse. Les grèves, qui éclatent à chaque instant (700 à 800 par an, en France', sont un grave symptôme du malaise qui règne dans le monde industriel ; elles contribuent d'ailleurs, pour leur part, à l'augmenter, en ruinant les patrons et les ouvriers.

200. La civilisation. — La civilisation commence là où finit l'état sauvage, qui en est la négation; elle est donc compatible avec les autres genres de vie, sans être liée à aucun : mais elle comporte bien des degrés. Ainsi, la plupart des populations africaines sont assurément supérieures aux sauvages, sans qu'on puisse pourtant les ranger parmi les civilisés; une agriculture rudimentaire, l'élevage des animaux domestiques, une certaine organisation civile, les séparent nettement des premiers; mais ils s'en rapprochent, d'un autre côté, par leur vie grossière, insouciante et toute matérielle. — Même les peuples qu'on peut regarder comme vraiment civilisés présentent entre eux de très grandes différences; les idées, les sentiments et les mœurs des *Chinois,* par exemple, n'ont guère de ressemblance avec les mœurs. les sentiments et les idées des *Hindous ;* et les *Européens,* à leur tour, diffèrent également des uns et des autres.

« Les civilisations, si diverses qu'elles soient, dit H. Taine, dérivent de quelque forme spirituelle simple. » Elles « sortent de l'idée de Dieu, comme le fleuve de sa source » (E. Quinet), et sont par conséquent intimement liées aux idées religieuses. — La civilisation *chinoise* dérive du **culte des ancêtres**, du **Taoïsme** et du **Confucianisme**, celle *des Hindous* du **Brahmanisme**, celle *des Arabes* et *des Persans* du **Mahométisme**, enfin, celle des *peuples européens* du **Christianisme**, dans lequel se sont harmonieusement fondus divers éléments empruntés aux civilisations grecque et romaine.

Le **degré de civilisation** d'un peuple ne se mesure pas exclusivement à l'abondance des biens matériels, ni au développement des arts industriels et libéraux, ni même à la culture intellectuelle et aux habitudes de décence et d'urbanité dans les relations. Les antiques civilisations de l'Assyrie et de l'Égypte, de la Grèce et de Rome, possédaient tout cela à un haut degré, au moment où elles succombèrent sous le poids de leurs vices plus encore que sous les coups des Barbares. Car, la **moralité** est l'élément indispensable de toute civilisation appelée à durer. En résumé, le peuple le plus civilisé est celui dans lequel la *moralité*, l'*intelligence* et le *bien-être* se rencontrent au plus haut degré et sont le partage d'un plus grand nombre d'individus.

Les *civilisations arabe et persane*, après avoir jeté un vif éclat, sont en pleine décadence. Celles des *Hindous* et des *Chinois* restent stationnaires depuis de longs siècles et semblent mûres pour la ruine. La **civilisation chrétienne**, au contraire, n'a cessé de progresser et de s'étendre. Aujourd'hui elle domine le monde par son industrie, par son commerce, par ses colonies, par l'influence de sa puissance et de ses idées. Cette supériorité des peuples chrétiens tient surtout à la morale évangélique; ceux qui ne respectent pas le Décalogue divin sont sur le chemin de la barbarie.

§ V. — L'HOMME ET LA NATURE

201. Influence de la nature sur l'homme. —
L'homme est soumis, comme les plantes et les animaux.
à l'influence du milieu, dans lequel il vit : s'il arrive par
son industrie à en neutraliser certaines. au moins partiellement, il ne peut jamais s'y soustraire complètement.
On ne saurait donc nier que la *nature du sol* et du *sous-
sol*, le *climat*, la forme du *relief*, la proximité ou l'éloignement d'un grand *cours d'eau* ou de la *mer* n° 183
exercent une action sérieuse sur le tempérament. le
caractère et le genre de vie de l'homme pris individuellement et soient les causes principales de l'inégale répartition des populations sur la surface du globe n° 182 .
Mais ce serait en vain qu'on essaierait d'établir la quote-
part de chacune de ces influences diverses : il est impossible de les isoler les unes des autres ; elles agissent
toutes en même temps, et nous ne pouvons savoir si et
jusqu'à quel point leurs actions concordent ou se con-
trarient. Il importe cependant de connaître leurs effets
les plus généraux ; car. suivant la remarque de Bacon,
« on ne peut vaincre la nature qu'en lui obéissant », et,
pour lui obéir, il est nécessaire de savoir ce qu'elle
exige.

202. Influence du sol et du sous-sol. — L'illustre
Cuvier constatait en ces termes, avec un peu d'exagé-
ration peut-être, l'influence du **sol** sur ses habitants :
« Même dans les pays où les lois et le langage sont
les mêmes, un voyageur exercé devine, par les habitudes
du peuple, par les apparences de ses demeures, de ses vêtements, la constitution du sol de chaque canton. comme,
d'après cette constitution, le minéralogiste philosophe
devine les mœurs et le degré d'aisance et d'instruction.
Nos départements granitiques produisent sur tous les
usages de la vie humaine, d'autres effets que les calcaires : on ne se logera, on ne se nourrira, le peuple,
on peut le dire, ne pensera jamais en Limousin ou en

Basse-Bretagne comme en Champagne ou en Normandie. Il n'est pas jusqu'aux résultats de la conscription qui n'aient été différents, et différents d'une manière fixe, sur les différents sols. » On pourrait objecter, il est vrai, que c'est là une question d'atavisme et de race; mais, les différences de race ne tiennent-elles pas elles-mêmes à des différences de milieu?

La richesse du **sous-sol** en minerais et surtout en houille exerce une action décisive sur les groupements humains, en fournissant un travail rémunérateur à des populations souvent très denses, que les seuls produits du sol ne pourraient faire vivre. D'ailleurs, l'abondance des minerais et de la houille sur un point y provoque tout de suite la création de grandes usines manufacturières, dans lesquelles viennent s'entasser des multitudes d'ouvriers. C'est ce qui a lieu dans les pays de grande industrie, en Allemagne, en Belgique et surtout en Angleterre, où le travail industriel occupe les quatre cinquièmes de la population ouvrière. Comme conséquence, ces pays sont obligés de se procurer à l'étranger une quantité considérable de substances alimentaires pour suppléer à l'insuffisance de la production nationale.

203. **Influence du climat**. — Le climat agit sur l'homme directement et indirectement ou par contrecoup.

Action directe. — L'espèce humaine est cosmopolite et se rencontre sous tous les climats; mais, il n'en est pas de même de l'homme pris individuellement. L'habitant des contrées chaudes supporte difficilement les rigueurs de l'hiver dans les régions tempérées et celui des climats tempérés ne vit que peu de temps dans la zone intertropicale; tout travail musculaire y est pour lui très pénible et souvent meurtrier; il ne peut y fonder une famille. Les soldats, les fonctionnaires, les négociants des colonies intertropicales n'y séjournent que deux ans tout au plus, au bout desquels ils se font rapatrier; et cependant, malgré tout cela, il en périt un grand nombre. Ainsi, la mortalité moyenne, qui est de 9 à 11 sur 1.000 dans notre armée métropolitaine, s'élève à 40 au Tonkin, à 73 au Sénégal, dans l'armée coloniale! — L'aptitude à l'acclimatation varie suivant les races et les individus; en général, elle est plus grande chez l'habitant des pays à climat continental que chez celui des régions à climat maritime, parce qu'il est déjà habitué à supporter des extrèmes de chaleur et de froid. Ainsi, les Alsaciens-Lorrains, émigrés en Algérie, s'y acclimatent sans trop de peine; il n'en est pas de même des Bretons.

L'influence prolongée du climat paraît bien avoir été la cause première de la diversité des races humaines. Buffon le proclamait en ces termes :

« L'homme, blanc en Europe, jaune en Asie, noir en Afrique, n'est que le même homme, teint de la couleur du climat. » Cela est si vrai, qu'on voit les familles émigrées prendre peu à peu le type propre aux pays où elles se sont fixées : ainsi, l'Anglo-américain, le Yankee, ne ressemble plus à ses ancêtres européens et se rapproche chaque jour davantage des Indiens; les nègres transportés aux États-Unis « ont, sous le rapport de l'apparence extérieure, franchi un bon quart de la distance qui les sépare des blancs ». (É. Reclus.) Par contre, les colons portugais de la presqu'île de Malacca sont devenus aussi noirs que les indigènes. — Si les populations du Caucase sont les plus belles du monde, et si celles de plusieurs vallées des Alpes renferment un nombre considérable de goîtreux et de crétins, n'est-ce pas le climat qui en est cause? Les régions marécageuses ont des habitants anémiés par la fièvre et rachitiques, tandis que l'air pur des hauteurs développe les poumons du montagnard. — Les maladies endémiques, qui désolent certains pays : malaria, fièvre paludéenne, fièvre des jungles, etc., semblent bien venir aussi du climat, quoiqu'elles se transmettent par des insectes ou par des microbes.

204. *Action indirecte*. — 1. L'homme tire sa subsistance de produits végétaux et animaux; or, nous avons vu que le climat exerce une action prépondérante sur la flore (n° 160) et considérable sur la faune (n° 171). Par

conséquent le changement de climat est nécessairement cause de modifications dans le régime alimentaire; et ces modifications ne peuvent manquer d'avoir leur répercussion sur l'organisme; il y a, à ce point de vue, une part de vérité dans le fameux paradoxe de Brillat-Savarin : « Dis-moi ce que tu manges et je te dirai ce que tu es ».

2. De plus, le travail, auquel l'homme doit se livrer pour se procurer la nourriture quotidienne, diffère beaucoup suivant la nature du climat, là où celle-ci ne le rend pas stérile, comme dans les terres arides des déserts et dans les forêts constamment humides de la région équatoriale. La vie pastorale s'impose dans les steppes ; la vie agricole convient surtout aux régions forestières des climats tempérés et aux pays chauds, soumis au régime des moussons (n° 115). C'est grâce aux pluies abondantes, que la mousson d'été apporte régulièrement, et à une température constamment élevée que les plaines du Gange et la vallée du Yang-tsé suffisent à nourrir une population agricole excessivement dense.

3. Le climat ne modifie pas seulement les conditions de la vie matérielle ; son influence se fait sentir jusque dans la vie morale et sociale. Dans les *pays chauds,* la nature fournissant d'elle-même à l'homme ce dont il a besoin, il s'abandonne à la paresse. Dans les *régions froides,* au contraire, tous ses efforts doivent être concentrés sans relâche vers la poursuite d'une nourriture toujours aléatoire, et il vit forcément d'une vie tout animale. Dans les *régions tempérées,* la nature invite tout à la fois au travail et à l'épargne, qui sont les deux grands facteurs de la civilisation; car la terre, avare de produits spontanés, s'y montre généreuse envers ceux qui la cultivent, mais elle leur fait attendre ses dons, ne les accorde qu'à des époques déterminées et est souvent inconstante et capricieuse dans leur distribution.

205. **Influence du relief.** — 1. Dans tous les pays, il existe, au point de vue économique, un contraste frappant entre les montagnes et les plaines, qui sont les deux formes opposées du relief : le climat, les produc-

tions, et, par une conséquence nécessaire, les conditions de la vie humaine y diffèrent considérablement, le contraste étant d'autant plus accentué que les différences d'altitude sont plus fortes. Mais, on se tromperait grandement si l'on croyait que cette influence du relief exerce partout la même action sur les populations; car elle peut être non seulement différente mais complètement opposée suivant les régions climatériques.

2. Dans les contrées tempérées froides, la montagne repousse par son dur climat; les villages y sont rares, et leurs habitants se distinguent, par leur caractère, de l'habitant des plaines. Le *montagnard* de l'Auvergne et de la Savoie, aux prises avec une nature ingrate, s'attache d'autant plus au sol qu'il arrose de ses sueurs. Sous l'empire de la nécessité, il n'hésite pas à quitter le pays natal; mais c'est rarement sans esprit de retour. Muni du pécule amassé laborieusement dans les villes, il aime à revenir terminer ses jours aux lieux où s'écoula son enfance. — Le *cultivateur des plaines*, sûr de retrouver ailleurs mêmes horizons, même climat, mêmes saisons, mêmes cultures, a moins de peine à changer de demeure. La monotonie de ses travaux, qui reviennent toujours les mêmes aux mêmes époques, le rend tenace, patient, tranquille, et trop souvent routinier; il se méfie instinctivement de toute nouveauté.

3. En somme, dans les régions tempérées froides, la population est presque toute groupée dans les plaines et les vallées basses. Il n'en est plus tout à fait de même dans les contrées un peu chaudes de la zone tempérée : ainsi, plus de 300.000 cultivateurs vivent sur les flancs de l'Etna et les vallées du Caucase sont cultivées et peuplées jusqu'à plus de 1.500 mètres d'altitude.

4. De répulsive qu'elle est dans nos pays, la montagne devient attirante dans la zone torride, parce que la chaleur y est moins accablante, l'air plus sain, le travail agricole moins pénible, sinon plus productif, que dans les plaines; c'est dans les hautes vallées et sur les hauts plateaux de la Cordillère des Andes, du Mexique et du Brésil, que se trouve actuellement groupée à peu près

toute la population agricole de l'Amérique intertropicale (à l'exception des Antilles), tandis que les forêts vierges et les steppes, qui occupent les plaines de l'Amazone et de l'Orénoque, ne sont peuplées que de quelques misérables tribus sauvages. — Des montagnes où règne un climat tempéré sont un bienfait inappréciable pour les colonies européennes des régions chaudes : on y construit des maisons de santé (*Sanatoria*), où les Européens, fonctionnaires, soldats et négociants, anémiés par les chaleurs humides des plaines, sont heureux de se rendre de temps en temps, pour y reprendre une nouvelle vigueur. C'est ce qu'ont fait les Anglais à Dardjiling dans l'Himalaya et sur divers points de Nilgherries dans le Dekkan.

206. Action de l'homme sur la nature. — L'homme est radicalement impuissant à modifier la nature dans son fond ; toute son action sur elle se réduit à utiliser ce qu'elle donne et à modifier, par un travail intelligent, certaines conditions du milieu où il vit, en mettant à profit les ressources qu'elle-même lui procure. Cela semble peu de chose : et pourtant, grâce aux travaux successifs des générations humaines, les terres habitées ont complètement changé d'aspect et leur puissance productive a été décuplée ; les obstacles que la nature opposait aux relations internationales ont été vaincus peu à peu par la création de voies de communication de plus en plus perfectionnées ; les matériaux de construction, extraits du sol, ont été mis en œuvre par les ouvriers du bâtiment, et les minerais transformés de mille manières par l'industrie manufacturière. Cet aperçu sommaire suffit à montrer combien l'action de l'homme sur la nature a été et est considérable. Les détails trouveront place dans la géographie économique, et nous nous bornerons ici à examiner comment l'homme améliore le sol végétal et ses produits.

207. *Le sol amélioré par le travail humain.* — La nature fournit à l'homme le sol végétal, mais le sol arable est un produit du travail humain ; car la terre, qui est maintenant cultivée, était primitivement recouverte de forêts, de broussailles ou de mauvaises herbes, qu'il a fallu tout d'abord prendre la peine de faire disparaître. Ce travail préparatoire a souvent besoin d'être complété par d'autres, sans lesquels les terres défrichées et ensemencées resteraient improductives. Tantôt elles ne renferment pas, mélangés en proportions convenables, les divers éléments (silice, argile et calcaire) nécessaires à la végétation; l'équilibre doit être rétabli par des *amendements*, qui modifient la composition du sol. Tantôt l'humidité est excessive ou insuffisante. — Pour procurer aux terres trop sèches l'humidité qui leur fait défaut, on a recours à l'**irrigation**, qui se pratique de bien des manières. La plus simple consiste à diriger des eaux courantes, au moyen de *fossés* ou de *rigoles*, dans les terres à arroser. Pour que l'irrigation puisse se faire en temps opportun, on est souvent obligé de capter les eaux et de les emmagasiner, au moyen de *barrages,* dans de vastes *réservoirs,* d'où elles s'écoulent au moment du besoin dans les terrains situés en contrebas; ce sytème est pratiqué en grand dans l'Hindoustan. Il existe en Égypte trois grands barrages destinés à régulariser les inondations du Nil et à en faire profiter le plus de terres possible; le dernier construit (1902), qui est le plus considérable, mesure plus de deux kilomètres de long; il élève de 20 mètres le niveau de l'eau et en emmagasine, pendant les crues, un milliard de mètres cubes. Ailleurs, on se sert de *machines hydrauliques* pour élever l'eau jusqu'aux terrains à irriguer. Enfin, en creusant des *puits artésiens*, qui vont chercher l'eau jusque dans les profondeurs du sol pour la faire jaillir à la surface, on a réussi à agrandir plusieurs des oasis du Sahara et à en faire naître là où il n'y en avait pas.

L'asséchement des terres trop humides s'obtient au moyen de *rigoles* ou de *tuyaux de drainage,* par lesquels s'écoule l'eau en excès, là où existe une pente aboutissant à un ruisseau. Lorsque les eaux n'ont point d'écoulement naturel, parce que le niveau du terrain à dessécher est plus bas que celui des terres voisines, on a recours à des *machines hydrauliques* qui pompent les eaux et les déversent à l'étage supérieur. C'est de cette façon que les Hollandais assainissent leurs magnifiques prairies (polders), qui sont au-dessous du niveau de la mer. Au cours du XIXe siècle, ils sont parvenus à dessécher une immense étendue de terres, que recouvraient les eaux de la mer de Harlem et du golfe de l'Y; ils projettent maintenant de dessécher le Zuyderzée. — Pour préserver leurs polders contre les invasions de la mer, ils ont construit d'énormes *digues*, hautes de 8 à 10 mètres et larges de 50 à 100, qu'ils ne cessent d'entretenir et de réparer à grands frais. — Ailleurs, il s'agit d'empêcher les débordements des fleuves; on obtient ce résultat, avec plus ou moins de succès, au moyen de *digues* élevées, qui les maintiennent dans leur lit; et, plus sûrement, en régularisant les crues par des *barrages* étagés, ou en modérant leur violence par le *reboisement* des pentes dénudées du bassin, la présence des arbres ayant pour effet de diminuer le volume des eaux de ruissellement (nᵒˢ 127 et 131).

208. *Les espèces végétales et animales améliorées par l'homme.* — L'homme ne s'est pas contenté d'user des plantes utiles que la nature lui mettait sous la main, de les multiplier, d'en introduire d'étrangères et de les acclimater, de domestiquer un certain nombre d'animaux; il a fait subir aux uns et aux autres des changements profonds. Sans doute, il n'est pas parvenu jusqu'ici à créer des espèces nouvelles (nᵒ 178, B), mais il a réussi à modifier considérablement un grand nombre d'espèces naturelles, grâce surtout à une culture intelligente et au bon choix des sujets reproducteurs. Il serait impossible d'énumérer les variétés de roses et de chrysanthèmes, de poiriers et de pommiers créées par les jardiniers, les races de chiens, de chevaux, de bœufs, etc., que les éleveurs ont produites par le croisement. Le fait est trop évident pour qu'il soit besoin d'insister davantage.

209. *Le climat modifié par le fait de l'homme.* — Le climat, qui semble à première vue hors des atteintes de

l'homme, ne laisse pas de subir des modifications assez notables par le fait du travail humain : ainsi le reboisement des montagnes, la mise en culture des terrains stériles, la création de vastes systèmes d'irrigation, ont pour effet d'accroître la quantité de pluie dans une région ; le dessèchement des marécages rend à l'air sa salubrité. Par contre, certains travaux moins intelligents ont altéré d'une manière fâcheuse le climat de quelques pays. On a remarqué, aux États-Unis et en Suède, que, depuis le déboisement des montagnes, les étés sont devenus plus chauds, les hivers plus froids, les vents plus violents. On dit même que le terrible mistral, qui désole la Provence, est un fléau de création humaine, et qu'il n'a commencé à souffler en tempête que depuis la disparition des forêts des Cévennes.

210. Déplacement des centres de peuplement. — Les conditions économiques, qui déterminent le groupement des populations sur certains points et en font négliger d'autres, ne sont pas toujours stables, et leur changement amène le déplacement des groupements précédemment formés. — Les horreurs de la *guerre* peuvent dépeupler un pays ; une *mauvaise administration* suffit à le ruiner ; ainsi l'Asie Mineure, la Palestine, l'ancienne Afrique romaine, qui comprenait la Tunisie, l'Algérie et le Maroc actuels, furent longtemps des régions riches et peuplées ; la barbarie musulmane en a fait des pays pauvres, où végète une population clairsemée. Certaines contrées de l'Inde, naguère riches et très peuplées, sont en proie à une atroce *famine* et se transforment en désert parce que, depuis plusieurs années, les pluies des moussons font défaut. — La création d'une *voie ferrée* donne naissance à de nouveaux centres et imprime une activité nouvelle à ceux qui existaient déjà. — La découverte de *gisements miniers* suffit pour changer la face d'un pays ; ainsi, la Californie, le Klondyke, l'Australie, le Witwatersrand (Transvaal) étaient à peu près déserts, lorsque la découverte des mines d'or y fit affluer une multitude d'aventuriers, et, dans l'espace de quelques années, on y vit surgir, comme par enchantement, de très grandes villes, pourvues de tous les raffinements de la civilisation. Le pétrole, la houille et les minerais métallifères ont opéré le même prodige en Pensylvanie.

2° Le **dépeuplement des campagnes** et l'**accroissement excessif des grandes villes** sont deux faits sociaux et économiques des plus importants et des mieux caractérisés dans tous les pays industriels. D'un côté, la grande industrie a tué les métiers à bras et ruiné les petits ateliers répandus dans les campagnes, parce qu'elle produit à meilleur marché, grâce à un outillage plus parfait, et qu'elle attire les ouvriers dans ses usines, en leur offrant un salaire plus élevé; d'un autre côté, les ouvriers agricoles, se faisant ainsi plus rares, deviennent plus exigeants; il en résulte que, la cherté de la main-d'œuvre absorbant le plus clair de leurs profits, les cultivateurs trouvent avantage à s'en passer, en transformant en herbages les terres de labour, là où le climat et la nature du sol s'y prêtent.

3° Depuis que, vers le milieu du XIXᵉ siècle, la navigation à vapeur a rapproché les diverses parties du monde et rendu les voyages par mer plus faciles et moins coûteux, l'**émigration** a pris des proportions inconnues jusque-là. Des millions de cultivateurs et d'ouvriers, Irlandais, Anglais, Allemands. Italiens, Scandinaves, etc., trop à l'étroit dans notre vieille Europe, sont allés coloniser des pays neufs : les États-Unis (plus de 15 millions dans les cinquante dernières années), le Canada, le Brésil, l'Argentine, l'Australie, la Nouvelle-Zélande, l'Afrique méridionale. Grâce à eux, des contrées, naguère encore inhabitées, ont déjà un rôle économique très important, et les villes, qui en centralisent les produits, quoique nées d'hier, sont parmi les plus grandes du monde.

211. Déplacement des centres d'activité commerciale. — Le *commerce* choisissait autrefois de préférence le fond des golfes pour y établir des ports, parce que les marchandises s'y trouvaient plus rapprochées du cœur des continents. Depuis que les chemins de fer ont abrégé les distances, l'extrémité des péninsules offre plus d'avantages; c'est pourquoi Brindisi fait délaisser Venise.

Des changements bien autrement importants ont été amenés par la découverte ou par la création de nouvelles voies maritimes. — Durant toute l'antiquité et le Moyen Age, la **Méditerranée** avait été à peu près la seule grande voie maritime, fréquentée par les flottes commerciales des pays occidentaux. — La découverte simultanée du Nouveau Monde et celle de la *route du cap de Bonne-Espérance* firent délaisser la Méditerranée pour l'**Atlantique**, où dominèrent successivement les flottes de l'Espagne et du Portugal, de la Hollande et de l'Angleterre. *Venise* et *Gênes*, qui avaient accaparé presque tout le commerce européen, furent supplantées par *Cadix, Lisbonne, Amsterdam* et *Londres*. — Cependant, l'ouverture du *canal de Suez* a ramené dans la Méditerranée une activité plus grande que jamais. *Marseille et Gênes* en ont largement profité, sans que l'essor, bien plus considérable encore, de *Londres* et de *Liverpool*, d'*Anvers*, d'*Amsterdam* et de *Hambourg* en ait été entravé. En même temps, de l'autre côté de l'Atlantique, *New-York, Philadelphie*, la *Nouvelle-Orléans, Cuba, Rio de Janeiro, Buenos-Ayres*, développaient de plus en plus leur trafic. — On se demande maintenant si le percement de l'*isthme de Panama* ne va pas de nouveau déplacer l'axe du commerce et de l'influence maritime au profit du **Pacifique**, qui a été jusqu'ici délaissé. En effet, les *Américains* des États-Unis, déjà installés aux Philippines, près des côtes asiatiques, n'ont sans doute entrepris l'achèvement du canal, que dans l'espérance de l'utiliser pour déverser sur l'Extrême Orient une quantité de plus en plus considérable de leurs produits agricoles, miniers et manufacturés, qui n'ont plus, en Europe, que des débouchés insuffisants. Les *Japonais*, de leur côté, possèdent déjà une marine marchande considérable, et une industrie admirablement outillée. Enfin, l'empire *chinois* menace ruine, et il n'est pas téméraire de supposer que les immenses richesses minières, à peu près intactes, qu'il renferme, deviendront la proie de ceux qui seront les maîtres du Pacifique.

CINQUIÈME PARTIE

GÉOGRAPHIE ÉCONOMIQUE

CHAPITRE PREMIER

PRODUITS AGRICOLES

212. Culture intensive, extensive : division des produits agricoles. — Dans les pays qui sont exclusivement agricoles, ou à peu près, comme l'*Inde,* la *Chine,* l'*Indo-Chine, Java,* et où la population est excessivement dense, la nécessité s'impose de tirer du sol le maximum de produits qu'il peut donner ; on y arrive par la **culture intensive,** qui demande, comme le jardinage, beaucoup de travail et de soins. Les pays, que nous venons de nommer ont l'avantage d'avoir un climat chaud et suffisamment humide, qui favorise singulièrement la production et permet de faire au moins deux récoltes annuelles sur le même terrain. C'est un avantage dont sont privées les régions tempérées ; mais, avec des labours appropriés et des engrais énergiques, les cultivateurs des *Flandres* et de l'*Angleterre* parviennent à tirer de leur unique récolte un rendement double ou triple de celui qu'on obtient ailleurs, par les procédés de la culture extensive.

La **culture extensive** se pratique surtout dans les pays à population clairsemée, comme la *Russie,* les *États-Unis,* le *Canada.* Dans la grande Prairie américaine, où le sol arable est d'excellente qualité, et n'a qu'une valeur vénale nulle ou insignifiante, l'intérêt des colons est de mettre en culture le plus de terres possible, en négligeant de parti pris les soins minutieux que réclame la culture intensive : aussi, les domaines de 100 kilomètres carrés n'y sont pas rares, et il en est qui s'étendent sur 300. Des machines agricoles très perfectionnées, conduites par de faibles équipes d'ouvriers, font les labours, les semailles et les récoltes. L'agriculture ainsi pratiquée est une véritable industrie : les produits ne sont pas consommés sur place, mais vont alimenter les grands marchés du monde.

Les **produits agricoles** se rangent en deux grandes catégories : 1º *substances alimentaires* pour la nourriture de l'homme et des animaux domestiques; et 2º *matières textiles,* destinées à être transformées en tissus et en vêtements.

§ I. — LES SUBSTANCES ALIMENTAIRES

213. Les aliments; divers genres d'alimentation. — A part l'eau et le sel, qui méritent à peine le nom d'aliments, toutes les substances alimentaires sont d'origine végétale ou animale. Les principaux **aliments d'origine animale** sont la chair des *animaux de boucherie,* de la *volaille,* du *gibier* et du *poisson,* le *lait* et les *œufs.* Parmi les aliments d'**origine végétale**, les plus répandus sont le *froment,* le *riz* et *autres céréales,* la *pomme de terre,* le *sucre,* extrait du jus de la *canne* et de la *betterave,* le *vin,* le *café* et le *thé.* Il convient d'ajouter à la liste des aliments solides les *légumes,* les *fruits* et un grand nombre de *plantes potagères;* à celle des boissons, le *cidre,* la *bière* et autres liquides fermentés ou distillés.

Le genre d'alimentation dépend beaucoup du climat et des productions de chaque pays. En général, les habitants des contrées froides ont besoin d'une nourriture copieuse et fortement animalisée, tandis que ceux des régions tropicales, où la température est constamment élevée, se contentent d'une poignée de riz ou de quelques fruits. En vertu de certaines habitudes, contractées sous l'influence de causes diverses, il arrive fréquemment que deux peuples voisins ont des genres d'alimentation tout à fait différents : ainsi l'Anglais est grand mangeur de viande et de pommes de terre, grand buveur de thé ; le Français, au contraire, ne boit pas de thé, mais beaucoup de vin ; il mange moins de viande, plus de pain et de légumes. — Les Chinois, les Hindous et les Javanais vivent surtout de riz : les Japonais et les Indo-Chinois y ajoutent du poisson en notable quantité. — Il est inutile de faire observer que ces remarques s'appliquent seulement à l'ensemble des populations ; car, il y a partout de grandes différences dans le régime alimentaire, suivant le degré d'aisance ou de pauvreté des familles et des individus.

214. **Le froment.** — 1. Le *froment* ou *blé* est la céréale par excellence des climats tempérés, celle qui donne le pain le plus agréable au goût et le plus riche en substances nutritives. On ne le cultive qu'exceptionnellement dans les pays intertropicaux, sur certains points élevés, comme les plateaux de la Cordillère et de l'Abyssinie. Il ne mûrit pas dans les parties froides de la zone tempérée boréale, comprenant la presqu'île Scandinave presque tout entière, la Russie septentrionale, presque toute la Sibérie, et, en Amérique, les immenses Territoires du nord-ouest du Dominion britannique ; le seigle, l'orge et l'avoine l'y remplacent, là où la culture est possible. Mais il est plus ou moins cultivé dans tous les **pays à climat tempéré.**

2. Le froment aime les terres fortes ; quelques variétés réussissent cependant dans les terres légères ; celui qui se sème en automne donne de meilleurs produits que le blé de mars.

3. Les principaux **pays producteurs** de froment sont, par ordre d'importance : les **États-Unis** et le *Canada* (dans les prairies qui entourent les grands lacs), la **France**, l'**Inde** anglaise, la *Russie* et l'*Autriche-Hongrie.*

4. Parmi les pays **exportateurs**, viennent en première ligne les **États-Unis**, la **Russie** et l'**Inde** anglaise (dans les deux derniers le froment est remplacé par d'autres céréales dans la consommation locale ; puis la *Roumanie*, l'*Algérie*, l'*Argentine*, le *Chili*, etc...

5. Les pays **consommateurs** sont surtout les pays industriels du nord-ouest de l'Europe, à population dense : **France**, *Angleterre*, *Belgique*, *Allemagne*. Aucun de ces pays ne produit assez de froment pour sa consommation. La France elle-même, qui a la plus forte production après les États-Unis, est obligée d'en demander à l'étranger, parce que le pain de froment y a remplacé, presque partout, les pains de seigle, d'orge ou d'avoine. L'Angleterre ne récolte presque plus de blé, mais elle en consomme moins que la France; elle le remplace, en partie, par la pomme de terre. En Allemagne, l'usage du pain de froment est incomparablement moins répandu qu'en France; mais comme la récolte n'y représente guère que le tiers de la nôtre, pour une population bien supérieure, elle doit en importer beaucoup.

215. Le riz. — Le riz est la céréale principale des **pays chauds** et celle qui nourrit le plus d'hommes. On le cultive en grand dans tout l'**Extrême-Orient** *Chine* et *Japon*, *Insulinde* et *Indo-Chine*, dans l'*Inde* anglaise, à *Madagascar*, dans le *delta du Nil*, au *Sénégal*, dans la *Guinée* et le *Congo*, dans le sud-est des *États-Unis*, enfin en *Italie*, dans la vallée du Pô. — Le riz aime la chaleur et l'humidité; il demande, comme le palmier, à avoir « les pieds dans l'eau et la tête dans le feu ». Il s'accommode de presque tous les terrains, pourvu que la rizière soit bien exposée au soleil et baignée par des eaux abondantes, douces, chargées, s'il se peut, de matières organiques. Certaines variétés, dites riz de montagne, se cultivent en terrain ordinaire. — Le riz remplace le pain et forme la base de l'alimentation dans l'**Extrême-Orient**, et dans la majeure partie de l'**Inde**, à *Madagascar*. Les *peuples européens* en consomment aussi d'assez grandes quantités sous forme de potages, gâteaux, etc...

216. La pomme de terre. — La pomme de terre
est originaire de l'Amérique intertropicale ; mais on ne
l'y cultive que dans les parties relativement froides, c'est-
à-dire sur les plateaux du Mexique, de l'Amérique centrale et de la Cordillère des Andes. Introduite en Europe
au XVIe siècle par les Espagnols, elle fut cultivée d'abord
en Italie, dans les Pays-Bas ; elle se répandit peu à peu,
mais lentement, en Irlande, en Allemagne, puis en
France. Comme elle appartient à la famille des solanées,
qui renferme beaucoup d'espèces vénéneuses, on la re-
garda longtemps comme un aliment dangereux. Par-
mentier eut beaucoup de peine à la venger des préjugés
populaires, et il fallut la disette de 1793 et la misère des
années suivantes pour la faire entrer dans l'alimentation ordinaire. Elle est actuellement cultivée dans tous
les **pays tempérés**, même dans ceux où le froid ne
permet pas au froment de mûrir. — La pomme de terre
réussit bien dans les sols légers, sablonneux, calcaires ;
les terrains humides et compactes ne lui conviennent
pas. Elle est à peu près partout consommée dans les
pays producteurs pour l'alimentation de l'homme et des
animaux ; en certaines contrées, comme l'Allemagne, la
Russie, une partie de la récolte est convertie en alcool.

217. La vigne. — 1° La vigne, originaire de l'Asie
occidentale, fut introduite par les Phéniciens dans l'Archipel, en Grèce, en Italie, et plus tard en Gaule. La culture s'en était rapidement développée dans ce dernier
pays, lorsque, vers la fin du Ier siècle, au moment d'une
disette de blé, Domitien l'y fit détruire pour la remplacer par des céréales ; l'interdiction ne fut levée que
vers la fin du IIIe siècle par l'empereur Probus. On attribue à saint Martin la création des vignobles de la
Touraine, à saint Remi celle des vignobles de la Champagne. — La vigne est cultivée, pour le vin, dans la
partie moyenne des zones tempérées, entre 35° et 50° de
latitude ; elle ne s'avance pas, au nord, au delà des
pays dont la température estivale moyenne est inférieure
à 19° ; et elle n'atteint pas, au midi, la zone tropicale.

Elle ne redoute pas les froids de l'hiver, mais le raisin a besoin, pour mûrir, de fortes chaleurs durant l'été ; c'est pourquoi elle préfère en général les climats continentaux aux climats maritimes ; d'ailleurs une atmosphère humide nuit à la qualité du raisin. Elle aime un sol léger et poreux, les terrains calcaires et siliceux ; et elle se plaît sur les coteaux bien exposés, à l'abri des vents pluvieux.

2° Parmi les pays **producteurs** de vin, il faut citer, en première ligne, la **France, l'Italie** et **l'Espagne** qui récoltent au moins les quatre cinquièmes de la production totale ; puis, le *Portugal* (vins de Porto), l'*Allemagne* (vins du Rhin et de la Moselle), l'*Autriche-Hongrie* (vins de Tokay), la *Grèce*, les *îles* de l'archipel et l'*Asie Mineure* (vin d'or du Liban, vins de Samos, de Chypre, raisins de Smyrne et de Corinthe), le *Caucase*, la *Perse ; —* en Afrique, l'*Algérie-Tunisie*, le *Cap* vins de Constance ; — en Amérique, la *Californie*, le *Chili*.

3° La **France** occupe incontestablement le premier rang parmi les pays vinicoles, et pour la quantité et pour la qualité des produits ; en 1875, qui fut, il est vrai, une année tout à fait exceptionnelle, le vignoble français produisit près de 84 millions d'hectolitres de vin. L'invasion du phylloxéra ne tarda pas à lui porter un coup funeste, et en 1887, la production dépassait à peine 24 millions. Depuis cette époque, les vignes détruites ont été peu à peu reconstituées avec des cépages américains, et la production est revenue à l'état normal ; elle oscille maintenant entre 40 et 60 millions d'hectolitres. — Les vins français ont une réputation universelle, amplement justifiée par leur qualité. Les crus les plus estimés sont ceux du *Bordelais* (Sauterne, Château-Yquem, Château-Laffitte, Château-Margaux), des *Côtes du Rhône* (Saint-Péray, l'Ermitage), de la *Bourgogne* (Chambertin, Clos-Vougeot, Nuits, Pomard) et de la *Champagne* (vins mousseux).

4° Si la France vient en tête des pays vinicoles, elle occupe aussi la première place parmi les **consomma-**

teurs de vin. Quelque considérable que soit la production nationale, elle ne nous suffit pas. L'importation des vins étrangers en France dépasse un peu, comme valeur et notablement comme quantité, l'exportation des vins français. — En dehors des contrées vinicoles, l'usage habituel du vin n'existe que dans les classes riches, et n'est un peu généralisé que dans les *pays européens* et dans leurs *colonies*.

218. La betterave et la canne. — 1° Le **sucre**, qui joue actuellement un si grand rôle dans l'économie domestique, est extrait, comme on le sait, du jus de la betterave et de la canne à sucre. Il paraît que les Chinois faisaient usage du sucre de canne plusieurs siècles avant l'ère chrétienne; mais il ne fut connu en Occident qu'au xiii° siècle, et longtemps on le vendit à l'once, dans les pharmacies seulement, à titre de remède. Au cours des xvii° et xviii° siècles, l'usage du sucre se répandit davantage; mais ce n'est que dans la dernière moitié du xix° qu'il est entré sérieusement dans la consommation populaire, après que la fabrication du sucre de betterave se fut développée.

2° La **betterave**, originaire de l'Europe méridionale, fut introduite en France à la fin du xvi° siècle; mais on n'en fit pas grand cas. Vers le milieu du xviii°, les Allemands commencèrent à la cultiver pour la nourriture des bestiaux; plus tard, on utilisa sa racine pour la nourriture des hommes. En 1812, comme le blocus continental empêchait le sucre d'arriver sur le continent européen, on découvrit le moyen d'en fabriquer avec le jus des betteraves, et cette industrie a pris de nos jours un développement considérable. — La betterave sucrière demande une terre meuble, profonde, riche en humus; sa richesse en sucre est d'autant plus grande qu'elle croît dans des contrées plus froides. Les pays **producteurs** sont : l'**Allemagne**, qui fabrique le tiers environ de la production totale; l'*Autriche-Hongrie*, la *Russie*, la *France* (dans les départements du nord-est) et la *Belgique*.

3° La **canne à sucre** est une graminée des pays

chauds, qui atteint souvent jusqu'à 4 mètres de hauteur. Elle est surtout cultivée dans l'**Insulinde** *Java, Sumatra, Philippines*), d'où elle paraît originaire; dans les îles *Maurice* et *Bourbon*, aux **Antilles** (*Cuba, Jamaïque*, etc...), dans les États-Unis du sud (*Floride, Louisiane, Texas*) et aux îles *Sandwich*, etc...

4° Les principaux pays **consommateurs** de sucre sont, en dehors de ceux qui en produisent : l'**Angleterre**, les **États-Unis**, le *Canada*, le *Japon*, etc...

Nota. — Le froment, le riz et les autres céréales, le vin, le jus de la betterave, de la canne et de la pomme de terre, donnent de l'**alcool** par la distillation. Les céréales sont peu employées à cet usage. La majeure partie de l'alcool du commerce est extrait des pommes de terre et des betteraves; la plupart des *eaux-de-vie* dites *de vin* proviennent de cet alcool, savamment manipulé, dosé et aromatisé. Le *rhum* et le *tafia* sont extraits du jus de la canne.

219. Le café. — Le café ne paraît pas avoir été connu avant l'époque moderne. Les Arabes et les Persans commencèrent les premiers à en faire usage, au xvi° siècle; il ne fit son apparition en France et en Angleterre que vers la fin du siècle suivant (1669), et n'est entré sérieusement, en France, dans la consommation populaire, que dans la dernière moitié du xix° siècle. — Le caféier est un arbuste de la famille des rubiacées, originaire de l'Abyssinie. La culture s'en répandit successivement en Arabie, en Perse, à Java, et de là dans les Antilles et au Brésil. Il réussit bien dans les pays intertropicaux, pourvu qu'on ait soin de l'arroser assez souvent, et qu'on le mette un peu à l'abri des ardeurs du soleil, sous le couvert de quelques grands arbres. Son fruit est une cerise, dont la pulpe enveloppe deux grains de café. — Les meilleures variétés de café sont : le *moka* d'Arabie, qui n'est connu que de nom sur les marchés européens, parce que toute la récolte est consommée sur place; le *java* des Indes néerlandaises, le *bourbon* de la Réunion, le *martinique* et le *cayenne*, qui sont rares. On a découvert, à la fin du siècle dernier, une nouvelle espèce, le *libéria* de la Guinée, plus rustique que les autres, mais de qualité moins fine.

Le **Brésil** fournit annuellement environ 500.000 tonnes de café; c'est plus de la moitié de la production totale. Parmi les autres **pays producteurs** de cette denrée, il faut citer, en première ligne, *Java, Ceylan, Haïti.* — Les pays qui consomment le plus de café sont : les **États-Unis**, la *France,* la *Belgique,* l'*Allemagne* et la *Turquie.*

220. **Le thé.** — L'infusion de la feuille de thé vient immédiatement après celle de la graine de café dans l'ordre des boissons aromatiques. D'un usage général en Chine depuis les temps les plus reculés, et au Japon depuis le vi^e siècle, elle ne fut connue en Europe qu'au milieu du xviie. — Le thé est un arbrisseau toujours vert, de la famille des caméliacés. Originaire de l'Assam, il fut introduit d'abord en **Chine**, puis au **Japon**, en *Corée,* dans l'*Indo-Chine.* Il est maintenant cultivé en grand dans l'**Assam** et sur plusieurs autres points de l'Inde anglaise, à *Ceylan,* à *Java,* etc... Comme il prospère, en Asie, sous les climats les plus divers, depuis Ceylan, brûlée par les ardeurs du soleil tropical, jusqu'à la Corée, exposée à des froids terribles, on avait espéré l'acclimater en Europe et en Amérique; mais les essais tentés jusqu'ici n'ont pas réussi. — La majeure partie des trois récoltes que le thé donne chaque année, est consommée par les pays producteurs de l'Extrême-Orient, Chine, Japon, Corée, Indo-Chine; c'est à peu près l'unique boisson des populations de ces contrées. Cette boisson, chaude et doucement stimulante, convient aux pays froids et humides; c'est pourquoi l'usage s'en est généralisé en **Angleterre**, en **Russie**, au *Canada* et aux *États-Unis.* L'Anglais consomme, en moyenne, 3 kilogrammes de thé par an; le Français, pas même 15 grammes.

§ II. — LES TEXTILES

221. **Le lin.** — Le lin est une plante herbacée, origi-

naire, dit-on, de l'Asie centrale, mais qui dut être introduite de bonne heure en Europe, puisque les peuples sauvages de la Gaule, de la Germanie, de la Scandinavie, en étaient vêtus. — Ce fut sans doute la première matière que les hommes aient tissée : on a reconnu que les bandelettes qui enveloppent les momies d'Égypte sont des tissus de lin. — Les filaments textiles du lin sont des tubes creux, rigides et d'une finesse extrême; on en fait des toiles plus solides et plus belles que celles de coton; on les emploie exclusivement pour la fabrication des dentelles de Valenciennes, de Malines, du point d'Alençon. — Le lin peut se cultiver à peu près partout; il redoute cependant les climats ou trop humides ou trop secs. La culture en grand ne se pratique guère qu'en Europe; les principaux pays producteurs sont : la **Russie** (provinces Baltiques), l'*Allemagne*, la *Hollande*, la *Belgique*, la *France* (Flandre, Artois, Anjou), l'*Angleterre*, l'*Italie*, etc... — Les **manufactures anglaises** fabriquent un tiers environ des toiles de lin; un autre tiers sort des manufactures *françaises*, *allemandes* et *austro-hongroises;* la *Belgique*, l'*Italie*, la *Russie*, etc., se partagent le reste. La France emprunte à la Russie une grande partie des filasses de lin, qu'elle met en œuvre. Du reste, la fabrication des toiles de lin n'est pas en **progrès;** les cotonnades, qui sont moins chères, lui font une concurrence désastreuse.

222. **Le chanvre.** — Le chanvre, qui semble originaire de l'Asie, est naturalisé en Europe depuis un temps immémorial. Sa fibre, plus grossière mais aussi plus résistante que celle du lin, y a toujours servi à faire des cordages et des câbles; mais il n'est pas prouvé qu'on l'ait utilisée pour le tissage avant le xvie siècle. L'usage s'en répandit assez vite, et une multitude de petits métiers à bras, disséminés dans les campagnes, la mettaient partout en œuvre; ils achèvent de disparaître, ruinés par la grande industrie. D'ailleurs, le chanvre, comme le lin, soutient difficilement la concurrence du coton. On l'emploie à la corderie et à la confection des toiles, qui demandent surtout de la solidité, pour voiles, tentes, sacs,

vêtements de travail, etc... Le chanvre est récolté et mis en œuvre dans les mêmes pays que le lin.

223. Le coton. — 1° Le coton est le duvet filamenteux qui entoure la graine de plusieurs espèces de plantes, appelées cotonniers, dans la capsule où cette graine est renfermée. Les cotonniers sont originaires des régions chaudes de l'Asie, de l'Afrique et de l'Amérique; ils comprennent différentes espèces, qui se rangent en deux grandes classes : le *cotonnier herbacé,* qui est annuel ou bisannuel, et le *cotonnier arborescent,* qui est vivace et donne les plus belles sortes de coton. — Bien longtemps avant l'ère chrétienne, les habitants de l'Inde connaissaient l'usage du coton et en fabriquaient leurs vêtements. Au 1ᵉʳ siècle, le commerce fit pénétrer les cotonnades indiennes en Grèce et en Italie. Puis la culture du cotonnier se répandit en Perse, en Arménie; les Arabes l'introduisirent en Afrique et en Espagne, les Turcs (xivᵉ siècle) en Albanie et en Macédoine. Les Vénitiens et les Milanais empruntèrent à ces derniers l'art de filer et de tisser le coton. Cette industrie passa bientôt dans les Flandres, et de là en Angleterre (1439); puis, mais longtemps après (fin du xviiᵉ siècle), en France. Jusqu'à la fin du xviiiᵉ siècle, les fabriques européennes ne s'approvisionnaient de coton que dans le Levant. Mais, à cette époque, le cotonnier fut introduit aux États-Unis; on le cultiva en Géorgie, puis dans la Caroline du sud, l'Alabama, la Louisiane, etc.; l'essai réussit au delà de toute espérance; l'exportation du coton américain commença dès 1791, et n'a plus cessé de croître, sauf pendant la guerre de Sécession.

2° Les **États-Unis** occupent une place hors ligne parmi les pays producteurs de coton; bien qu'ils utilisent, dans leurs propres manufactures, une part de plus en plus considérable de leur récolte, ils fournissent encore les deux tiers de la fibre employée dans celles de l'Europe. Après les États-Unis, les pays qui produisent le plus de coton sont : l'**Inde**, la **Russie d'Asie** et l'**Égypte**, puis la *Chine,* le *Brésil,* le *Soudan.* Le cotonnier croît à l'état sauvage au *Soudan;* il y est cultivé sur nombre de points, et les indigènes savent le tisser sur des métiers rudimentaires. La culture ne peut manquer de s'en développer, quand l'occupation européenne aura ramené la sécurité dans cette région et créé des débouchés pour ses produits. — Au point de vue de la valeur industrielle, le coton se range en *deux catégories* : le *coton à longue soie*, qui est le meilleur, est produit par le cotonnier arborescent ; il est surtout récolté aux États-Unis ; le *coton à courte soie*, moins prisé, est produit par le cotonnier herbacé, qui se cultive dans l'Inde, l'Égypte, l'Asie Mineure et les îles méditerranéennes.

3° **La fabrication des cotonnades** a pris, de nos jours, un développement énorme. L'**Angleterre** y occupe toujours un rang à part, puisqu'elle revendique un bon tiers de la production totale ; mais la distance qui la sépare des nations rivales diminue sans cesse. Les **États-Unis**, l'**Allemagne** et la **France** lui font une sérieuse concurrence. Deux nouveaux venus dans le monde industriel, la **Russie** et le **Japon**, sont entrés récemment en ligne ; la *Suisse*, l'*Espagne*, l'*Autriche*, l'*Inde*, la *Belgique*, l'*Italie*, travaillent aussi le coton dans de grandes manufactures.

224. La laine. — 1° La laine est une variété de poils, qui forme la toison des moutons, dans les pays tempérés ; car, dans les régions équatoriales, ces animaux en sont dépourvus. Parmi les qualités qui distinguent les meilleures sortes de laines, on met au premier rang la finesse, l'égalité et la longueur du brin ; les laines courtes sont les moins estimées, à moins qu'elles ne rachètent ce défaut par plus de finesse, ce qui est souvent le cas. Les laines blanches sont préférables aux laines naturellement colorées, parce qu'elles sont souvent plus fines et toujours plus commodes à teindre.

2° Les principaux **centres de production** sont : 1° pour les *laines fines* (mérinos et métis de mérinos), les steppes de la **Russie méridionale** et de la **Hongrie**, l'**Allemagne**, l'**Espagne**, les **États-Unis** ; surtout l'**Argentine**, le **Cap**, l'**Australie** et la **Nouvelle-Zélande**,

qui sont les quatre principaux **exportateurs de laine**; —
2° pour les *laines communes*, les pays de l'**Asie occidentale** (Mésopotamie, Syrie, Asie Mineure, Arabie),
et du **nord de l'Afrique** (Égypte, Tunisie, Algérie, Maroc), où vivent des populations nomades; les *États danubiens*, etc. — Il est à remarquer que le mouton diminue à mesure que la culture s'étend; car, s'il n'est pas
délicat pour le choix de sa nourriture, en revanche, il
lui faut de vastes espaces à parcourir; c'est pourquoi les
troupeaux décroissent en Europe, dans la France en particulier, tandis qu'ils se multiplient dans les landes in-
cultes et dans les pays neufs à population clairsemée,
comme l'Argentine et les colonies anglaises du Cap et de
l'Australie.

3° Le mouton n'est pas le seul animal dont la laine soit
utilisée; plusieurs autres ruminants en donnent également.
Ainsi, la laine de l'*alpaca* et de la *vigogne* (Pérou, Bolivie
et Chili), qui sert à fabriquer des étoffes légères, est l'objet
d'un commerce important. — Le *duvet de Cachemir*, laine
souple et brillante, employée à la fabrication des châles,
est fourni par les *chèvres* des montagnes de l'Inde septentrionale. — Avec la laine du *yak* ou bœuf grognant,
les Thibétains font un drap imperméable. — Enfin les
Arabes utilisent la laine de leurs *chameaux* pour la confection d'étoffes grossières.

4° Quatre pays, la **France**, l'**Angleterre**, les
États-Unis et l'**Allemagne**, se disputent la préémi-
nence dans l'industrie lainière; les trois quarts environ
de la production totale sortent de leurs manufactures.
— Au second rang on distingue la *Belgique*, la *Suisse*,
l'*Espagne*, l'*Autriche-Hongrie* et la *Russie*.

225. **La soie.** — 1° La soie est, comme on le sait,
une matière filamenteuse, sécrétée par les chenilles de
plusieurs espèces de lépidoptères; la meilleure qualité
et la plus employée est celle qui est fournie par le *ver
à soie* ou *bombyx du mûrier*. Mais on utilise celle de
plusieurs *autres espèces* : bombyx de l'ailante (faux ver-
nis du Japon), bombyx du chêne, bombyx du ricin, etc...

2° L'industrie de la soie existe depuis un temps immémorial en Chine et au Japon. Elle existait déjà à Cos (Archipel), au ive siècle avant Jésus-Christ; mais les soieries restèrent rares, dans le monde romain, pendant toute la durée de l'empire, et elles s'y vendaient à peu près au poids de l'or. Les croisés rapportèrent cette industrie de Byzance; des fabriques s'établirent d'abord en Italie, puis en France; bien plus tard, en Angleterre, en Suisse, en Allemagne, et, de nos jours, aux États-Unis.

3° Les **pays producteurs** de soie sont toujours, en première ligne, la **Chine** et le **Japon**, qui récoltent plus de la moitié de la production totale; celle-ci paraît être d'environ 20 milions de kilogr. de soie grège. L'**Italie** les suit de près (3 à 3,5 millions). — Viennent ensuite l'*Inde*, la *Turquie* (0,6 à 0,7), la *France*, l'*Autriche-Hongrie*, le *Caucase*, l'*Espagne* et la *Grèce*.

4° L'**industrie de la soie** est toujours florissante en **Chine**, mais elle y demeure stationnaire : au **Japon**, elle est en train de se renouveler, en adoptant l'outillage des manufactures européennes. L'*Inde* continue de fabriquer des soieries pour la consommation locale. — En dehors de l'Asie, dont il est impossible d'apprécier la production, faute de statistique sérieuse, la **France** tient le premier rang pour la fabrication des soieries tant pour la quantité que pour la richesse, le bon goût et la valeur des produits fabriqués : **Lyon** et *Saint-Étienne* sont les deux centres de cette industrie, qui rayonne de là dans les provinces voisines. L'**Italie** nous suit de près, et **Milan** rivalise avec Lyon. Viennent ensuite la *Suisse*, l'*Allemagne*, l'*Angleterre*, l'*Autriche-Hongrie*, l'*Espagne*, la *Russie*. — Les **États-Unis**, qui étaient autrefois les meilleurs clients des fabriques européennes, ont fondé chez eux, à la fin du xixe siècle, pour la confection des soieries, des manufactures qui prospèrent et se développent rapidement, à l'abri des droits très élevés, perçus par les douanes, sur les produits étrangers.

CHAPITRE DEUXIÈME

PRODUITS DES MINES

§ I. — LES COMBUSTIBLES

226. La houille. — 1° La houille ou *charbon de terre* est une substance noire, compacte comme une roche, plus ou moins brillante et de structure souvent lamelleuse ; elle brûle en dégageant une odeur bitumineuse, quelquefois sulfureuse. Les peuples de l'antiquité ne paraissent pas en avoir fait usage ; à en croire une légende flamande, le premier qui l'utilisa (xi° siècle), sur les indications d'un personnage mystérieux, aurait été un pauvre forgeron des environs de Liège ; mais un texte authentique nous apprend qu'elle était déjà employée en Angleterre, concurremment avec le bois, deux siècles auparavant. Quoi qu'il en soit, il est certain que la production et la consommation de la houille se développèrent lentement : c'est au xix° siècle seulement que le charbon de terre a pris une importance hors ligne dans l'économie générale ; grâce à lui, ce siècle a vu se transformer toutes les industries et est devenu le siècle de la vapeur et de l'électricité.

2° La houille, comme nous l'avons vu précédemment, est le résultat de la carbonisation de végétaux, sous l'influence du temps, de la pression, et, sans doute, de causes chimiques encore mal connues. Elle se trouve seulement dans les couches supérieures des terrains primaires et à l'étage inférieur des terrains secondaires. Les gisements en sont disséminés sur un très grand nombre de points ; quelquefois ils affleurent, mais le plus souvent il faut aller les chercher à d'assez grandes profondeurs.

3° La houille n'est pas le seul charbon minéral que la terre renferme dans ses entrailles; il y a aussi l'anthracite et le lignite. — **L'anthracite**, appelé quelquefois *charbon incombustible*, parce qu'il s'enflamme difficilement, contient moins de principes volatils et donne plus de chaleur que la houille : il brûle sans flamme ni fumée: il se rencontre dans les terrains antérieurs à l'époque houillère. — Les **lignites**, au contraire, sont de formation postérieure à cette période. Aussi, tandis que l'anthracite ne conserve presque rien qui rappelle son origine végétale, le lignite a gardé, assez souvent, le tissu des arbres d'où il provient et même parfois la couleur du bois. Comme combustible, il est notablement inférieur à la houille et à l'anthracite.

227. 4° La **production** de la houille, presque insignifiante dans les premières années du XIXᵉ siècle, atteignait déjà, dans son ensemble, de 120 à 125 millions de tonnes en 1865 : l'Angleterre en fournissait les deux tiers (85 millions); la France, la Belgique et l'Allemagne, moins de 10 millions chacune, et les États-Unis, environ 15 millions. Vingt-cinq ans après (1890), elle avait quadruplé : 494 millions de tonnes, dont 184 en Angleterre, 128 aux États-Unis, 89 en Allemagne, 26 en France. En 1902, elle atteint 790 millions de tonnes. — Les principaux **pays producteurs** sont :

	Millions de tonnes.		Millions de tonnes.
États-Unis	266	Russie	16
Angleterre	230	Japon	7.4
Allemagne	150	Canada	6.9
Autriche-Hongrie	39	Australie	6.9
France	30	Inde	6.7
Belgique	23	Espagne	2.8

5° Les **États-Unis**, l'**Angleterre** et l'**Allemagne** ont une place tout à fait hors ligne parmi les pays producteurs de houille. Tout en augmentant beaucoup sa production, l'Angleterre a perdu l'énorme supériorité qu'elle avait autrefois : d'un côté, elle s'est laissée dépasser par les États-Unis ; de l'autre, l'avance qu'elle avait sur l'Allemagne a beaucoup diminué. — La production de la *France* ne vient qu'au cinquième rang comme quantité ; mais elle occupe le quatrième comme valeur, parce que plus des deux tiers des charbons *austro-hongrois* se composent de lignites de qualité inférieure. La *Belgique* produit beaucoup de houille, eu égard à son étendue, et les nouveaux gisements qu'on vient d'y découvrir (1902) ne tarderont pas à augmenter sa production. La *Russie* n'a commencé que depuis peu de temps l'exploitation des siens ; elle a plus que doublé sa production dans l'espace des dix dernières années. La *Chine* possède d'immenses bassins houillers, qui sont encore à peu près inexploités.

6° La houille est employée au *chauffage* domestique, mais ce n'est là que son moindre usage ; son principal est de fournir la *force motrice* aux innombrables machines de l'industrie moderne, en transformant l'eau en *vapeur*. Brûlée en vase clos, elle donne le *gaz d'éclairage*, le *coke* et plusieurs autres produits accessoires. On extrait maintenant de la houille une belle couleur, l'*alizarine*, qu'on tirait autrefois de la garance.

228. Le pétrole. — 1° Le pétrole (huile de pierre) est un liquide huileux et combustible, composé de divers carbures d'hydrogène ; il se présente tout formé dans le sol de certains pays, où il est accumulé, dans les profondeurs, en nappes plus ou moins puissantes. — Connu dès la plus haute antiquité, employé quelquefois comme médicament, le pétrole n'a commencé à être utilisé, pour le chauffage et l'éclairage, que dans la seconde moitié du xixe siècle. L'usage s'en répandit aussitôt partout, parce qu'il fournit, à bon compte une excellente lumière. — Son origine est encore inconnue : « On suppose généralement qu'il résulte de la décomposition des plantes marines et des animaux vivant sur le rivage des mers primitives. » Pourtant certains géologues « attribuent au pétrole une origine franchement éruptive ». (Daubrée.)

2° Pour le trouver, on perce dans le sol des trous de sonde, dont la profondeur dépasse quelquefois 200 mètres ; quand on est arrivé à la nappe pétrolifère, l'huile monte d'elle-même sous la pression des gaz intérieurs et peut même jaillir à une grande hauteur, comme l'eau des puits artésiens ; mais, le plus souvent, elle ne s'élève pas jusqu'à la surface; alors on tube le trou, et on extrait le liquide au moyen de pompes à vapeur. — Le pétrole se compose de trop d'éléments divers pour être livré à la consommation, tel que la nature le donne. Il est donc soumis à la **distillation,** qui a pour but de séparer ces éléments, au moyen d'un chauffage savamment gradué : les principes les plus volatils se dégagent les premiers et donnent l'*éther* de pétrole d'abord, puis l'*essence* de pétrole; avec une température plus élevée, on obtient l'*huile* d'éclairage: puis, avec une chaleur de 400°, des *huiles lourdes,* qu'on emploie pour graisser les machines, et enfin de la *paraffine.* Le résidu de la cornue est un *coke* un peu plus dense que celui de la houille.

3° Le premier forage vraiment productif fut pratiqué en Pensylvanie en 1859; trois ans après, on y avait ouvert plusieurs centaines de sources, qui débitaient environ 3 millions de tonnes de pétrole (1862 ; la production atteignit 6 millions en 1870, 8 millions en 1873; à partir de cette date, elle reste à peu près stationnaire. Mais, cette année-là, on commençait l'exploitation des gisements pétrolifères du Caucase, dont le rendement est actuellement supérieur à celui de tous les autres.

4° En 1902, la production du pétrole dépasse 20 millions de tonnes, sur lesquelles le **Caucase** fournit 10,4 millions; les **États-Unis** (surtout la **Pensylvanie**), 8,9 l'*Autriche-Hongrie,* 0,3. Le *Canada, l'Inde, l'Allemagne* et le *Japon* produisent aussi du pétrole, mais en petite quantité.

§ II. — LES MINÉRAUX PRÉCIEUX

229. L'or. — 1. L'or est un métal, jaune par réflexion,

et vert par transparence. Il est le plus ductile et le plus malléable de tous les métaux : on peut le réduire en feuilles si minces qu'il en faut dix mille pour faire l'épaisseur d'un millimètre, et l'étirer en fils si ténus que trois kilomètres ne pèsent qu'un gramme. Ce qui le rend surtout précieux, c'est qu'il n'est pas altérable par les agents atmosphériques ni par les acides ; l'eau régale (mélange d'acides chlorhydrique et azotique), seule, agit sur lui.

2. L'or est, avec le fer, le métal le plus répandu sur la surface du globe ; on le trouve dans presque tous les pays, mais en très petite quantité. Il se présente, à l'état natif ou pur, dans les alluvions anciennes du terrain quaternaire sous forme de petites *paillettes* ou de morceaux plus gros, qu'on nomme *pépites ;* beaucoup de rivières, comme le Rhin, le Rhône, l'Ariège, charrient ainsi des paillettes d'or. Certaines roches cristallines, surtout le quartz, renferment des filons, où l'or se rencontre allié à d'autres métaux : plomb, cuivre, argent. Les quartz aurifères sont broyés au bocard, et les paillettes, devenues libres, sont recueillies comme celles des sables d'alluvion, par voie de lavage et d'amalgamation.

3. Le **lavage** a pour but de séparer les paillettes et les pépites des sables qui les contiennent. Ceux-ci sont donc lavés, à grande eau, sur des tables inclinées, dans lesquelles sont creusées des rainures transversales. Le courant emporte le sable, tandis que l'or, en vertu de sa pesanteur, tombe dans les rainures et y reste avec les grains de sable les plus lourds. Ce résidu est traité par le mercure, qui se combine avec l'or pour former un **amalgame**, en laissant libres les autres matières. La distillation vient ensuite isoler l'or du mercure, qui s'évapore, pour se condenser de nouveau par le refroidissement.

4. Les anciens tiraient l'or de l'Italie méridionale, de l'Espagne, de l'Illyrie, de l'Inde et de la côte orientale d'Afrique. Après la découverte du Nouveau-Monde, les gîtes aurifères du Brésil, du Pérou et du Mexique mi-

rent en circulation une si grande quantité du précieux métal, que sa valeur diminua des deux tiers. Le même fait s'est produit, mais dans une moindre proportion, par suite de la découverte des mines de la Sibérie (1842), de la Californie (1847), de l'Australie (1851), du Transvaal (1885) et du Klondyke (1896).

230. 5. La **production** de l'or, dans la seconde moitié du xixe siècle, est évaluée à une trentaine de milliards, et elle augmente d'année en année. Elle était de 435.000 kilogr. en 1898, 472.000 en 1899. Elle a fléchi en 1900 (374.000 kilogr.), parce que le Transwaal, qui avait donné 118.000 kilogr. en 1898, n'a rien produit pendant la durée de la guerre des Boers; mais le rendement s'est accru dans les autres centres aurifères.

Production de l'or en 1902.

	Kilog.		Kilog.
Australasie	121.472	Brésil	4.511
États-Unis	120.357	Corée	3.822
Sud-africain	58.053	Guyane française	3.612
Russie	35.565	Hongrie	3.261
Canada	31.207	Colombie	3.115
Mexique	15.277	Guyane anglaise	2.599
Indes anglaises	11.426	Pérou	2.500
Chine	4.511	Japon	2.175

6. Les 434.790 kilogr. d'or fin, produits en 1902, ont une valeur d'environ 1.500 millions, au prix moyen de 3.444 fr. 44, valeur légale du kilogr. en France.

Le **Transwaal** ne va sans doute pas tarder à reprendre, parmi les **pays producteurs** d'or, son rang d'autrefois, qui fut le premier. En attendant, c'est l'**Australasie** (**Australie** et **Nouvelle-Zélande**), qui vient en tête, suivie de près par les **États-Unis** (**Californie** et **Alaska**). Le **Canada** se place immédiatement après, avec les mines du **Klondyke**; puis la **Sibérie**. Ces quatre pays fournissent les quatre cinquièmes de la production totale.

7. L'or a de nombreux **usages** ; on l'emploie pour frapper des *monnaies* et des *médailles,* pour faire des *bijoux*

et des *œuvres d'art;* on l'étire en fils pour le faire entrer dans la composition de riches *tissus;* on le réduit en feuilles pour la *dorure* sur bois, sur pierre, etc. ; au moyen de la galvanoplastie, on le dépose en couches minces sur le cuivre, le laiton, le bronze, l'argent, etc. ; à l'état de *chlorure,* il est employé pour le virage des papiers photographiques.

231. L'argent. — 1. L'argent est le plus blanc des métaux, et celui qui, par le poli, acquiert le plus de brillant. Il est aussi, après l'or, le plus malléable et le plus ductile. Inaltérable à l'air et dans l'eau, il noircit sous l'influence des vapeurs sulfureuses et au contact du sel marin.

2. L'argent était assez abondant en Europe durant la période romaine; puis, à la longue, il se fit rare, la faible production des mines d'alors étant loin de compenser les pertes occasionnées par les échanges avec l'Asie, qui se soldaient en argent. Au commencement du xve siècle il était si cher, que 15 grammes (représentant, au prix actuel, une valeur de 1 fr. 25 environ) suffisaient pour payer un hectolitre de blé. Après la découverte du Nouveau-Monde, l'exploitation des mines du Pérou (Potosi) et du Mexique amena une dépréciation considérable de l'argent, quoique l'Inde et l'Extrême-Orient aient continué d'absorber des quantités de plus en plus grandes de ce métal. On a calculé que la monnaie d'argent, frappée dans l'Inde, durant les soixante premières années du xixe siècle, dépasse 5 milliards de francs; la majeure partie en a été ou enfouie ou convertie en bijoux.

Production de l'argent en 1902.

	Kilog.		Kilog.
Mexique	1.876.000	Canada	136.000
États-Unis	1.726.000	Pérou	133.000
Australasie	468.000	Colombie	78.000
Bolivie	290.000	Autriche-Hongrie	60.000
Espagne	235.000	Japon	55.000
Chili	180.000	Amérique centrale	33.000
Allemagne	178.000	Grèce	31.000

3. La **production** totale de l'argent en 1902 a été de

5.565.000 kilogr., dont la valeur, calculée d'après la base légale (222 fr. 22 le kilogr.), adoptée pour la pièce de 5 fr., ressort à 1.237 millions; en réalité, elle ne dépasse pas beaucoup 500 millions, parce que la valeur moyenne de l'argent n'est plus que de 91 fr. le kilogr. La baisse a commencé à se produire vers 1867; elle est devenue énorme à partir de la loi de 1876, qui supprima, en France, le libre monnayage des écus d'argent.

4. Les **pays producteurs** d'argent sont, en première ligne, le **Mexique** et les **États-Unis**, auxquels revient plus de la moitié de la production totale; l'**Australie** les suit d'assez loin; puis viennent la *Bolivie*, l'*Espagne*, le *Chili*, l'*Allemagne*, le *Canada*, le *Pérou*, etc...

5. L'argent sert à peu près aux mêmes **usages** que l'or, sous forme de *monnaie, médailles, vaisselle, œuvres d'art, bijoux, argenture, alliages,* etc... — L'*azotate d'argent* est employé en photographie, pour sensibiliser les plaques.

§ III. — LES MINÉRAUX UTILES

232. Le fer. — 1. Le fer est le plus commun et le plus utile des métaux. C'est un corps blanc grisâtre, très ductile, malléable et extrêmement tenace; un fil d'un millimètre de rayon peut supporter jusqu'à 250 kilogr. Il est inaltérable à l'air sec, mais il s'altère très vite dans l'air humide et se couvre de rouille; on le préserve en le couvrant d'une couche de peinture, ou d'étain (*fer-blanc*), ou de zinc (*fer galvanisé*). — Le fer se rencontre à peu près dans tous les pays et en très grande abondance; le nombre des roches, qui en contiennent, est infini, mais les seuls minerais exploitables sont les oxydes et le carbonate de fer.

2. L'usage du fer est fort ancien; moins cependant, semble-t-il, que celui des autres métaux usuels, sans doute à cause de la difficulté que présente son extraction.

3. La fusion du minerai de fer dans les hauts fourneaux donne la **fonte,** qui se compose de fer, combiné avec du

carbone (3 à 5 %) et avec d'autres corps en faibles quantités. La fonte est cassante, moins dure et plus fusible que le fer.

4. Pour obtenir du **fer** pur, la fonte, fondue et fortement chauffée, est soumise à un courant d'air chaud, qui brûle le carbone et les autres corps. La masse est ensuite forgée au marteau pour en extraire les scories.

5. L'**acier** est du fer combiné avec une petite quantité de carbone (0, 7 à 2 %); ductile et malléable comme le fer, il est plus léger, plus dur, moins altérable, et susceptible d'un beau brillant. Longtemps considéré comme un métal de luxe, à cause de son prix 800 à 900 fr. la tonne), il est devenu plus commun que le fer, depuis que Bessemer et les frères Martin ont trouvé le moyen de le fabriquer par grandes quantités et de le livrer à bon compte (170 à 290 fr. la tonne). Le procédé Bessemer consiste à faire traverser, par de puissants courants d'air, un bain de fonte en fusion dans une énorme cornue mobile; l'excès de carbone disparaît, brûlé dans le courant. Les frères Martin obtiennent l'acier, en fondant ensemble les proportions voulues de fonte et de fer, dans le four régénérateur de Siemens.

Production de la fonte, du fer et de l'acier en 1902.

(En milliers de tonnes.)

	Fer	Fonte.	Acier.
États-Unis	16.132	2.630	13.690
Angleterre	8.818	1.004	4.988
Allemagne	7.450	890	7.374
Russie	2.931	489	2.216
France	2.105	610	1.216
Autriche-Hongrie	1.413	»	»
Belgique	1.069	382	559
Suède	528	165	269
Espagne	259	47	18
Italie	31	163	109

233. 6. La production totale de la **fonte**, en 1902, dépasse 42 millions de tonnes, dont les trois quarts sont fournis par les **États-Unis**, l'**Angleterre** et l'**Allemagne**. La *Russie* se place après, mais à une grande dis-

tance, et devance un peu la *France*; viennent ensuite l'*Autriche-Hongrie* et la *Belgique*.

7. La production du **fer** est de 6 millions et demi de tonnes environ; la supériorité des **États-Unis** s'y affirme encore davantage; ils revendiquent plus du tiers de la production et dépassent de beaucoup l'**Angleterre** et l'**Allemagne** réunies. Les autres pays producteurs de fer : *Russie, France, Autriche-Hongrie, Belgique*, gardent les mêmes positions que pour la fonte.

8. Les **États-Unis** ont aussi une supériorité marquée dans la fabrication de l'**acier**; ils entrent pour les deux cinquièmes environ dans le total de la production, qui est de 30 millions et demi de tonnes. L'**Allemagne** occupe le second rang, dépassant notablement l'**Angleterre**. La *Russie* se place après, avec une avance considérable sur la *France*. Viennent ensuite l'*Autriche-Hongrie*, la *Belgique*, la *Suède*, etc...

9. Les **usages** du fer et de ses dérivés, la fonte et l'acier, sont innombrables. Leur rôle principal est de fournir des **outils**, depuis les humbles *instruments de l'agriculteur et de l'artisan*, jusqu'aux *engins de guerre* et aux *machines* compliquées de la grande industrie. Les *coques des navires* à vapeur, les *blindages* des cuirassés, leurs *machines* motrices, les *rails* des chemins de fer, les *locomotives, locomobiles, automobiles,* les *canons* et les *fusils*, etc., sont en fer ou en acier. Ceux-ci tendent de plus en plus à remplacer le bois dans les *constructions*. En un mot, rien ne se fait que par eux, sur mer comme sur terre, dans les ateliers comme sur les champs de bataille. Si l'or est — malheureusement — le roi du monde moderne, le fer est son premier ministre.

234. Le cuivre. — 1. Le cuivre est un métal d'un rouge clair, brillant, malléable, très ductile et ne le cédant qu'au fer pour la ténacité. Les peuples d'Europe, avant la période historique, ne connaissaient pas le fer, et se servaient déjà du cuivre ; ils employaient l'airain (alliage de cuivre et d'étain) pour fabriquer des instruments tranchants.

2. Le cuivre se présente à l'état natif, en Amérique et

en Russie (Oural); dans les environs du lac Supérieur, on le trouve ainsi en blocs de 1 à 15 tonnes, quelques-uns atteignant jusqu'à 1.000 tonnes. Les autres minerais sont des oxydes, des carbonates ou des sulfures. — Pour la production des **minerais de cuivre**, les **États-Unis** viennent en tête, suivis de loin par l'**Espagne** et le **Chili**; ensuite, par ordre d'importance, l'*Allemagne*, le *Mexique*, l'*Italie*, *Terre-Neuve*, la *Russie*, le *Cap*, le *Japon*, etc. — Souvent le minerai de cuivre n'est pas traité sur place, mais exporté dans les contrées industrielles d'Europe, c'est ce qui explique comment l'Angleterre, avec des mines peu importantes, produit cependant beaucoup de cuivre.

Production du cuivre en 1902.

	Tonnes.		Tonnes
États-Unis	271.000	Australasie	25.700
Angleterre	52.900	Japon	25.300
Mexique	31.000	Canada	17.776
Chili	31.000	Italie	10.200
Allemagne	30.600	Russie	8.300
Espagne	30.000	France	6.300

235. 3. La **production** totale étant de 518.000 tonnes, plus de la moitié revient aux **États-Unis**; après eux prennent place l'**Angleterre**, le *Mexique*, le *Chili*, l'*Allemagne*, l'*Espagne*, l'*Australie*, le *Japon* et le *Canada;* enfin avec des quantités de plus en plus faibles, l'*Italie*, la *Russie* et la *France*.

4. Le cuivre est, après le fer, le plus important des métaux usuels. On en fait des *alambics*, des *chaudières*, des *casseroles*, et une multitude de *menus objets*. Allié à d'autres métaux, il donne le *bronze* ou *airain*, le *laiton*, le *maillechort*, dont l'usage est très répandu. — Les **bronzes**, alliages de cuivre et d'étain, auxquels on ajoute souvent du zinc et du plomb, sont plus fusibles et plus durs que le cuivre; on en fabrique des *cloches*, des *médailles*, des *statues* et *œuvres d'art*, des *objets d'ornementation*. — Le **laiton**, alliage de cuivre et de zinc, est plus malléable et plus dur que le cuivre; sa couleur

varie du jaune d'or au jaune pâle, suivant qu'il contient plus ou moins de cuivre. On en fabrique des *instruments de musique* et de *physique,* divers *ustensiles de ménage;* les *épingles* sont en laiton étamé. — Le **maillechort** ou melchior, alliage de cuivre, de zinc et de nickel, a la blancheur, la sonorité et la pesanteur de l'argent. On l'emploie pour la fabrication de *cafetières, théières, gobelets, couverts de table.* — Enfin le **bronze d'aluminium,** alliage de cuivre et d'aluminium, a une belle couleur jaune d'or. On l'utilise pour la fabrication d'*objets d'orfèvrerie.*

236. Le plomb. — 1. Les alchimistes, qui désignaient les métaux connus d'eux par des noms de planètes, avaient donné au plomb celui de Saturne, parce que, quand il est fondu, il dissout un grand nombre de métaux, de même que la voracité de Saturne lui faisait avaler jusqu'à des pierres. — Le plomb est un métal d'un gris bleuâtre, assez mou pour être rayé par l'ongle et pour laisser des traces sur le papier, très malléable, très lourd, mais peu ductile, peu tenace et pas du tout élastique. Il s'altère rapidement à l'air; mais la légère couche d'oxyde, formée à la surface, préserve le reste du métal. Au contact de l'eau de pluie, il se transforme en carbonate de plomb qui est un poison, tandis que l'eau de source ou de rivière, qui contient quelques sels dissous, ne l'attaque pas.

2. Le principal **minerai de plomb**, la *galène* ou sulfure de plomb, renferme aussi ordinairement de l'argent. Les pays qui en extraient le plus sont, en première ligne, les **États-Unis**, l'**Espagne**, l'**Australie**, l'**Allemagne**; puis le *Mexique,* l'*Italie,* la *Russie,* l'*Angleterre,* la *France,* l'*Autriche,* etc...

Production du plomb en 1902.

	Tonnes.		Tonnes.
États-Unis	246.000	Australie	67.000
Espagne	178.000	Angleterre	38.700
Allemagne	140.300	Italie	26.500
Mexique	89.000	France	19.000
Belgique	73.400	Grèce	16.000

237. 3. La **production** totale est de 920.000 tonnes. Les principaux pays producteurs sont, en première ligne, les **États-Unis**, l'**Espagne** et l'**Allemagne**; viennent ensuite le *Mexique*, la *Belgique*, l'*Australie* et l'*Angleterre*; enfin l'*Italie*, la *France* et la *Grèce*, avec des quantités de plus en plus faibles.

4. Le plomb est, après le fer et le cuivre, le métal le plus employé. Il sert à faire les *conduites d'eau et de gaz*, le *plomb de chasse*, les *balles de fusil*, les *caractères d'imprimerie*. Étendu en feuilles, on l'emploie à garnir l'intérieur des bassins et des chambres de plomb dans lesquelles on prépare l'acide sulfurique, à faire des *gouttières*, à recouvrir des édifices, etc... — On en tire la **céruse**, ou blanc d'argent, qui entrait autrefois dans presque toutes les peintures sur pierres et sur bois. Comme cette substance est très vénéneuse, on cherche à la remplacer par le blanc de zinc. — La céruse, calcinée à une température modérée, donne une poudre d'un rouge orangé vif, très pesante, le **minium**. C'est avec lui que furent faites ces belles miniatures qu'on admire dans les anciens livres d'heures et autres manuscrits. Il sert à colorer les papiers de tenture et la cire à cacheter; il entre dans la composition du cristal.

238. L'étain — **1.** L'étain, connu dès la plus haute antiquité, est un métal presque aussi blanc que l'argent, très malléable, très flexible, mais peu ductile et peu tenace. Il ne s'altère pas à l'air, à la température ordinaire, et résiste à la plupart des acides organiques, bien mieux que le fer et le cuivre. — Le seul **minerai** d'étain qui soit exploité, la *cassitérite*, forme de petits filons au milieu des roches granitiques, ou est mêlé aux sables alluvionnaires, provenant de la destruction de ces roches. On le trouve dans la **presqu'île de Malacca**, dans les **îles Malaises** (**Banca**, *Billiton, Java*), en *Bolivie*, en *Angleterre* (Cornouailles), en *Australie*, en *Allemagne*, en *Autriche*, en *Russie*, en *Espagne*, etc...

Production de l'étain en 1902.

	Tonnes.		Tonnes.
États malais (Protectorat anglais)	17.700	Bolivie	15.000
Iles malaises (aux Hollandais)	18.200	Angleterre	11.600
		Australie	1.100
		Allemagne	2.000

2. La **production** totale est de 99.000 tonnes, dont les trois quarts reviennent à la **presqu'île** et aux **îles Malaises**. Les producteurs de second ordre sont la *Bolivie*, l'*Angleterre*, l'*Australie* et l'*Allemagne*.

3. On emploie l'étain pur, réduit en feuilles minces. pour envelopper le chocolat et autres substances alimentaires ; allié avec un peu de plomb, qui le rend moins cassant, il sert à faire de la *vaisselle* : pots. cuillères. plats et assiettes, et des *mesures* pour les liquides. — Afin de préserver de l'oxydation le cuivre et le fer, on les recouvre d'une légère couche d'étain ; c'est l'*étamage*. Amalgamé au mercure, il donne le *tain* des glaces. — La *soudure* des plombiers est un alliage d'étain et de plomb. et le *bronze* un alliage de cuivre et d'étain.

239. **Le zinc.** — 1. Les anciens connaissaient le minerai de zinc, la calamine, qu'ils employaient dans la fabrication de l'airain (n° 235) ; le métal lui-même fut apporté de Chine vers le xvi⁰ siècle, et c'est seulement au xviii⁰ qu'on commença à le préparer en Europe. — Le zinc est blanc bleuâtre ; très peu malléable à froid. il se martèle aisément, se lamine et s'étire à une température d'environ 140°. C'est le plus dilatable des métaux. A l'air humide, il s'oxyde rapidement et se couvre d'une couche blanchâtre de carbonate de zinc, très mince. mais très cohésive, qui préserve de toute altération l'intérieur de la masse. A la chaleur blanche, il brûle et se volatilise en répandant une lumière éblouissante.

2. Les deux **minerais** dont on extrait le zinc, la *calamine,* carbonate de zinc, et la *blende,* sulfure de zinc. sont très répandus dans la nature. On les exploite surtout en **Allemagne.** aux **États-Unis.** en **Italie.** en

Espagne, en *Russie*, en *France*, en *Suède* et en *Autriche*.

Production du zinc en 1902.

	Tonnes.		Tonnes.
Allemagne	175.000	France	36.300
États-Unis	128.000	Angleterre	25.800
Belgique	125.000	Autriche	8.300

3. La **production** totale est de 511.000 tonnes, dont les cinq sixièmes sont fournis par l'**Allemagne**, les **États-Unis** et la **Belgique** (société de la Vieille-Montagne). La *France*, l'*Angleterre* et l'*Autriche*, viennent au second rang.

4. Le zinc est employé en feuilles minces pour faire des *bassins*, des *baignoires*, des *gouttières* et une multitude de *petits objets* et d'*ustensiles;* on s'en sert aussi pour couvrir les *toitures*. — En couche mince, il préserve de l'oxydation le *fer galvanisé;* allié au cuivre, il forme le *laiton* (n° 235).

240. **Le nickel.** — Le nickel, découvert au xviiie siècle, n'est entré dans l'usage courant que dans la seconde moitié du xixe. C'est un métal blanc grisâtre, très dur, très ductile et très malléable; moins fusible que le fer, dont il se rapproche d'ailleurs beaucoup, il a sur celui-ci l'avantage de ne pas s'oxyder à l'air même humide, à la température ordinaire. — Les **minerais** de nickel sont assez nombreux; mais ceux qu'on peut utiliser sont peu répandus, et l'extraction du métal est difficile; de là son prix élevé (3 à 5 fr. le kilogr.).

2. La **Nouvelle-Calédonie**, le **Canada**, et l'**Allemagne** sont actuellement les seuls pays où l'on exploite des mines de nickel. — La production a été, en 1900, de 5.700 tonnes, qui se répartissent ainsi entre les pays producteurs : Canada, 2.600; France, 2.700; Allemagne, 1.376.

3. Comme le nickel est peu altérable par les agents atmosphériques et les acides, on l'emploie de plus en plus à recouvrir les autres métaux d'une couche super-

ficielle, susceptible d'un beau poli ; le *nickelage* remplace avantageusement l'étamage. Allié au cuivre, il donne le maillechort ; la *monnaie* d'appoint de plusieurs pays consiste en pièces de nickel.

241. Le mercure. — Le mercure était connu des anciens, et les alchimistes du moyen âge en ont usé et abusé pour tromper les simples : ils y faisaient préalablement dissoudre de l'or, que l'on retrouvait au fond du creuset, lorsque la chaleur avait volatilisé le mercure ; et ils se vantaient d'avoir ainsi trouvé le secret de faire de l'or. — Le mercure est un métal blanc et brillant comme de l'argent fondu. C'est le seul qui soit liquide à la température ordinaire : il se solidifie à 40° au-dessous de zéro et devient alors malléable comme le plomb. Il ne mouille pas le verre et s'unit facilement à presque tous les métaux pour former des amalgames.

2. Le mercure se trouve, à l'état natif, en gouttelettes disséminées dans les roches, et surtout à l'état de minerai sulfureux, le *cinabre*. — Les principales **mines** sont situées en **Espagne** (Almaden), aux **États-Unis** (New-Almaden), en *Autriche* (Idria), en *Russie*, en *Italie* et au *Mexique*. — La production, en 1902, a été de 3.600 tonnes.

Production du mercure en 1902.

	Tonnes.		Tonnes.
Espagne	1.425	Mexique	335
États-Unis	1.031	Russie	301
Autriche-Hongrie	511	Italie	260

3. Le mercure, pur ou combiné, est employé en *médecine*, mais à des doses très faibles, parce que c'est un poison violent ; il sert dans les laboratoires pour recueillir les gaz solubles dans l'eau ; il entre dans la construction des *baromètres*, des *thermomètres* et autres instruments de physique. — La facilité qu'il a de s'allier avec les autres métaux le fait surtout employer pour l'extraction de l'or, de l'argent, etc... — Plusieurs **amalgames** sont utilisés par l'industrie : l'amalgame d'*étain*,

pour étamer les glaces et les miroirs en verre ; l'amalgame de *bismuth fondu*, pour argenter l'intérieur des ballons de verre ; les amalgames d'*or* et d'*argent*, employés pour la dorure et l'argenture au feu.

CHAPITRE TROISIÈME

LE MONDE ÉCONOMIQUE ACTUEL.

§ I. — Moyens et instruments de transports [1].

242. Voies de communication terrestres: les routes. — Les voies de communication, qui constituent le premier et le plus indispensable des moyens de transports, sont de trois sortes : *terrestres, fluviales et maritimes;* il y aura peut-être lieu, plus tard, d'y ajouter la voie *aérienne,* si l'on parvient à résoudre d'une manière bien pratique le problème de la direction des ballons.

1. Les premières voies de communication terrestres ont été les *sentiers,* tracés par les pas des hommes et des animaux dans les plaines et surtout dans les vallées aboutissant à des cols d'accès facile. Nos ancêtres s'en contentèrent durant longtemps et, encore maintenant, un grand nombre de pays n'en ont à peu près pas d'autres ; de ce nombre sont les forêts vierges et les savanes de l'Afrique, de l'Amérique, de Sumatra et Bornéo, la Nouvelle-Guinée et les trois quarts de l'Australie.

2. Les sentiers primitifs, élargis et nivelés, sont devenus, dans les pays civilisés, de belles **routes,** dont la chaussée unie et solide facilite la marche des piétons et le roulement des voitures. L'établissement des routes a nécessité de nombreux travaux d'art ; en particulier, des **ponts** jetés sur les rivières et les fleuves, pour faire communiquer les deux rives. On n'en compte pas moins de dix qui ont plus d'un kilomètre de long : la

1. Voir, à la fin du volume, la carte des communications internationales

plupart de ces ponts gigantesques servent tout à la fois de chemin aux piétons et aux voitures et de **viaducs** aux chemins de fer. Le plus considérable est le pont de Montréal, sur le Saint-Laurent (Canada), qui n'a pas moins de 2.637 mètres. Viennent ensuite le pont de Brooklyn (États-Unis), 1.826 mètres ; celui de Rapperswill, sur le lac de Zurich (Suisse), 1.600 mètres ; celui du Volga, près de Sysran (Russie), 1.484 mètres. Le plus long des ponts français, Pont-Saint-Esprit, sur le Rhône, n'a que 738 mètres.

3. Tous les pays européens, sauf la péninsule des Balkans, sont aujourd'hui pourvus d'un réseau à peu près complet de bonnes routes ; mais il n'en est pas de même dans l'Asie centrale et occidentale, en Afrique et dans la plus grande partie de l'Amérique, où le service de la voirie est tout à fait insuffisant, quand il n'est pas nul.

4. Aux *chevaux*, et aux *voitures* traînées par des chevaux, qui furent, jusque vers la fin du xixe siècle, les seuls instruments de transports employés sur les routes, viennent se joindre aujourd'hui les *bicyclettes,* mues par l'homme et les *automobiles* à traction mécanique.

243. Les chemins de fer. — 1° Les chemins de fer, dont l'invention remonte à la fin du xviiie siècle, furent d'abord exclusivement employés au service des mines, et les voitures étaient traînées sur les rails par des chevaux. Le premier chemin de fer à vapeur, celui de Liverpool à Manchester (Angleterre), fut construit, en 1830, par Georges Stephenson. En France, la loi concernant la création de chemins de fer ne date que de 1842.

2° La longueur des voies ferrées du globe dépasse 820.000 kilomètres ; elles se répartissent de la manière suivante entre les cinq parties du monde :

Europe 290.000 kilomètres ;

Asie, 70.000 kilomètres, dont plus de 41.000 dans l'Inde anglaise ;

Afrique, 24.000 kilomètres (Algérie, Égypte, le Cap) ;

Amérique, 412.000 kilomètres, dont 314.000 aux États-Unis, 29.000 au Canada.

Océanie, 26,000 kilomètres, dont 25.000 en Australasie.

3° Les pays qui possèdent le réseau le plus complet sont les suivants :

	Longueur des lignes.	Par 10,000 kilom. car.
Belgique	4.600	1.564
Angleterre	35.500	1.130
Suisse	4.000	980
Allemagne	52.700	970
Pays-Bas	2.800	818
France	41.000	822
Autriche-Hongrie	36.500	583
Italie	15.800	551
États-Unis	311.000	397
Australie et Nouvelle-Zélande [1]	21.000	35

4° La construction des chemins de fer exige des travaux d'art souvent très difficiles et très dispendieux, dont les plus importants sont les ponts viaducs, qu'on est obligé de jeter au-dessus des rivières et des vallées profondes, que doit traverser la voie; et les **tunnels**, excavations souterraines pratiquées à travers les collines et les montagnes. Les trois plus considérables tunnels qui existent sont ceux du mont Saint-Gothard (15 kilomètres de longueur), du mont Cenis (12 kilomètres), et du Simplon (19 kilomètres), dans la chaine des Alpes.

5° Presque partout, aux réseaux des chemins de fer viennent s'ajouter les **tramways**, dont les voies sont également ferrées, mais établies à moins de frais. On y emploie tantôt la traction animale, tantôt la traction mécanique (vapeur ou électricité).

6. Malgré les progrès surprenants de l'automobilisme, et la création de machines routières capables de marcher à des allures fantastiques de 80, 100, 120 kilomètres et plus à l'heure, les voies ferrées conserveront toujours leur supériorité comme moyen de transport, parce que les efforts nécessaires à la traction y sont réduits au minimum, les rails présentant aux roues des voitures une surface douce, unie et toujours également résistante.

---

1. Le réseau australien est le plus considérable, eu égard au nombre des habitants.

244. Les grandes voies ferrées transcontinentales. — 1. L'Amérique du Nord a devancé, de beaucoup, l'ancien monde dans la construction des chemins de fer transcontinentaux.

2. Le *Dominion anglais* a achevé, en 1885, la **ligne Canadienne-Pacifique**, de Québec à Vancouver ; c'est la voie la plus courte de Liverpool à Yokohama et à Chang-Haï.

3. Dans les *États-Unis*, quatre voies ferrées traversent le continent. de l'Atlantique au Pacifique : 1° La ligne **Nord-Pacifique**, de New-York à Astoria (embouchure du Colombia) par Chicago ; — 2° la ligne **Union** ou **Centrale-Pacifique**, de New-York à San-Francisco, par Omaha-City et Ogden, inaugurée la première, en 1869 ; — 3° la ligne **Atlantique-Pacifique**, de New-York à San-Francisco, par Topeka, Rincon et le sud de l'Arizona ; — 4° la ligne **Texas-Pacifique**, de la Nouvelle-Orléans à San-Francisco, par El-Paso, où elle se soude à la précédente.

4. Dans l'*Amérique du Sud*, le **chemin de fer transandin**, de Buenos-Ayres à Valparaiso, est très avancé ; il ne reste à construire qu'un petit nombre de kilomètres, dans la partie centrale, au cœur de la Cordillère.

5. Les réseaux de l'*Europe*, qui sont maintenant à peu près complets, ont été reliés au Pacifique, en 1802, par le **transsibérien**, qui va de Saint-Pétersbourg à Pékin, à Port-Arthur (Mandchourie) et à Vladivostock, par Moscou, Tioumen, Tomsk et Irkoustk. — Une ligne en projet, *de Constantinople au golfe Persique*, à travers l'Asie Mineure et la Mésopotamie, est destinée à rattacher à l'océan Indien les réseaux européens.

6. En *Afrique*, le rêve des Anglais est d'établir une **ligne du Cap à Alexandrie**. Deux amorces déjà considérables sont achevées : *du Cap au Zambèze*, par Boulouvayo, et *d'Alexandrie à Karthoum*. — L'*Australie* est dans la même situation. Deux transaustraliens sont tracés : *d'Adelaïde à Palmerston* (port Darwin), au nord ; — et à *Perth*, à l'ouest ; mais on n'en a encore construit que les premiers tronçons.

245. Voies fluviales. — Les fleuves, « ces chemins qui marchent », servent partout au transport des voyageurs et des marchandises. En Afrique, le réseau fluvial du **Congo** et de ses affluents, en Amérique, celui de l'**Amazone**, constituent encore maintenant les seules voies par où le commerce puisse pénétrer dans ces immenses régions.

Les peuples civilisés ont complété le réseau fluvial par la création de cours d'eau artificiels, les **canaux**. Tantôt les canaux sont creusés le long des fleuves, dont le cours est impraticable à la navigation, ce sont les CANAUX LATÉRAUX. Tantôt ils sont destinés à faire communiquer deux bassins fluviaux, en franchissant les hauteurs plus ou moins considérables qui les séparent : ce sont les CANAUX DE JONCTION. Ces canaux sont sectionnés en *biefs*, terminés par des *écluses*, dans lesquels l'eau s'étage à divers niveaux jusqu'au bief supérieur. Pour alimenter ce dernier, qui doit fournir toute l'eau nécessaire à la navigation, on est obligé de capter les sources et les ruisseaux des montagnes et de créer d'immenses *réservoirs*, d'où on la fait écouler au moment du besoin.

La navigation sur les fleuves et les canaux a le désavantage d'être relativement lente ; en revanche, elle est peu dispendieuse ; ainsi en France, le transport d'une tonne de marchandises par les chemins de fer, coûte de 4 à 16 centimes par kilomètre, suivant la classe, tandis qu'il ne revient qu'à un centime par la batellerie fluviale, celle-ci sert surtout au transport des **matières lourdes et encombrantes**, comme la *houille*, les *minerais*, les *pierres*, etc. Mais, dans les pays neufs, qui n'ont pas encore de chemins de fer, la batellerie fluviale est le moyen de transport le plus commode et le plus rapide.

246. Voies maritimes ; les canaux ; les ports ; les navires. — 1. Les innombrables voies maritimes, que suivent les navires sur l'immensité mobile des flots, ont, comme les voies fluviales, le grand avantage d'être fournies gratuitement par la nature ; pas toutes, cependant, car l'industrie humaine en a créé de nouvelles en perçant des isthmes : isthmes de **Suez** et de **Corinthe**, et bientôt isthme de Panama. — 2. L'ouverture du **canal de Suez** (1869), dû au génie audacieux et tenace de M. de Lesseps, est assurément un des plus grands événements, qu'ait enregistré l'histoire, dans le domaine économique ; unissant les flots de la Méditerranée à ceux de la mer Rouge, le canal de Suez, abrège de plus de moitié le chemin de l'Europe aux Indes. Il y passe, en moyenne, dix à douze gros navires par jour. Les travaux durèrent onze ans et coûtèrent 500 millions. — Le **canal de Panama**, qui doit faire communiquer la mer des Antilles avec le Pacifique, en avait déjà englouti le double, lorsque la compagnie concessionnaire, à bout de ressources, se vit obligée (1889) de suspendre les travaux. Ils vont être repris pour le compte des États-Unis, qui ont acheté la concession 200 millions.

3. Si, à part les canaux interocéaniques, les voies maritimes sont gratuites, il n'en est pas de même des **ports**, sans lesquels on pourrait difficilement les utiliser. Même dans les endroits où les rivages présentent des ports naturels, comme à Brest, à la Havane, à Rio de Janeiro, à Bombay, et dans les ports **fluviaux**, comme à Londres et à Liverpool, à Anvers et à Hambourg, à Calcutta et à Canton, il a fallu faire d'immenses travaux d'aménagements, creuser des *bassins*, construire des *quais*, des *docks*, etc., etc. — La création des ports **artificiels**, comme ceux de Cherbourg et d'Alger, est incomparablement plus coûteuse encore, car elle nécessite, en plus, la construction de *môles* gigantesques, de *digues*, de *jetées*, pour mettre les navires à l'abri des vents du large et des lames de la haute mer.

4. Les **navires**, qui effectuent les transports sur les voies maritimes, sont à voiles ou à vapeur. — Avant le XIXe siècle, on ne connaissait pas d'autre marine que la marine **à voiles**, qui est de plus en plus reléguée au second plan : on ne l'emploie plus guère maintenant que pour le transport des matières encombrantes. L'ouverture du canal de Suez lui a été funeste parce qu'elle ne peut utiliser cette voie. — La marine **à vapeur**, qui l'a supplantée, est beaucoup plus coûteuse, mais trois ou

quatre fois plus rapide ; et cette qualité prime tout aujourd'hui. Les grands **paquebots**, destinés surtout au transport des voyageurs et des correspondances, sont construits tout entiers en fer et en acier ; les dimensions et la puissance de quelques-uns de ceux qui sont actuellement en service, auraient été jugées, il y a vingt ans, absolument impraticables : 215 à 225 mètres de long, 20 à 23 mètres de large, 25.000 à 28.000 tonneaux de jauge, machines d'une force de 4.000 à 4.500 chevaux, imprimant une vitesse moyenne de 22 à 24 nœuds, soit 40 à 45 kilomètres à l'heure ! — Ces énormes navires, qui ont un tirant d'eau supérieur à 9 mètres, ne peuvent fréquenter que les ports où l'eau a une profondeur d'au moins 10 mètres. La suprématie du port de Londres se trouve, de ce chef, sérieusement menacée : car, le chenal actuel de la Tamise n'a que 9^m,20 aux basses eaux et seulement jusqu'à 24 kilomètres en aval du pont de Londres ; plus haut, il est beaucoup moins profond (3^m,60, à Woolwich ; il est question d'entreprendre de grands travaux pour lui donner la profondeur voulue.

247. Les grandes lignes de navigation. — Nous avons vu précédemment (n° 211) que l'Atlantique et la Méditerranée sont actuellement les deux théâtres principaux de l'activité commerciale du monde. Comme l'Europe continue, malgré les grands progrès réalisés par les États-Unis et par le Japon, à être le centre du commerce international, c'est naturellement à ses ports que se rattachent les grandes lignes de navigation. Les paquebots, employés sur ces lignes pour le transport des voyageurs et des marchandises, sont généralement aménagés avec un grand confortable ; leurs départs ont lieu à jour et à heure fixes ; il en est à peu près de même des arrivées, à moins d'accidents imprévus, qui sont heureusement assez rares. Ils rivalisent maintenant de vitesse avec les chemins de fer, dont les grandes lignes de navigation sont le prolongement maritime. — Les principales sont :

1° **Sur l'Atlantique :**

Lignes anglaises : de Londres, de Liverpool, de Southampton (Angleterre), de Glascow (Écosse), de Queenstown et de Cork (Irlande) aux principaux ports de l'**Amérique** : Québec et Halifax (*Canada*), Philadelphie, New-York et la Nouvelle-Orléans (*États-Unis*), la Havane, Kingstown, Saint-Thomas (*Antilles*), Rio de Janeiro, Montevideo, Buenos-Ayres, et, par le détroit de Magellan, Valparaiso (*Sud-Amérique*) ; — de Southampton et de Plymouth au Cap (*Afrique*).

Lignes allemandes : de Hambourg et de Brême à New-York et aux principaux ports de l'**Amérique** et de l'**Afrique occidentale**.

Lignes françaises : du Havre à New-York ; — de Saint-Nazaire aux *Antilles*, au *Mexique* et à Colon (*Panama*) : — de Bordeaux et de Marseille à *Buenos-Ayres*, par Dakar et Rio de Janeiro, et à la *côte occidentale d'Afrique*.

248. 2° **Sur la Méditerranée**, par le canal de Suez :

Lignes anglaises : de Londres, de Liverpool, de Southampton et de Plymouth aux ports principaux de l'**océan Indien** et du **Pacifique** : Bombay, Colombo, Calcutta, Rangoun, Singapour, Bangkok, Hong-Kong, Chang-haï, Yokohama (*Inde et Extrême-Orient* ; — Adelaïde, Melbourne et Sydney (*Australie*) ; — Zanzibar, et île Maurice (*Afrique*).

Lignes allemandes : de Hambourg dans l'Extrême-Orient ; — de Brême aux îles Samoa.

Lignes hollandaises : d'Amsterdam et de Rotterdam à Batavia.

Lignes françaises : de Marseille à Yokohama par Saïgon et Chang-haï ; — à Nouméa, par Melbourne et Sydney ; à Madagascar, par Djibouti.

3° **Sur le Pacifique** :

Lignes américaines : de San-Francisco à Auckland (*Nouvelle-Zélande*) ; — à Yokohama (*Japon*).

Ligne anglaise : de Vancouver à Yokohama, notablement plus courte que la ligne américaine.

249. **Les principaux ports.** — La liste suivante est extraite d'un travail publié (1903) par l'*Office de*

statistique universelle d'Anvers; les principaux ports y sont classés d'après le tonnage de jauge des navires, qui y entrent annuellement; ce tonnage est naturellement bien supérieur au tonnage effectif des marchandises. puisque nombre de bâtiments naviguent avec des chargements incomplets.

Ports	Tonneaux
1 Londres (Angleterre)	10.177.023
2 Hong-Kong (aux Anglais)	9.503.639
3 New-York (Etats-Unis)	8.982.767
4 Hambourg (Allemagne)	8.689.000
5 Anvers (Belgique)	8.425.127
6 Liverpool (Angleterre)	6.813.200
7 Rotterdam (Pays-Bas)	6.516.115
8 Changhaï (Chine)	4.726.111
9 Marseille (France)	4.566.115
10 Gênes (Italie)	4.325.158
11 Capetown (aux Anglais)	4.215.602
12 Lisbonne (Portugal)	3.612.051
13 Buenos-Ayres (Argentine)	3.103.813
14 Copenhague (Danemark)	3.311.512
15 Alger (aux Français)	3.065.131
16 Brême (Allemagne)	2.981.110
17 Melbourne (aux Anglais)	2.827.919
18 Sydney (aux Anglais)	2.706.651
19 Alexandrie (Egypte)	2.561.252
20 Barcelone (Espagne)	2.430.257
21 Savannah (Etats-Unis)	2.262.053
22 Le Havre (France)	2.217.900
23 Trieste (Autriche)	2.119.528
24 Yokohama (Japon)	2.030.218
25 Nagasaki (Japon)	1.971.700
26 Fiume (Hongrie)	1.951.541
27 Philadelphie (Etats-Unis)	1.926.611
28 Amsterdam (Pays-Bas)	1.887.917
29 Durban (aux Anglais)	1.826.526
30 Rio-de-Janeiro (Brésil)	1.801.880
31 Dunkerque (France)	1.723.722
32 Gothembourg (Suède)	1.573.901
33 Montréal (Canada anglais)	1.539.401
34 Odessa (Russie)	1.533.124
35 Valparaiso (Chili)	1.386.884
36 Venise (Italie)	1.317.817
37 Cronstadt Russie)	1.300.229
38 Vera-Cruz (Mexique)	1.268.836
39 Calcutta (Inde anglaise)	1.212.622

40 Bombay (id.)	....	1.164.657
41 Riga (Russie)	....	1.066.028
42 San Francisco (Etats-Unis)	....	1.016.284
43 Bordeaux (France)	....	1.009.240
44 Tampico (Mexique)	....	1.009.001

Londres (plus de 10 millions de tonnes) et **Hong-Kong** (plus de 9) tiennent la tête de la liste, avec une écrasante supériorité; viennent ensuite **New-York, Hambourg** et **Anvers** (plus de 8 millions); — **Liverpool** et **Rotterdam** en ont encore plus de 6; — **Changhaï, Marseille, Gênes** et le **Cap**, plus de 4; — *Lisbonne, Buenos-Ayres, Copenhague* et *Alger,* plus de 3; — *Brême, Melbourne, Sydney, Alexandrie, Barcelone, Savannah,* le *Havre, Trieste* et *Yokohama,* plus de 2.

L'Angleterre occupe une place à part pour le tonnage de ses deux grands ports, Londres et Liverpool, et de ceux de ses colonies; Hong-Kong, le Cap, Melbourne, Sydney, Durban, Montréal, Calcutta, Bombay. — Au second rang se placent : l'**Allemagne**, avec Hambourg et Brême; les **États-Unis**, avec New-York, Philadelphie, Savannah, San-Francisco; la **France**, avec Marseille, Alger, le Havre, Dunkerque et Bordeaux; les **Pays-Bas**, avec Rotterdam et Amsterdam. — Viennent ensuite : l'*Italie,* avec Gênes et Venise; l'*Autriche-Hongrie,* avec Trieste et Fiume ; et la *Russie,* avec Odessa, Cronstadt et Riga.

250. **Les postes et les télégraphes.** — Le service postal, organisé d'abord en France par Louis XI, a été introduit successivement dans tous les pays civilisés, et il est devenu l'un des plus utiles auxiliaires du commerce. Pour favoriser les relations internationales en diminuant les frais d'expédition des lettres et des imprimés, une **Union postale universelle** a été fondée par un traité conclu à Berne en 1874; elle comprend presque tous les pays civilisés du globe : l'**Europe** en entier; l'**Amérique** en entier; en **Asie**, les colonies européennes, la Perse, Siam, le Japon, et les établissements postaux de l'Angleterre, de la France et du Japon,

en Chine et en Corée; en **Afrique**, les colonies européennes, la république de Libéria et l'État libre du Congo; en **Océanie**, les colonies européennes et l'archipel hawaïen. Les 1.100 millions d'hommes qui vivent dans les limites de l'Union postale (107 millions de kilom. car.) peuvent échanger des lettres et envoyer des fonds d'un bout du monde à l'autre pour un prix extrêmement minime. Les 435 millions de mandats de poste délivrés dans les bureaux, en 1900, atteignaient une valeur totale de plus de 32 milliards de francs.

Les **télégraphes électriques**, dont l'invention remonte à l'année 1840, couvrent déjà l'Europe et ses colonies d'un réseau à mailles très serrées, et l'usage s'en répand de plus en plus. Le nombre des dépêches expédiées annuellement sur toute l'étendue du globe s'élève à 400 millions environ.

Une invention plus récente encore et déjà d'usage courant, en Europe et aux États-Unis, le **téléphone**, porte la parole humaine à de grandes distances : un simple fil, dans lequel passe un courant électrique, la transmet instantanément et avec netteté à des centaines de lieues. Ainsi, des conversations téléphoniques s'échangent de Paris à Londres, à Berlin, à Rome.

251. Les **câbles sous-marins** sont le complément des réseaux télégraphiques terrestres; ils font communiquer les îles aux continents et relient les continents entre eux. Presque toutes les grandes lignes de télégraphie sous-marine, actuellement existantes, sont aux mains des Anglais et aboutissent au Royaume-Uni de Grande-Bretagne et d'Irlande. — Les principales sont : 1° **à travers l'Atlantique** : les lignes d'Irlande et de Brest à Terre-Neuve et au Canada; la ligne de Falmouth au Brésil, par Lisbonne et les îles du Cap Vert, d'où se détache une branche, qui atterrit aux principaux ports de la côte occidentale d'Afrique et se termine au Cap; — 2° **à travers la Méditerranée**, et l'**océan Indien**, la ligne de Falmouth à Auckland (Nouvelle-Zélande), par Gibraltar, Suez, Aden, Bombay-Madras, Singapour, Port Darwin et Sydney (Australie); un embranchement se dirige vers le nord, de Singapour à Vladivostok, (Sibérie), le long des côtes de la Chine et du Japon, où il atterrit sur divers points ; un autre va d'Aden au Natal, par Zanzibar, Lourenço-Marquès, etc. — *Toutes ces lignes sont des lignes anglaises.* — 3° **à travers le Pacifique** : la *ligne américaine* de San-Francisco aux Philippines.

Les plus importantes des *lignes françaises* sont celles de Brest aux États-Unis, par l'île Saint-Pierre ; de Tourane (Indo-Chine) à Amoy (Chine) ; celles de Marseille à Alger et à Bône ; et d'Oran à Tanger (Maroc). L'établissement d'un câble de Brest à Dakar (Sénégal) doit bientôt relier directement la France à ses colonies de l'Afrique occidentale ; mais, Djibouti, Madagascar, la Réunion, la Nouvelle-Calédonie (reliée à Sydney) resteront sans doute longtemps encore dans la dépendance des réseaux anglais. — Une *ligne allemande* va d'Emden à New-York, par les Açores.

Enfin, la **télégraphie sans fil** d'invention toute récente, transmet la pensée au loin par le moyen d'ondes électriques (hertziennes), qui se propagent dans l'air ; des postes commencent à s'organiser çà et là, sur terre et sur mer ; mais, on en est encore aux premiers essais d'application pratique.

§ II. — INDUSTRIE ET COMMERCE

252. L'industrie, considérations générales. — L'industrie, dans l'acception la plus large du mot, comprend tous les travaux auxquels les hommes se livrent pour se procurer les choses nécessaires, utiles ou agréables ; mais, il s'agit ici uniquement de l'**industrie manufacturière**, qui élabore, pour les besoins de l'homme, les matières premières que fournissent l'agriculture et le travail des mines ; d'où il résulte qu'elle est étroitement liée à la richesse agricole et minérale de chaque pays. — Les deux grands agents de l'industrie moderne sont la **houille** et le **fer** ; la houille donne le mouvement à ses machines et le fer lui fournit la matière première des machines elles-mêmes et des outils qu'elles actionnent : de sorte que, toutes choses égales d'ailleurs, les pays les plus industriels sont ceux où la production de ces substances est le plus facile. — Parmi les nombreuses branches de l'industrie manufacturière, il en est deux, le *tissage* et la *métallurgie*, qui sont de beaucoup les plus importantes et par le nombre des ouvriers qu'elles occupent, et par la puissance des machines qu'elles emploient et par la valeur des produits qu'elles fabriquent.

253. Les principaux pays industriels. — 1. A la tête des pays industriels se placent l'*Angleterre*, les *États-Unis*, l'*Allemagne* et la *France*.

2. **L'Angleterre** produit un peu moins de **houille** et plus de deux fois moins de **fer** et d'**acier** que les États-Unis ; sa supériorité industrielle, jusqu'ici incontestée, semble donc déjà bien compromise, si toutefois elle subsiste encore. Cependant les grands établissements métallurgiques de Birmingham (**machines, armes, plumes**), de Sheffield (**coutellerie**), de Swansea (**cuivres**), de Glascow (**machines, coques de navires**), etc., sont en pleine activité ; de même les **filatures** et **tissages** : 1° de **coton**, à Manchester, dans les comtés d'York et de Lancastre, à Glascow, qui inondent le monde de leurs produits ; — 2° de **laine**, à Leeds, à Bradford, à Huddersfield, à Salisbury ; — 3° de **lin** et de **jute**, à Belfast et à Dundee, etc.

3. L'industrie manufacturière s'est développée aux **États-Unis**, vers la fin du siècle dernier, de telle sorte qu'elle est maintenant en état de suffire à peu près à la consommation nationale, et qu'elle commence même à faire concurrence, sur les marchés étrangers, aux produits des manufactures européennes. Les États-Unis produisent plus de deux fois plus de **fer** et d'**acier** que l'Angleterre ; ils les transforment en **machines** de toute sorte. Pour la production des **cotonnades** et des **lainages**, ils ne sont dépassés que par l'Angleterre. La *faïence*, la *poterie*, la *verrerie*, l'*horlogerie*, etc., y sont en pleine prospérité.

4. **L'Allemagne** n'a pris que depuis peu de temps la place qu'elle occupe aujourd'hui dans le monde industriel; ses victoires sur les champs de bataille ont préparé son triomphe sur le terrain économique. Elle produit moins de **houille** que l'Angleterre, mais beaucoup plus que le reste de l'Europe; elle se rapproche de l'Angleterre pour la production du **fer** et la dépasse notablement pour celle de l'**acier**. Aussi la fabrication des **canons**, des **navires en fer**, des **machines** de toute sorte, y est très développée; de même celle des **tissus de coton**, de **laine** et de *soie;* du **sucre**, des **couleurs**.

5. La **France**, incomparablement moins riche en *houille* et en *fer*, a de la peine à soutenir la concurrence pour les produits à bon marché; mais elle garde le premier rang pour la production des riches **soieries**, des **bronzes d'art**, et généralement des **objets de grand luxe**, dans lesquels l'élégance et la variété des formes sont unies au fini du travail. La grande industrie est d'ailleurs représentée, en France, par des manufactures de tout genre : fabriques de **machines**, d'**armes**, de **navires**; **filatures** et **tissages**, usines à **sucre**, etc...

6. Si on tient compte de son étendue et de sa population, la petite **Belgique** mérite de prendre place parmi les peuples les plus industriels. Elle est riche en **houille** et en **fer**. Elle a gardé, en les transformant, les anciennes **industries textiles**, qui l'ont depuis longtemps rendue prospère : *toiles, draps, dentelles;* elle y joint la **métallurgie** : *armes, machines, coutellerie, verrerie,* etc...

7. Dans les autres pays européens, la grande industrie est moins développée. La moitié nord-ouest de l'**Autriche-Hongrie** possède cependant de nombreuses *usines métallurgiques,* des *filatures* et des *tissages,* des *fabriques de sucre,* des *verreries* (Bohême) justement célèbres. — La **Russie** a réalisé d'immenses progrès industriels depuis un petit nombre d'années. Elle fabrique actuellement plus de **cotonnades** que l'Allemagne; des *toiles de lin,* des *draps,* du *sucre;* ses grands établissements métallurgiques de l'Oural produisent du **fer**,

dont on fait des *armes*, des *coques de navires*, etc... — **L'Italie** possède quelques manufactures de *draps*, de *toiles* et de *cotonnades*. Les **soieries** de Milan rivalisent avec celles de Lyon. Citons encore, comme produits caractéristiques, les *mosaïques* de Venise, de Florence et de Rome, les *glaces* de Venise, les objets en *filigrane* et en *corail* de Gênes. — La **Suisse** fabrique de l'**horlogerie**, des *cotonnades* et des *soieries*. En **Espagne**, les grandes manufactures sont groupées à Barcelone et aux environs ; elles produisent surtout des **tissus**.

8. Dans l'Extrême-Orient, le **Japon** possède maintenant de grandes **manufactures métallurgiques** et **textiles**, outillées des engins les plus perfectionnés. Il continue de produire, concurremment avec la **Chine**, des **articles de luxe** : *bronzes, laques, porcelaines, riches soieries, papiers* renommés. — **L'Inde** produit des *tissus de coton* et de *jute* (chanvre du Bengale), dans des usines anglaises. La fabrication indigène consiste surtout en **articles de luxe** : *bijoux, armes ciselées, mousselines, châles de Cachemire*, etc...

254. Le commerce ; considérations générales. — Le commerce a pour objet l'achat, le transport et la vente des produits de l'agriculture et de l'industrie. Il se divise en commerce intérieur et commerce extérieur. Le *commerce intérieur* est celui qui se fait entre les habitants d'un même pays, le *commerce extérieur* est celui qui se pratique avec les étrangers : il comprend l'*importation*, c'est-à-dire l'ensemble des objets achetés à l'étranger, et l'*exportation*, c'est-à-dire l'ensemble des objets vendus à l'étranger. — Le commerce a besoin, pour se développer, de paix, de sécurité et de liberté ; il lui faut de plus des moyens de communication prompts et faciles.

2. Le **centre principal** du commerce du monde se trouve en **Europe**, et tout spécialement dans les pays du nord-ouest, Angleterre, Pays-Bas, Belgique, Allemagne, France. Les *États-Unis* forment un second centre d'activité commerciale déjà très important ; un troisième se crée au *Japon*.

3. Jusqu'au milieu du xix⁰ siècle, le commerce mondial était tout entier aux mains des Européens, et ils trouvaient, pour leurs produits manufacturés, un écoulement facile dans les pays neufs de l'Amérique, dans l'Inde et dans l'Extrême-Orient, d'où ils tiraient les matières premières nécessaires à leurs industries. Mais, depuis que les États-Unis ont passé subitement du rôle de consommateurs à celui de producteurs, les choses ont notablement changé. **L'Amérique** continue bien de nous fournir, en grande quantité, ses produits agricoles et miniers : *céréales, viande, coton, pétrole, cuivre* des États-Unis, *café* du Brésil, *laines* de l'Argentine, etc., mais elle demande de moins en moins nos produits industriels : le marché si considérable des États-Unis leur est à peu près fermé, à cause des droits énormes dont ils y sont frappés à l'entrée. Par suite, les peuples manufacturiers de l'Ancien monde ont dû se préoccuper de trouver des débouchés nouveaux ; c'est pour cela qu'ils ont forcé la Chine à leur ouvrir ses portes et se sont partagé l'Afrique ; ils ne s'imposent les sacrifices considérables, que nécessite l'organisation des colonies que dans le but de s'y créer peu à peu une clientèle commerciale, qui prendra leurs produits manufacturés et leur fournira les matières premières, dont ils ont besoin. — Le commerce avec l'**Asie** est devenu plus intense, sans changer de caractère. En échange de produits industriels, elle continue d'envoyer à l'Europe des matières alimentaires : *riz* de l'Inde et de l'Indo-Chine, *thé* de la Chine et de l'Inde ; des matières textiles : *soie* de la Chine, du Japon et de l'Indochine, *coton* et *jute* de l'Inde, peaux, etc., et quelques produits de luxe : *bronzes, laques, porcelaines, papier, riches soieries* de la Chine et du Japon, *tapis* de Turquie et de Perse, etc.

4. Comme la **marine marchande** joue un rôle capital dans le développement du commerce extérieur, il n'est pas hors de propos d'indiquer ici la valeur des principales flottes commerciales.

Marine marchande (1901).

Pavillon.	TONNAGE (En milliers de tonnes.)		
	Voile.	Vapeur.	Ensemble.
Anglais.	2.930	8.190	11.120
Américain.	2.603	2.921	5.524
Allemand.	593	1.318	1.911
Norwégien.	936	531	1.467
Hollandais.	213	868	1.081
Français.	510	527	1.037
Italien.	568	377	915

Les chiffres, inscrits au tableau précédent, montrent la supériorité écrasante de la marine anglaise, principalement pour le tonnage-vapeur. Celle des États-Unis, qui vient au second rang, dessert surtout le commerce intérieur, et la part qu'elle prend au commerce international est moins grande que celle des flottes allemande, norvégienne et hollandaise.

255. Les principaux pays commerçants. — 1° Les pays de grande industrie sont ou deviendront des pays commerçants; car, après avoir fabriqué pour la consommation intérieure, ils arrivent à produire un excédent, qui doit se placer au dehors. Mais la réciproque ne serait pas vraie; un peuple peut être le courtier des autres, sans avoir lui-même d'industrie propre. C'est précisément le cas des **Hollandais**, qui sont le peuple le plus commerçant du monde. Le chiffre de leur commerce, calculé par tête (1.515 fr.), est deux fois plus considérable que celui des *Belges* (596 fr.) et trois fois plus que celui des *Anglais* (522 fr.). Les *Australiens* (800 fr.) viennent au second rang, et les *Russes* (30 fr.) au dernier.

Commerce de divers pays en 1901.

(Valeur en millions de francs.)

	Importation.	Exportation.	Total.	Par tête.
Angleterre	13.130	8.750	21.880	522 francs
Allemagne	6.776	5.534	12.310	218 —
États-Unis	4.260	7.565	11.825	155 —

France	1.715	4.165	8.880	228	—
Pays-Bas............	1.330	3.640	7.970	1.515	—
Belgique	2.220	1.830	4.050	596	—
Australie...........	1.640	1.830	3.470	800	—
Russie.............	1.420	1.970	3.390	30	—
Italie..............	1.720	1.375	3.095	95	—
Suisse.............	1.050	836	1.886	551	—

2. A ne considérer que les chiffres globaux du commerce, l'**Angleterre** est la première des nations commerçantes ; mais l'avance qu'elle a encore sur les autres va toujours diminuant. Ses **importations** consistent principalement en **denrées alimentaires** : *céréales, viande, beurre, sucre, fruits, thé, vins ;* et en **matières textiles,** *coton* et *laine.* — Ses principaux articles d'**exportation** sont les **tissus et fils de coton,** de **laine** et de **lin,** la **houille,** les **machines,** les **navires,** les **objets en fer.** — La **flotte marchande** de l'Angleterre égale presque (43 %) toutes celles du reste du monde.

3. La puissance commerciale de l'**Allemagne** s'est considérablement accrue depuis une trentaine d'années, en même temps que sa **flotte marchande,** qui possède actuellement les paquebots les plus puissants et les plus rapides. — Les principaux articles d'**importation** sont les **denrées alimentaires,** *céréales, café,* etc... ; et les **matières textiles** : *coton, laine* et *soie;* — à l'**exportation** figurent, en première ligne, les **produits manufacturés** : *tissus* et *filés, drogues, sucre, machines, articles en fer* et en *bois;* la **houille.**

4. Le commerce extérieur des **États-Unis,** tout en ne cessant de s'accroître, n'a pas progressé jusqu'ici dans la même proportion que l'agriculture et l'industrie, parce que les besoins du pays, qui croissent avec la population, absorbent une part de plus en plus grande des produits. Il y a d'ailleurs une remarque intéressante à faire : l'augmentation est due, en grande partie, à l'exportation. Actuellement les États-Unis vendent à l'étranger pour plus de trois milliards de plus qu'ils ne lui achètent; ils lui demandent surtout moins de produits manufacturés, et ont même commencé à exporter les leurs. — Les principaux

articles d'**importation** sont les **denrées coloniales** : *sucre, café, thé ;* des **matières premières**, nécessaires à l'industrie : *peaux, soie, caoutchouc, lin, laine, étain ;* et des **produits manufacturés** : *cotonnades, soieries, lainages.* — Parmi les articles d'**exportation** citons, en première ligne, les **céréales** et la **viande**, le **pétrole** et la **houille**, le **coton**, le **cuivre**, le *bois*, le *fer*. — La **flotte marchande** des États-Unis est la plus considérable après celle de l'Angleterre ; mais les cinq sixièmes au moins en sont employés sur les fleuves, sur les lacs intérieurs, ou se livrent au cabotage, le long des côtes, de sorte qu'il en reste peu pour le commerce international. Les Américains essayent de combler cette lacune par une entente avec les compagnies de navigation anglaises et allemandes, à l'effet de pouvoir disposer des puissants navires qui appartiennent à ces compagnies. Si la combinaison réussit, elle aura pour résultat, — au moins c'est l'espérance des associés, — de monopoliser, à leur profit, le trafic de l'Europe avec le Nouveau Monde ; c'est là ce qu'on a appelé le *trust de l'Océan.*

5. Il y a peu d'années, la **France** ne le cédait qu'à l'Angleterre pour le chiffre du commerce ; elle est maintenant devancée par l'Allemagne et les États-Unis. L'**importation** consiste principalement en **objets d'alimentation** : *vins, céréales, café, viande ;* et en **matières premières** : *laine, soie, coton, peaux, houille.* Au premier rang des articles d'**exportation**, figurent les **tissus de soie**, de *laine* et de *coton*, les *peaux préparées*, les *vins fins*, le *sucre*. — La **marine marchande** de la France reste stationnaire, tandis que celles des autres peuples augmentent considérablement. Non seulement l'Allemagne, mais la Norvège et les Pays-Bas en ont de plus fortes. Pourtant notre pays occupe une position exceptionnellement avantageuse, puisque la Méditerranée lui ouvre des relations faciles avec l'Ancien Monde, et l'océan Atlantique avec le Nouveau. Mais la nature de ses objets d'échange est loin de favoriser la marine nationale : nous vendons surtout des produits fabriqués et nous achetons des matières premières, qui sont beau-

coup plus lourdes et encombrantes ; le poids des marchandises importées par mer est triple de celui des marchandises exportées par cette voie. Il en résulte que les navires, entrés dans nos ports avec de pleins chargements, en sortent sur lest ou avec des chargements incomplets.

6. Les **Hollandais**, peuple essentiellement marchand, achètent pour revendre, après avoir prélevé ce qui est nécessaire à la consommation nationale. Leur commerce consiste surtout en **céréales, métaux, denrées coloniales et drogueries**, *tissus, huiles* et *résines*.

7. En **Belgique** et en **Suisse**, comme dans les autres pays industriels d'Europe, les principaux articles d'**importation** sont les **céréales** et les **matières premières** nécessaires à l'industrie ; à l'**exportation** figurent surtout les **produits manufacturés**. — C'est exactement le contraire en **Australie** et en **Russie**. — En **Italie**, la **houille**, les **céréales** et les **matières textiles** figurent en première ligne, à l'**importation**; la **soie**, les **tissus**, le *vin* et l'*huile*, à l'**exportation**.

FIN

TABLE ANALYTIQUE

(Les chiffres renvoient aux numéros du texte.

La *géographie*, telle qu'elle est comprise actuellement, est la description raisonnée de la surface du globe dans ses rapports avec l'homme, son souverain et son esclave. 1. — La *géographie générale* est une vaste synthèse, dans laquelle les phénomènes de même nature sont groupés ensemble, comparés entre eux, décrits dans leurs causes et dans leur mode de production. 2.

PREMIÈRE PARTIE

HISTOIRE DE LA GÉOGRAPHIE

CHAPITRE PREMIER

LA DÉCOUVERTE DE LA TERRE

§ 1. **Antiquité.** — Égyptiens, Phéniciens, Grecs et Romains concourent successivement à la découverte du Monde ancien, qui gravite autour de la Méditerranée, 3. — Les **Égyptiens** colonisent la vallée du Nil et quelques oasis, conquièrent la Syrie : ils n'ont point laissé d'ouvrage de géographie, 4. — Les marchands **phéniciens** de *Tyr* et de *Sidon* jalonnent de leurs comptoirs les rivages de la Méditerranée (*Carthage*, *Tharsis* etc.) et de la mer Rouge (*Elath*, *Asiongaber*), trafiquent avec l'Inde et l'Afrique orientale (Ophir?), font la *circumnavigation de l'Afrique* en partant de la mer Rouge pour revenir par les Colonnes d'Hercule, 5. — Les **Carthaginois** s'aventurent dans l'Atlantique : au nord, jusqu'aux îles *Cassitérides* et à la mer du Nord (*Himilcon*) : au sud, jusqu'au delà du Sénégal (*périple d'Hannon*); mais ils cachent soigneusement leurs découvertes, 6.

Les **Grecs** occupent de bonne heure les *îles Ioniennes*, les *Cyclades*, les *Sporades*, les *côtes de l'Asie Mineure*, fondent des colonies en Égypte, en Libye (*Cyrène*), sur les rivages du Pont-Euxin, dans la *Grande-Grèce*, en Gaule (*Marseille*), en Ibérie (*Tartessos*); *périple de Scylax de Caryanda*, 7. HÉRODOTE (ve siècle av. J.-C.) résume les connaissances géographiques de son temps. *Pythéas* explore l'Atlantique nord jusqu'à l'île de Thulé, 8. — Après Alexandre, Bactres a des relations avec les *Sères*; des chasseurs égyptiens explorent la région des *Grands lacs africains*, le *Soudan*; des marins vont commercer dans l'*Inde*, dans la *Taprobane*, dans la *Chersonèse d'or*, au *pays des Sines*, surtout lorsque le phénomène des moussons eut été découvert par Hippalos, 9.

Les **Romains** conquièrent la *Gaule*, la *Germanie*, la *Bretagne*, la *Dacie*, jusque-là presque inconnues. — Deux *voies terrestres* vers l'Extrême-Orient : de Bactres au pays des Sères, de Palibothra à celui des Sines ; et la *voie maritime* de la mer Érythrée, 10.

Moyen Age. — Le Moyen Age a peu ajouté aux connaissances géographiques. Au début, des moines évangélisent les *Germains*, les *Slaves*, les *Magyars*, les *Scandinaves*, peu connus jusque-là. Au xe siècle les **Normands** découvrent l'*Islande*, le *Groënland*, le *Vinland*, 11.

Les **Arabes** fondent (viie siècle) un empire qui s'étend de *la Perse au Maroc et à l'Espagne;* voyageurs, pèlerins, marchands, ils prennent pied au *Soudan*, sur les côtes de l'*Afrique occidentale*, dans l'*Inde* et dans la *Chine:* accaparent le commerce de l'océan Indien dans les ports de *Siraf* et d'*Ormuz;* IBN-BATUTAH de Tanger, voyageur et géographe, 12.

Au xiiie siècle, des **Franciscains** sont envoyés au Khan des Tartares : *Jean de Plan Carpin* et *Rubruquis* le rencontrent à Karakoroum; *Jean de Montcorvin* à Kambalick, capitale du Cathay, 13.

Les **marchands italiens** de *Venise* et de *Gênes* commercent avec les Sarrazins et les Mongols. MARCO-POLO passe vingt ans en Chine, où il est arrivé par la route de terre; revient par l'océan Indien; écrit en captivité son *Livre des merveilles*, 14, 15.

Les **routes commerciales** sont la *Méditerranée*, où dominent les Vénitiens et les Génois; l'*océan Indien* fréquenté par les Arabes ; l'ancienne « route de la Soie », de la Crimée au Cathay; enfin, la *Baltique* et la *mer du Nord*, après la création de la Hanse, 16.

Temps modernes. — Le commerce avec le Levant ruiné par la prise de Constantinople (1453); de là, nécessité de trouver une voie maritime vers l'Inde et la Chine; les Portugais la découvrent par le sud de l'Afrique; les Espagnols la cherchent par l'ouest, sur la foi de Ptolémée, et rencontrent l'Amérique; invention récente de la boussole, 17.

1. Les grandes découvertes des XVᵉ et XVIᵉ siècles.

La **route maritime de l'Inde** est découverte par les **Portugais** (1498), qui avaient multiplié les reconnaissances sur la côte occidentale d'Afrique. *Covilham* apprend des Arabes, qu'on arriverait à Mozambique en contournant l'Afrique. *Barthélémy Diaz* et le cap des Tempêtes. VASCO DE GAMA double le cap de Bonne-Espérance, arrive dans l'*Inde* (1498). *Alvarez Cabral* aborde au Brésil. ALBUQUERQUE s'établit à Goa, conquiert Malacca. Exploration des îles de la Sonde, des Moluques : découverte de la Nouvelle Guinée et de l'Australie ; fondation de Macao ; *Saint-François Xavier*, 18.

La découverte de l'**Amérique** par les **Espagnols** date de 1492 ; **Christophe Colomb** aborde d'abord à *San-Salvador*, découvre *Cuba* et *Haïti*, puis le reste des Antilles, les côtes du Vénézuéla et de l'*Amérique centrale*. *Amérigo Vespucci*. Bulle d'Alexandre VI. *Balboa* traverse l'isthme de Panama. *Fernand Cortez* au Mexique ; *Pizarre* et *Almagro* au Pérou et au Chili ; *Orellana* descend l'Amazone, 19. — PREMIER VOYAGE AUTOUR DU MONDE (1519-1522) par MAGELLAN et *Sébastien del Cano* ; découverte de la Terre de Feu, du détroit de Magellan, des Philippines. — Expédition anglaise de *Sébastien Cabot* sur la côte des États-Unis ; française de J. *Cartier* au Canada. — Exploration de l'INTÉRIEUR DE L'AMÉRIQUE DU NORD aux XVIIᵉ et XVIIIᵉ siècles, par les missionnaires (P. *Marquette*) ; par *Cavelier de la Salle*, qui descend le *Mississipi* ; par *Varennes de la Vérandrye*, qui découvre les *monts Rocheux* (1731-1745), 20.

2. Exploration des mers australes.

XVIᵉ et **XVIIᵉ** siècles : deuxième voyage autour du monde par *Francis Drake*, pirate anglais. *Queyros* (1605), traverse le Pacifique à la recherche du GRAND CONTINENT AUSTRAL, découvre les *Nouvelles-Hébrides* et le *détroit de Torrès*. — Les **Hollandais** supplantent les Portugais aux îles de la Sonde. *Lemaire* découvre le cap Horn, *Abel Tasman* la Tasmanie et la Nouvelle-Zélande, 21.

XVIIIᵉ siècle, ; grandes EXPÉDITIONS SCIENTIFIQUES des Anglais *Byron*, *Wallis* et *Carteret* ; du Français *Bougainville*, qui découvre les îles Touamotou, Samoa, Salomon ; etc. ; et surtout du CAPITAINE COOK (1768-1779), trois voyages : premier, traverse le Pacifique au nord du 40° de latitude sud ; deuxième, sur les bords de la calotte polaire ; pas de continent ; troisième, découvre les Sandwich et pénètre par le détroit de Béring, dans l'océan Glacial arctique, 22 et 23.

XIXᵉ siècle. Exploration des terres découvertes ; navigateurs russes, *Krusenstern* et *Kotzebue* ; français, *Baudin*, *Duperrey*, *Du-*

mont d'Urville, etc.: explorateurs australiens, *Eyre*, *Sturt*, *Lei-
chard*, *Giles*, *Carnegie*, etc.. 24.

3. Exploration de l'Afrique.

Dans la première période (1795-1850), les ANGLAIS s'emparent de la
colonie du Cap et les FRANÇAIS de l'Algérie. — Le NIGER et le
SOUDAN sont explorées par *Mungo-Park*, *Denham* et *Clapperton*,
John et *Richard-Lander*, *René Caillé*, qui visita Tombouctou; —
le NIL, l'ÉGYPTE et l'ABYSSINIE, par les savants de *l'expédition d'É-
gypte*, par les frères *d'Abbadie* (Abyssinie-Gallas), par *Caillaud
d'Arnaud*, etc., 25.

Durant la seconde période, qui se termine au partage de l'A-
frique (1885), les explorateurs sont légion: au SAHARA et au SOU-
DAN, les Allemands *Barth*, Vogel, *Gerhard Rolfs*, Lenz, le Russe
Flégel et le Français Duveyrier; 26; — sur le PLATEAU AUSTRAL,
D. LIVINGSTONE, *Cameron* et STANLEY, qui descendit le Congo (1876-
1877); — dans la RÉGION DES GRANDS LACS, *Livingstone*, *Burton*,
Speke, *Grant*, *Baker*, *Stanley*; découverte des sources du Nil et
du Congo, 27.

Dans la dernière période, le rôle principal est aux MISSIONNAIRES,
Mgr *Massaya*, Mgr *Leroy*, P. *Roblet*, et aux SOLDATS : de BRAZZA,
Maistre, Mizon, Gentil, etc., explorent le CONGO FRANÇAIS; MARCHAND
traverse l'Afrique (Fachoda) : rencontre, *sur les bords du Tchad*,
de trois missions parties de l'Algérie, du Sénégal et du Congo:
— les principaux explorateurs du CONGO BELGE sont *Wismann*, *Van
Gèle*, *Stanley*, Lemaire; — de l'AFRIQUE OCCIDENTALE FRANÇAISE,
Faidherbe, *Galliéni*, *Archinard*, *Binger*, *Monteil*, Hourst, Lenfant;
— de MADAGASCAR, *A. Grandidier*, Roblet, Galliéni, Lyautey, 28-30.

4. Exploration des régions polaires.

Les premières expéditions dans l'océan Glacial arctique ont pour
but de trouver un passage de l'Atlantique au Pacifique; soit au
nord de l'Amérique : c'est le **passage du nord-ouest**, cherché par les Anglais, *John Davis*, *Hudson* et *Baffin*, (XVIe et XVIIe
siècles), *John Ross*, *Parry*, *Franklin* (XIXe), qui périt avec son
expédition, et découvert (1850), par *Mac-Clure* 31; — soit au
nord de l'Ancien Continent, c'est le **passage du nord-est**,
tenté par *Guillaume Barentz*, qui découvrit le Spitzberg, et effectué par *Nordenskjold* (1879), 32.

Depuis 1850, les expéditions ont pour but le **Pôle** lui-même; expéditions des Américains *Kane*, *Hayes*, Greeley; des Autrichiens
Payer et *Weyprecht* (archipel François-Joseph); du *duc des Abruzzes*, qui s'approche le plus près du but, 86° 33° 59°; du norvé-
gien *Nansen*, par le détroit de Béring : Andrée en ballon. Explorateurs du GROENLAND : *Nordenskjold*, *Nansen*, Peary, 33.

Pôle sud : *Dumont d'Urville* et *James Ross*; récemment, Belgica, Gauss, *Discovery*; point extrême, atteint 82° 17′, 34.

En somme, beaucoup d'argent dépensé, de souffrances endurées, de vies sacrifiées pour un résultat médiocre, 35.

CHAPITRE DEUXIÈME

TRANSFORMATIONS ET PROGRÈS DE LA SCIENCE GÉOGRAPHIQUE

Antiquité et Moyen Age. — La géographie est d'abord simple dépendance de la poésie, de la philosophie et de l'histoire : *Homère*, 36. — Les **philosophes grecs** fondent la géographie mathématique : *Thalès de Milet*, *Anaximène*; les *Pythagoriciens* affirment et ARISTOTE démontre la sphéricité de la Terre, 37. — *Dicéarque* et le diaphragme de ses cartes: *Ératosthènes*; *Hipparque* invente la projection. — **Historiens-géographes** : *Hérodote* et *Polybe*, 38. — STRABON (1ᵉʳ siècle), crée la géographie scientifique, mais néglige la géographie mathématique: mesure de la circonférence terrestre, 39. — PTOLÉMÉE fonde la cartographie scientifique; dans sa Grande syntaxe, il place la Terre immobile au centre du monde, 40. — Peu de choses à glaner chez les **Romains**; Pline le Jeune, table de Peutinger: — au **Moyen Age**, portulans, globe de Martin Behaim, carte catalane, 41.

Temps modernes. — Au XVIᵉ siècle : géographie descriptive de *Sébastien Munster*: atlas d'*Ortelius* et de *Mercator*; système de COPERNIC, de *Tycho-Brahé*: *Galilée*, *Képler*, *Newton*, 42. — XVIIᵉ siècle: *Picard* mesure un degré terrestre: *Cassini* et *Lahire*, Les *Jésuites* publient une carte de la Chine: géographie générale de *Varénius*, 43. — Au XVIIIᵉ siècle la France est à la tête du mouvement géographique par ses MATHÉMATICIENS : mesure d'un degré au Pérou par la Condamine; en Laponie, par Clairaut, Maupertuis: de l'arc compris entre Dunkerque et Barcelone, par Delambre et Méchain; — et par ses CARTOGRAPHES, Guillaume Delisle, *Bourguignon d'Anville*, *Cassini de Thury*, 44. — Au XIXᵉ siècle, complet épanouissement de la science géographique; les promoteurs du mouvement furent les Allemands, ALEX. DE HUMBOLDT, CH. RITTER et ED. SUESS, et les français E. RECLUS, *Vivien de Saint-Martin*, de LAPPARENT, etc., 15, 16.

DEUXIÈME PARTIE

GÉOGRAPHIE MATHÉMATIQUE

La représentation de la Terre. — Les *globes* seuls peuvent donner une représentation exacte de la Terre, 17. — Les **cartes** :

mappemondes, planisphères, cartes générales, topographiques, orographiques, etc., 48, ne donnent qu'une représentation défigurée. PROJECTIONS : 1° par perspective : *orthographique* et *stéréographique*, 49 ; — 2° par développement : *conique* (de Flamsteed modifiée) et *cylindrique* ou de Mercator, 50. — *Courbes de niveau* et *hachures* pour l'orographie ; l'*échelle* d'une carte est le rapport entre les distances figurées sur la carte et les distances réelles du terrain, 51. — *Mesures itinéraires*, 52.

La Terre dans l'univers ; sa forme, ses mouvements. — La Terre n'occupe qu'une infime partie de l'espace, 53. — Elle fait partie du **système solaire**, qui comprend le SOLEIL, les *planètes* et les *comètes* : le soleil, 1.310.000 fois plus gros, en est éloigné de 37 millions de lieues ; elle est une des plus petites des *huit grandes planètes*, 54 ; — la *lune*, son satellite, emprunte sa lumière au soleil et subit des *phases* régulières ; *éclipses*, 55.

La Terre est une *sphère* légèrement aplatie aux pôles et mesurant 40.000 kilomètres de circonférence ; les *antipodes*, 56. — Elle est animée : 1° d'un **mouvement de rotation** sur elle-même, qui s'exécute en 24 heures d'occident en orient ; *axe, pôles, points cardinaux, rose des vents* ; 2° d'un **mouvement de translation** autour du soleil, qui s'exécute en 365 jours un quart, 57. — La rotation de la Terre donne le *jour* et la *nuit* : jour artificiel, jour naturel, astronomique ou civil, 58. — Le CALENDRIER : semaine, mois, année ; calendriers Julien, grégorien, musulman, révolutionnaire, 59.

Les **grands cercles** de la sphère sont l'**équateur** ou ligne équinoxiale et les **méridiens** ; premier méridien ; *latitude* et *longitude* : la semaine à trois jeudis, 60. — **Petits cercles** parallèles à l'équateur : les deux *tropiques* à 23° et demi de l'équateur et les deux *cercles polaires*, à peu près à la même distance de chacun des pôles, 62. — Ces cercles divisent la Terre en cinq **zones** : une zone *torride*, deux *tempérées*, deux *glaciales*, 62. — La variété des **saisons** est due à l'inclinaison de l'axe terrestre sur le plan de son orbite, 63. — Réflexions, 64.

TROISIÈME PARTIE

GÉOGRAPHIE PHYSIQUE

CHAPITRE PREMIER

L'ÉCORCE SOLIDE

Hypothèses sur l'origine et les premières phases de la Terre. — **Hypothèse de Laplace** : tous les astres du système solaire ne formaient, à l'origine, qu'une seule masse gazeuse, qui tournait sur elle-même ; les planètes en sont des morceaux détachés, 65. — La Terre, isolée de la masse centrale, fut d'abord un astre brillant, puis se refroidit et se solidifia superficiellement, l'intérieur continuant de rester à l'état igné, comme le prouvent l'augmentation de la température à mesure qu'on descend dans les profondeurs, les volcans, les sources thermales, etc., 66. — La **géologie** cherche à déterminer les phases que la Terre a traversées pour passer de son état primitif à l'état actuel et les causes qui les ont amenées. Elle part de ce *principe* que les phénomènes anciens et ceux qui se produisent actuellement sont de même nature, parce qu'ils ont eu les mêmes causes, l'énergie du foyer central et la chaleur du soleil. L'*ordre de superposition des terrains* et les *fossiles* sont les deux fils conducteurs des géologues, 67. — Coup d'œil sur les **époques géologiques**: l'écorce primitive. Caractères des flores et des faunes des ères primaire, secondaire, tertiaire et quaternaire (période glaciaire), 68 et 69. — Remarques : *progression* dans les types animaux; *chaleur* assez forte, uniformément répartie durant les temps primaires et secondaires. *Durée* des temps géologiques : des millions d'années.

Le monde terrestre dans son état actuel. — La Terre est un *ellipsoïde de révolution: rayon* équatorial, 6.378 kilom.; polaire, 6.356; moyen, 6.371: *surface*, 510 millions de kilom. car.; comparaison avec les autres planètes, 71. — **Structure** : ni les continents, ni les océans n'ont une figure homogène et centrée; les principales hauteurs terrestres et profondeurs marines sont près des rivages; *bassins fermés* au cœur des continents; marqueterie, 72. — Le *Pacifique, compartiment effondré:* cassure sur les bords; l'*Atlantique*, rupture sur la ligne médiane: *dépression méditerranéenne, compartiment instable*, 72 et 73. — L'océan couvre les trois quarts de la surface terrestre: les trois quarts des terres sont dans l'hémisphère boréal, 74. — Division de l'océan, 75. — Deux grands continents et un petit; îles et archipels, 76. — Les cinq parties du monde : l'*Eurasie*, 77.

La composition de l'écorce terrestre. — Division des **roches** : ignées ou cristallines et sédimentaires ou stratifiées; roches **ignées**, primitives et éruptives, 78. — Roches *primitives* formées de gneiss et de micaschistes, 79. — Roches *éruptives*, granite, porphyre et trachyte: colonnes basaltiques, 80. — Roches **sédimentaires** en strates horizontales, inclinées ou disloquées (failles); elles sont *calcaires, siliceuses, argileuses :* sel gemme, gypse, houille, 81. — *Terrains superficiels* formés à l'air libre : l'humus (tchernoziom), la latérite, les terres jaunes de la Chine (loess), 82. — L'ordre de superposition des roches, soit ignées, soit sédimentaires, permet de déterminer leur âge relatif; chaque roche sédimentaire a d'ailleurs des fossiles caractéristiques, 83. — Terrains perméables et imperméables, 84.

Le relief de l'écorce terrestre. — D'après la théorie d'Élie de Beaumont, développée par Suess, les montagnes et les dépressions auraient pour cause première le *refroidissement du noyau central*, qui a produit, ici des *plissements*, là des *affaissements* et des *effondrements*, 85. — Les **montagnes** : chaînes, massifs, défilés, vallées longitudinales, transversales, 86. — Des montagnes peu élevées peuvent être dues à l'érosion, qui en a dégagé le noyau, ou à l'accumulation de matériaux sur un point par les vents et les glaciers, 87.

Les plus hautes montagnes appartiennent généralement aux plus grandes chaînes; Gaourisangar, 8.840m., 88. — Les **plateaux**, généralement secs et plus ou moins accidentés, se divisent en plateaux *à bordure* et plateaux *adossés* à des montagnes, 89. — Les grandes **plaines**, 90. — Les **dépressions** : Grand-Bassin, mer Morte, etc., 91. — La hauteur moyenne des terres est incomparablement moindre que la profondeur moyenne des mers, 92. — La distance verticale entre la fosse la plus profonde et la plus haute montagne (moins de 18.000 m.), n'étant que la 720 partie du diamètre terrestre, *le relief est insignifiant* par rapport au volume du globe; mais il prime tous les accidents superficiels, qui dépendent de lui, 93. — Accidents des **côtes** : golfes, caps, presqu'îles, isthmes, détroits, 94. — Côtes **rocheuses** : formées de roches tendres, falaises; de roches cristallines, déchiquetées, bordées d'écueils : les fiords, 95. — Côtes **sablonneuses**, 96. — Côtes **alluviales**, 97.

CHAPITRE DEUXIÈME.

LES EAUX ET L'AIR.

1° L'élément liquide.

La **profondeur** moyenne des océans est d'environ 4.000 mètres. Dans l'Atlantique, fosses de 5.000 à 8.000 mètres, des deux côtés de la protubérance médiane (1.000 à 2.000 m.); dans le Pacifique, plaine de 4.500 mètres en moyenne, fosses de 8.000 à 9.000 m., 98. La **salinité** de l'eau marine varie de 4 % à 1/2 %. **Température** superficielle bien plus variable, diminue avec la profondeur, est uniforme au fond, 2° à 0°. *Glaces des mers polaires*, icefields, pack, icebergs, 99. — **Mouvements** des eaux marines : *raz de marée*, occasionnés par des tremblements de terre; *vagues*, grosses rides mobiles, qui se forment sous l'action du vent, 100. — Marées : ont lieu deux fois dans un jour lunaire (24 heures 50); hauteur énorme sur certains points (baies de Fundy, 21 m., du Mont St-Michel, 15 m.), remontent les fleuves, mascaret, 101. — Théorie des marées : elles sont dues à l'attraction de la lune et du soleil, 102. — Courants, espèces de fleuves marins; courant *équatorial*, de l'est à l'ouest; courants *polaires*, 103. — Du courant équatorial dérivent le GULF-STREAM de l'Atlantique, qui vient échauffer le nord-ouest de l'Europe, et le *Kouro-Sivo* du Pacifique, 104. — Les courants sont produits par la force impulsive des vents alizés, qui déterminent le courant équatorial, dont les autres dérivent ; la rotation de la Terre y contribue sans doute aussi, avec la forte évaporation des mers intertropicales, 105. — La **vie dans les mers** : *flore* peu variée (algues) ; FAUNE très riche, au contraire, en mammifères, oiseaux, poissons, crustacés, mollusques, rayonnés ; faune *littorale, pélagique, abyssale*, 106. — LES POLYPES DU CORAIL : *récifs-bordures* et *récifs-barrières*. La Grande-Barrière (2.400 kilom.) ; *îles coralliennes*, hypothèses sur leur formation, 107.

2° L'élément gazeux.

L'atmosphère est la couche d'air qui environne le globe : *l'air*, mélange d'oxygène et d'azote, est nécessaire à la vie des plantes et des animaux ; baromètres, 108.

La température. — La surface de la Terre est échauffée par le soleil, d'une manière inégale. La *température moyenne dépend :* 1° *de la latitude*, elle diminue de l'équateur aux pôles ; 2° *de l'altitude*, elle diminue du pied au sommet des montagnes ; 3° *de la direction des vents*, suivant qu'ils sont chauds ou froids, 109. — Les *isothermes*, tracées sur les cartes, relient ensemble les lieux ayant la même somme de chaleur annuelle ; équateur thermique. La *zone torride*, au point de vue physique, est comprise entre les isothermes de 20°, et les *zones tempérées* entre 20° et 0°, 110. Les isothermes du mois le plus chaud et du mois le plus froid donnent une idée plus exacte du climat dans les plaines, mais sont fautives pour les pays de montagnes, 111. — *Variations annuelles :* augmentent avec la latitude et l'éloignement de la mer ; *variations diurnes :* faibles dans la zone torride, plus fortes en été qu'en hiver dans les climats tempérés ; énormes dans les déserts. *La plus basse température* observée — 69° 8, en Sibérie ; *la plus élevée* 50° au Sahara, 112.

Les vents. — Les vents sont de l'air en mouvement ; ils ont pour cause l'*inégalité de la pression atmosphérique*, qui est d'autant plus forte que l'air est plus froid et plus sec. Les vents soufflent des zones de hautes pressions vers les zones de basses pressions et leur vitesse est en raison directe de la différence des pressions ; *lignes isobares*, 113. — Les **alizés** soufflent constamment du nord-est au sud-ouest et du sud-est au nord-ouest sur les mers intertropicales, où l'air est toujours chaud et humide ; leur direction oblique est due à la rotation de la Terre : les *contre-alizés*, 114. — Les **moussons**, vents périodiques, particuliers à l'océan Indien, soufflent durant six mois du sud-ouest, et durant six mois du nord-est ; *brises* de terre et de mer, 115. — *Vents variables :* **vents locaux** : harmattan, simoun, chamsin, mistral etc., 116. — Les **cyclones** sont des vents accidentels, d'une violence extrême, propres aux mers de la zone intertropicale : ils sont animés d'un double *mouvement de rotation* et de *translation*, 117. — Malgré certains effets nuisibles, *l'action des vents est bienfaisante* : ils purifient l'air, apportent la pluie et favorisent la dissémination des plantes, 118.

Les pluies. — La pluie résulte de la condensation de la vapeur d'eau par le refroidissement de l'air, 119. — Les *causes qui influent sur la distribution des pluies* sont : 1° la *latitude*; elles diminuent des tropiques aux pôles; 2° l'*altitude* : elles sont plus abondantes sur les montagnes que dans les plaines; 3° la *proximité de la mer* : les régions maritimes en reçoivent plus que l'intérieur des continents, pourvu que les vents dominants soufflent de la mer, 120. — Les DÉSERTS sont des régions sans pluies : Atacama, Arizona, Colorado, en Amérique; Sahara, Arabie, Iran, Gobi, dans l'Ancien continent; intérieur de l'Australie, 121.

Les climats. — Deux grandes classes : **maritimes** ou constants, là où domine, par les vents, l'influence modératrice de la mer; **continentaux** ou excessifs ailleurs, 122. — Les pays intertropicaux à climat maritime sont extrêmement humides; ceux à climat continental affreusement secs, déserts, 123. — *Climat méditerranéen*, pluies d'hiver peu abondantes, étés très secs; climat maritime de l'Europe du nord-ouest : climat continental de l'Europe centrale et occidentale, du Canada, des États-Unis, etc. Climat polaire, 124.

3° Les eaux courantes.

Neiges, glaciers, sources. — Les **neiges** amoncelées dans les hautes vallées s'écroulent quelquefois en avalanches, 125. — Elles se transforment ordinairement en *névés*, puis en **glaciers**, crevassés, chargés de moraines; les glaciers creusent et polissent leurs vallées; fiords, 126. — Pas de glaciers en Afrique et en Océanie, peu en Amérique; ceux des Alpes, malgré leur étendue, sont peu de chose, comparés à ceux de l'Himalaya et du Karakoroum et surtout du Groenland, du Spitzberg, 126 *bis*. — *Eaux de ruissellement* sur les terrains imperméables; *eaux d'infiltration* dans les terrains perméables, 127. — **Sources.** Sorgues, Touvre; sources froides, thermales, minérales, incrustantes, 128.

Les fleuves. — Ruisseaux, rivières, fleuves, affluents, confluents, lit, rive droite, rive gauche, en amont, en aval, bassin; bassins communiquants, 129. — L'importance d'un fleuve se mesure à son **débit**, c'est-à-dire au volume d'eau qu'il roule; débit moyen, étiage, crues. Le **régime** d'un fleuve est caractérisé par la différence entre les crues et l'étiage, 130. — Il est égal ou inégal, suivant la distribution des pluies dans l'année; *causes régulatrices :* perméabilité des terrains, lac compensateur, balancement dans le débit des affluents, 131. — Le débit moyen dépend surtout de la quantité de pluie : Missouri et Atrato; et un peu de la nature des terrains : Grèce, Igharghar, 132. — **Cours** des fleuves : *supérieur*, lit encaissé, cascades, rapides, 133; — *moyen*, méandres, chutes : Niagara, Zambèze; *inférieur*, marais vaseux, delta, estuaire, barre, 134. — **Utilité** des fleuves : pour l'agriculture, irrigation; pour l'industrie, force motrice; pour le commerce, voies de communication, 135.

Les lacs. — Liés ordinairement aux fleuves, s'en distinguent parfois difficilement. Ceux qui occupent des cuvettes de bassins fermés sont *salés*, 136. — **Classification** : lacs *tectoniques*, Nyassa, Tanganyka, mer Morte, Baïkal, Wener, etc., profonds; *résiduels*, Caspienne, mer d'Aral, Balkach; *de barrages*, lac de Constance, étangs des Landes et du golfe du Lion; *d'érosion*, lacs de Zirchnitz et de la Finlande; enfin *d'origine mixte*, lacs Alpins et Canadiens.

CHAPITRE TROISIÈME

LES MODIFICATIONS ACTUELLES DE LA TERRE

Modifications dues aux forces internes. — Quelques **volcans** ont leurs *cratères* toujours remplis de laves, Stromboli, Kilauéa; la majeure partie forme un *cercle de feu* autour du Pacifique; il y en a plusieurs dans l'Atlantique et un plus grand nombre dans la dépression méditerranéenne, 138. — On a donné pour *cause du vulcanisme* l'infiltration des eaux marines jusqu'au noyau incandescent. Il est plus probable qu'il est dû aux dislocations et plissements de l'écorce terrestre et à la tension des gaz, qui, primitivement dissous dans la masse ignée, tendent à s'échapper par suite du refroidissement, 139. — Éruption volcanique du Mauna-Loa, 140 et 141. — Nombreux *volcans éteints;* ne sont peut-être qu'endormis, comme le Vésuve, le Krakatoa, la montagne Pelée, 142. — L'activité volcanique se manifeste encore par des geysers, des fumerolles, des sources thermales : *geysers* d'Islande, de la Nouvelle-Zélande, des États-Unis : parc national, 143.

Les **tremblements de terre** consistent en secousses brusques, les unes verticales, d'autres horizontales, d'autres circulaires; celles-ci sont les plus rares et les plus dangereuses, 144. — Ils déterminent des raz de marée; tremblements de terre de Lisbonne, des Calabres, de Riobamba; sont surtout fréquents sur les bords des cassures de l'écorce terrestre, 145. — Les tremblements restreints peuvent provenir de l'effondrement de cavernes souterraines, et, dans le voisinage des volcans, de la force élastique des gaz intérieurs; les grands tremblements de terre constituent l'un des phénomènes de la formation des montagnes, 146. — La croûte terrestre subit des affaissements et des soulè-

CHAPITRE QUATRIÈME

LES TROIS RÈGNES DE LA NATURE

res précieuses; *terrains primaires*, minerais divers, houille: *terrains secondaires*, houille, argile, phosphate de chaux, sel gemme, gypse; *terrains tertiaires*, argiles plastiques, gypse; *terrains quaternaires*, placers aurifères et mines de diamant. 157 et 158.

Végétaux. — La **géographie** botanique est l'explication rationnelle de la distribution des végétaux à la surface du globe. L'ensemble des espèces végétales d'un pays en constituent la *flore*, 159. — La vie végétale dépend de l'état de perméabilité et de la composition chimique du sol, et bien plus encore du CLIMAT; car les plantes ont surtout besoin d'*humidité* (caractères des végétaux désertiques), de *chaleur* et de *lumière*, 160. — Les *agents de dispersion* des plantes sont les vents, les courants marins, les animaux (surtout les oiseaux) et l'homme, 161. — Les végétaux des climats excessifs s'acclimatent plus facilement que ceux des climats maritimes, 162.

Les PAYS ÉQUATORIAUX à humidité constante sont couverts de *forêts vierges*, plaine de l'Amazone. Là où il y a une saison sèche, les forêts sont plus maigres, plantes parasites, 163. — Des sécheresses persistantes durant quatre ou cinq mois amènent la formation des *savanes*, étendues couvertes de hautes graminées et parsemées d'arbres: llanos du Vénézuéla, campos du Brésil, savanes du Soudan; elles finissent souvent par se confondre avec les déserts, 164. — Dans les *déserts* où l'humidité fait défaut, plantes rares, rabougries, arbustes épineux, quelques-uns de forme bizarre, herbes coriaces: splendide végétation des *oasis*, 165.

Dans les CONTRÉES TEMPÉRÉES, la flore a été très modifiée par la culture. La RÉGION MÉDITERRANÉENNE offre le type de la flore des contrées tempérées chaudes; le palmier s'y rencontre avec des essences des pays froids; *espèces caractéristiques*, chêne-liège, chêne-vert, pin parasol, oranger, olivier; pas de prairies, presque pas de forêts, des buissons, 166. — Végétation analogue en *Californie*, au *Chili central*; PAMPAS de l'*Argentine*; grandes *forêts* du *Chili méridional*, de l'*Australie* et de la *Nouvelle-Zélande*. CONTRÉES TEMPÉRÉES FROIDES: 1° à *climat maritime*, *forêts* de chênes, hêtres, bouleaux, conifères; 2° à *climat continental*, *steppes*, Russie méridionale, Asie centrale, grande prairie américaine, 167. — *Flore arctique*, saules et bouleaux nains, mousses et lichens, 168. — Toutes les flores sont étagées sur les montagnes de la zone torride, 169.

Animaux. — La *faune* est l'ensemble des espèces animales. La géographie zoologique n'existe encore qu'à l'état d'ébauche, 170. — La *température* limite l'habitat des espèces et les modifie: moutons du Sahara et tigres de la Mandchourie; la *lumière* influe aussi sur elles. Leur *dispersion* est subordonnée au climat et à leurs moyens de locomotion, 171. — On a divisé le globe en sept **régions zoologiques**, subdivisées en sous-régions: *arctique*, peu d'espèces animales; — *paléarctique*, sous régions: européenne, méditerranéenne, sibérienne, mandchourienne; — *néarctique*; —

QUATRIÈME PARTIE.

GÉOGRAPHIE ANTHROPOLOGIQUE.

aux États-Unis, 191. — *Islamisme*, répandu en Turquie, en Perse, dans l'Inde, **en** Chine et dans le nord de l'Afrique, 200 millions, 192. — Religions polythéistes : le *zoroastrisme*, à Bombay ; le *brahmanisme*, 210 millions, dans l'Inde, 193 ; le *bouddhisme*, 120 millions, à Ceylan, dans l'Indo-Chine et la Chine, 194 ; le *taoïsme* et le *confucianisme*, 250 millions, en Chine : le *shintoïsme*, au Japon : le *fétichisme*, en Afrique, etc., 195. — Enfin, la *franc-maçonnerie*, secte antichrétienne naturaliste, 195 *bis*.

Le travail et la civilisation. — L'homme a besoin de la société ; une société est prospère si la loi morale y est respectée et les substances assurées par le travail et par l'épargne, 196. — Ce qui caractérise les *sauvages*, c'est le manque habituel et obstiné de prévoyance : ceux des pays chauds, Indios bravos de la Sud-Amérique, négrilles de l'Afrique, papous de la Mélanésie, vivent, sans travail, des fruits spontanés du sol : ceux des pays froids, Esquimaux, Fuégiens, Ostiaks, etc., de la chasse et de la pêche, 197. — La *vie pastorale*, bien supérieure, est celle des Mongols, des Kirghiz, des Arabes, des Cafres, etc. ; condition toute différente des riches possesseurs de troupeaux dans l'Australie, la Nouvelle-Zélande et l'Argentine, 198. — La *vie agricole* prédomine en Europe, en Chine, au Japon, dans l'Inde ; les forêts de l'Amazone, de Sumatra, Bornéo, la Nouvelle-Guinée, sont les dernières réserves agricoles, 198 *bis*. — La *grande industrie* s'est développée surtout en Angleterre, aux États-Unis, en Belgique, en Allemagne, en France et au Japon. Les ouvriers industriels sont plus accessibles à la corruption et plus exposés à la misère que les paysans, 199. — La **civilisation** s'oppose à l'état sauvage ; comporte bien des degrés ; est liée à la religion ; civilisations *chinoise, hindoue, musulmane, chrétienne.* Le peuple le plus civilisé est celui dans lequel la moralité, l'intelligence et le bien-être se rencontrent au plus haut degré et sont le partage d'un plus grand nombre, 200.

L'homme et la nature. — L'homme est plus ou moins esclave du milieu où il vit : sol, sous-sol, climat, forme du relief, etc. agissent sur les individus et sur les sociétés, 201. — Populations différentes sur des *sols* de nature différente ; denses là où le *sous-sol* est riche en mines, surtout en houille, 202. — Le climat des pays chauds est malsain aux habitants des régions tempérées ; l'influence prolongée du climat est la cause première de la diversité des races : le Yankee, les nègres des États-Unis : les populations du Caucase, 203. — Chaque climat a ses produits propres, donc diversité dans le régime alimentaire ; vie pastorale dans les steppes, vie agricole dans les régions forestières des climats tempérés et dans les pays chauds où règnent les moussons ; *influence du climat sur la vie morale et sociale :* sauvages imprévoyants dans les régions trop chaudes ou trop froides ; laborieux agriculteurs dans les climats tempérés, 204. — Dans les régions tempérées froides, la *plaine* attire les populations, la *montagne* les repousse, c'est le contraire dans la zone intertropicale, 205.

L'action de l'homme sur la nature consiste à utiliser et améliorer ce qu'elle lui fournit, 206. — Le travail humain a produit le sol arable par le *défrichement* et les *amendements;* il donne aux terres l'humidité nécessaire par l'*irrigation :* fossés et rigoles, barrages et réservoirs (Inde et Égypte), machines élévatoires, puits artésiens: il *assèche* les terres humides : rigoles et tuyaux de drainage, machines hydrauliques; polders hollandais conquis sur la mer et garantis par des digues; digues, reboisement et barrages étagés pour empêcher les débordements des fleuves, 207. — L'homme a modifié nombre d'espèces naturelles, végétales et animales, et créé d'innombrables variétés, 208. — Le climat lui-même a été modifié, sur certains points, par le fait de l'homme, 209.

Le changement des conditions économiques amène le **déplacement des centres de population** : la guerre, la famine, une mauvaise administration dépeuplent un pays; la création de voies ferrées, la découverte de mines attirent les populations. Partout, les grands centres s'accroissent aux dépens des petites villes et des campagnes. Les pays neufs, Amérique, Australie, se peuplent d'*émigrants* européens; des villes immenses s'y rencontrent dans des lieux naguère déserts, 210. — *Déplacement du commerce;* durant l'antiquité et le Moyen Age, le commerce européen passait par la Méditerranée; la découverte de l'Amérique et de la voie du Cap lui fit prendre le chemin de l'Atlantique: il est revenu à la Méditerranée depuis l'ouverture du canal de Suez. Que réserve l'avenir avec le canal de Panama? 211.

CINQUIÈME PARTIE

GÉOGRAPHIE ÉCONOMIQUE

CHAPITRE PREMIER

LES PRODUITS AGRICOLES.

Culture intensive dans les pays très peuplés, Inde, Chine, Java; *culture extensive* là où la population est clairsemée, Russie, Etats-Unis, Canada, 212.

Substances alimentaires. — Les aliments sont d'origine animale ou végétale; les habitants des pays froids ont besoin d'une nourriture plus abondante et plus animalisée que ceux des pays chauds : anglais et français, 213. — Le *froment* est cultivé dans tous les pays à climat tempéré; les principaux producteurs sont les Etats-Unis et le Canada, la France, l'Inde, la Russie, l'Autriche-Hongrie ; les blés exportés des Etats-Unis et du Canada, de la Russie, de l'Inde, de la Roumanie, de l'Algérie, de l'Argentine, du Chili, sont consommés en France, en Angleterre, en Allemagne, en Belgique, pays industriels, 214. — Le *riz*, céréale des pays chauds, est cultivé et presque tout consommé dans l'Inde, l'Extrême-Orient, à Madagascar, dans l'Afrique et l'Amérique, intertropicales, 215. — La *pomme de terre*, originaire d'Amérique, est cultivée dans tous les pays tempérés et consommée sur place, 216. — La *vigne* est cultivée dans la partie moyenne des zones tempérées, entre 35° et 50° de latitude ; elle préfère les climats continentaux. Les pays producteurs de vin sont la France, l'Italie et l'Espagne, puis le Portugal, l'Allemagne, la Hongrie, etc.; les vins français de Bordeaux, de Bourgogne et de Champagne sont les plus estimés, 217. — La *betterave à sucre* est surtout cultivée en Allemagne, en Autriche-Hongrie, en Russie, dans le nord-est de la France et en Belgique ; la *canne à sucre*, dans les pays chauds, Insulinde, Antilles, îles Sandwich, États-Unis du Sud, etc. Les principaux consommateurs de sucre importé sont l'Angleterre, les Etats-Unis, le Canada, le Japon. L'alcool, 218. — Les pays producteurs de *café* sont le Brésil, Java, Ceylan, Haïti ; consommateurs, les Etats-Unis, la France, la Belgique et la Turquie, 219. — Le *thé* vient de la Chine, du Japon, de Java, de l'Assam, de Ceylan ; les Anglais, les Russes et les Américains en sont les principaux consommateurs en dehors des pays de production, 220.

Textiles. — Le *lin* et le *chanvre* sont cultivés en Russie, en Allemagne, en Belgique, en Hollande, en France, et employés en Angleterre, en Allemagne, en France, en Autriche-Hongrie, 221, 222. — Les pays producteurs de *coton* sont les Etats-Unis, l'Inde, l'Egypte, l'Asie centrale russe, la Chine, le Brésil ; les cotonnades sont fabriquées en Angleterre, aux Etats-Unis, en Allemagne, en France, en Russie, au Japon, 223. — Les *laines* fines proviennent de l'Argentine, du Cap, de l'Australie, de la Nouvelle-Zélande, de la Russie méridionale, de l'Espagne, des Etats-Unis ; les laines communes, de l'Asie occidentale et du nord de l'Afrique. Les fabriques de la France, de l'Angleterre, de l'Allemagne et des Etats-Unis en utilisent les trois quarts, 224. — Les pays producteurs de *soie* sont la Chine, le Japon et l'Italie, puis l'Inde, la Turquie, la France, le Caucase ; pays fabricants de soieries, la Chine et le Japon, la France (Lyon, Saint-Etienne), l'Italie (Milan), puis la Suisse, l'Allemagne, l'Angleterre et les Etats-Unis, 225.

CHAPITRE DEUXIÈME

PRODUITS DES MINES.

Combustibles. — *Houille*, anthracite et lignite, 226. — Les pays producteurs sont les Etats-Unis, l'Angleterre et l'Allemagne, puis,

CHAPITRE TROISIÈME

LE MONDE ÉCONOMIQUE ACTUEL.

New-York, Hambourg, Anvers, Liverpool, Rotterdam, Shanghaï, Marseille, Gênes, le Cap, Lisbonne, Buenos-Ayres, Copenhague, Alger, etc., 249. — *Postes et télégraphes :* union postale, télégraphes et *téléphones*, 250. — *Câbles sous-marins*, à travers l'Atlantique, la Méditerranée et l'Océan Indien : presque toutes les lignes sont anglaises ; ligne américaine à travers le Pacifique : *télégraphie sans fil*, 251.

Industrie et commerce. — L'INDUSTRIE a surtout besoin de *houille* et de *fer :* tissage et métallurgie, 252. — Les *principaux pays industriels* sont les Etats-Unis, l'Angleterre et l'Allemagne, riches en houille et en fer ; la France, supérieure pour les objets de grand luxe ; la Belgique, l'Autriche-Hongrie, la Russie, le Japon, etc., 253. — COMMERCE, importation, exportation : le centre est l'Europe industrielle du nord-ouest : caractère de ses relations commerciales avec l'Amérique et l'Asie ; supériorité écrasante de la marine marchande anglaise, 254. — Les *principaux pays commerçants* sont l'Angleterre, l'Allemagne, les Etats-Unis, la France, les Pays-Bas, la Belgique et l'Australie. Si l'on tient compte de la population, les Pays-Bas (1.515 francs par tête) dépassent de beaucoup tous les autres : viennent ensuite l'Australie (800), la Belgique, la Suisse, 255.

TABLE DES MATIÈRES

Géographie anthropologique

Géographie économique

TABLE ANALYTIQUE.

Typographie Firmin Didot et Cⁱᵉ. — Mesnil (Eure).

60

G

Mer
Surg

L

LÉGENDE
Géographie par M. l'abbé Dupont.
PLANISPHÈRE PHYSIQUE
OCÉAN GLACIAL ARCTIQUE
Groenland
Alaska
Mer des Sargasses
Courant équatorial Nord
Contre-Courant équatorial
Courant équatorial Sud
Soudan
I. Madagascar
Australie
OCÉAN GLACIAL ANTARCTIQUE
OCÉAN PACIFIQUE
OCÉAN INDIEN
Grav. et Imp. par Erhard F.
Librairie Ve Ch. Poussielgue, 15 rue de l'Abbaye, Paris.

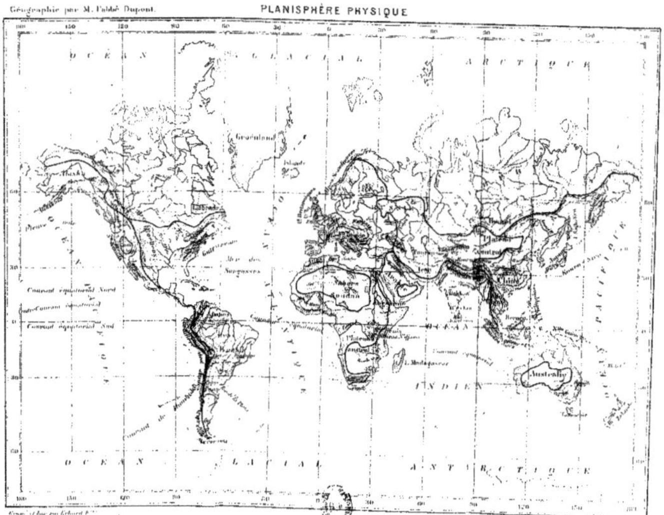

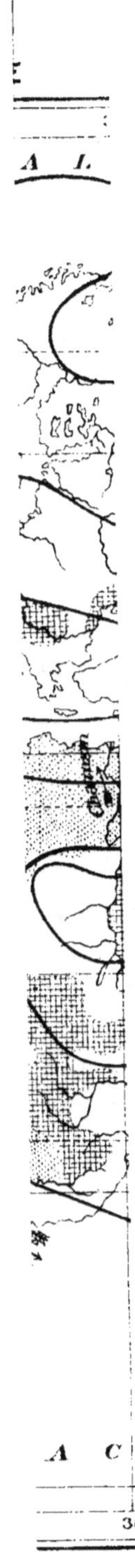
A I.
A C
36

Géographie par M. l'abbé Dupont

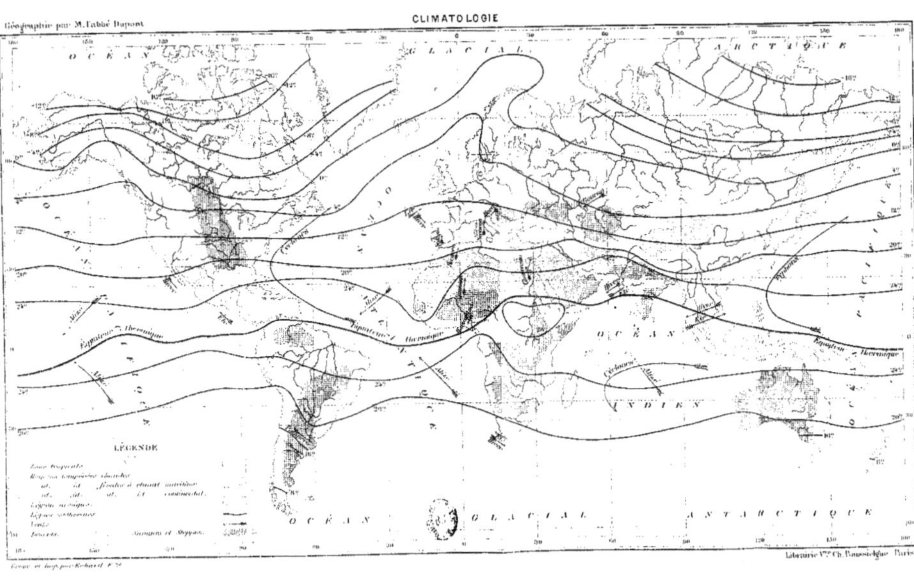

Librairie V.e Ch. Poussielgue, Paris.

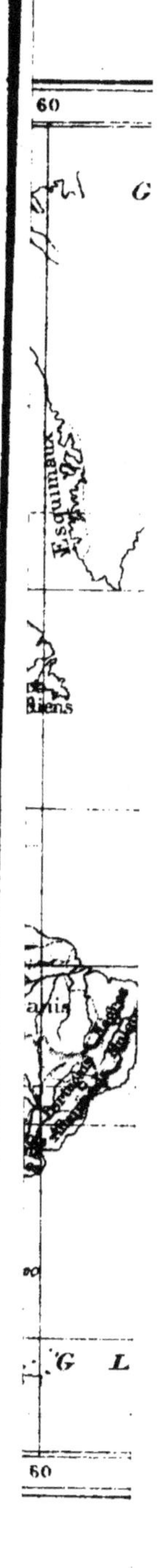

60
G
Esquimaux
Baffin.s
G L
60

LÉGENDE
Races
Indo-européenne
Type blanc
Indou
Afghans Persans
Slave
Germaine
Latine
Hellénique
Anglo
Magyar
Sémitique
Arabes
Juifs
Type jaune
Finnoise
Tartare
Chinoise
Mongole Mandchoue
Malaise
Américaines
Type nègre
Nigritienne
Bantou
Éthiopienne
Océaniennes
Hottentote

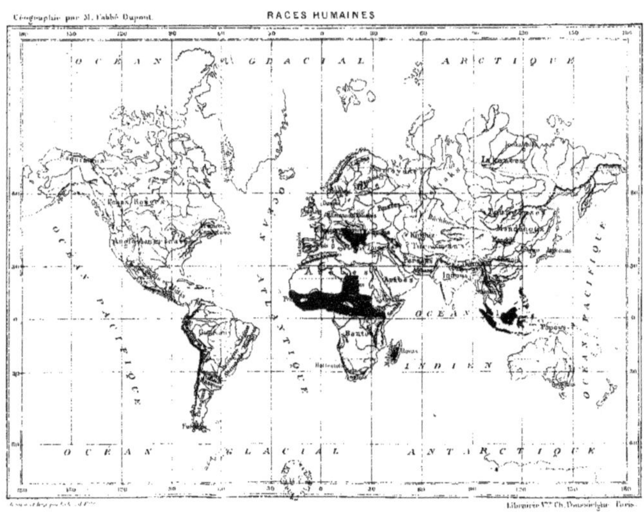

Géographie par M. l'abbé Dupont.
RACES HUMAINES
OCÉAN GLACIAL ARCTIQUE
OCÉAN PACIFIQUE
OCÉAN ATLANTIQUE
OCÉAN PACIFIQUE
OCÉAN INDIEN
OCÉAN GLACIAL ANTARCTIQUE
Peaux Rouges
Anglo-Américains
Guarani
Bantou
Hottentots
Arabes
Persans
Indous
Mandchous
Kirghiz
Papous
Librairie V⁰ Ch. Poussielgue. Paris.

60
Esquimaux
Canadien
Vénézuélien
G
60

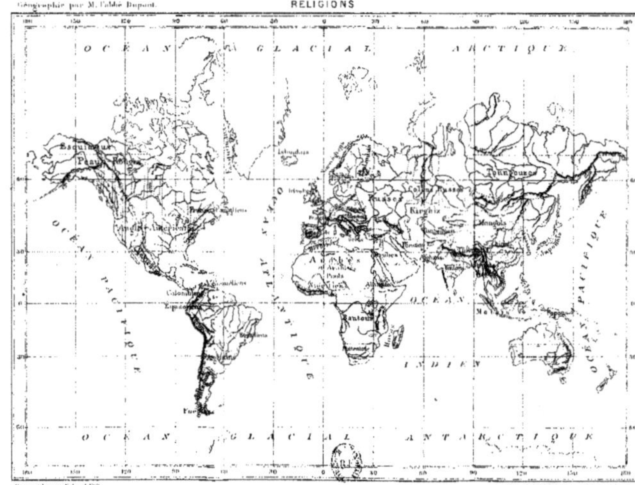
Géographie par M. l'abbé Dupont.
RELIGIONS
OCÉAN GLACIAL ARCTIQUE
OCÉAN PACIFIQUE
OCÉAN ATLANTIQUE
OCÉAN INDIEN
OCÉAN GLACIAL ANTARCTIQUE
LÉGENDE
Catholiques
Protestants
Grecs
Musulmans
Juifs
Bouddhistes
Confucianistes
Taouïstes
Fétichistes
Brahmanistes
Librairie V.e Ch. Poussielgue. Paris.

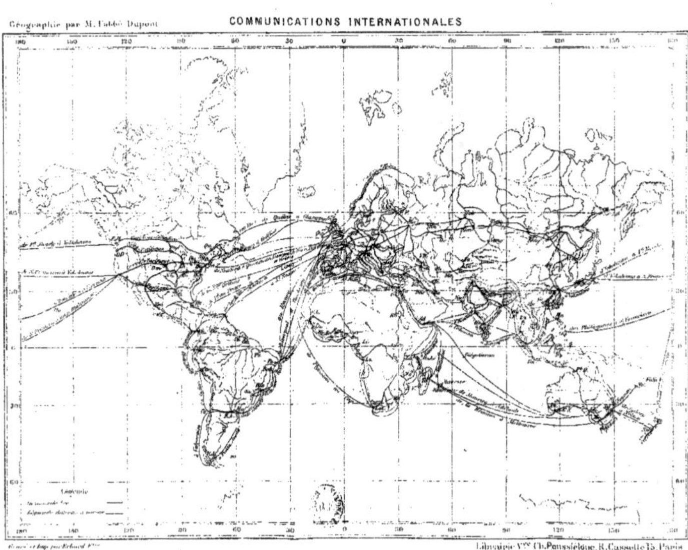

Géographie par M. l'abbé Dupont
COMMUNICATIONS INTERNATIONALES
Légende
Gravé et imp. par Erhard Frs
Librairie Vve Ch.Poussielgue, R.Cassette 15, Paris